DROIT ROMAIN
LE TRIBUNAL DES CENTUMVIRS

DROIT FRANÇAIS
LES DÉMEMBREMENTS DE LA PROPRIÉTÉ FONCIÈRE AVANT ET APRÈS LA RÉVOLUTION

THÈSE POUR LE DOCTORAT

Présentée et soutenue le MERCREDI 29 JUIN 1881, à MIDI

PAR

Émile CHÉNON

LAURÉAT DE LA FACULTÉ DE DROIT DE PARIS
(CONCOURS DE 1879 : PREMIER PRIX DE DROIT ROMAIN)
ET DE L'ACADÉMIE DE LÉGISLATION DE TOULOUSE
(CONCOURS DE 1880 : PRIX DE L'ACADÉMIE)
ANCIEN ÉLÈVE DE L'ÉCOLE POLYTECHNIQUE

Président : M. DESJARDINS

Suffragants : MM. DE VALROGER,
COLMET DE SANTERRE, } professeurs.

LYON-CAEN,
MICHEL, } agrégés.

PARIS
L. LAROSE ET FORCEL
LIBRAIRES-ÉDITEURS
22, RUE SOUFFLOT, 22

1881

FACULTÉ DE DROIT DE PARIS

THÈSE POUR LE DOCTORAT

DROIT ROMAIN
LE TRIBUNAL DES CENTUMVIRS

DROIT FRANÇAIS
LES DÉMEMBREMENTS DE LA PROPRIÉTÉ FONCIÈRE AVANT ET APRÈS LA RÉVOLUTION

PAR

Émile CHÉNON

LAURÉAT DE LA FACULTÉ DE DROIT DE PARIS ET DE L'ACADÉMIE
DE LÉGISLATION DE TOULOUSE
ANCIEN ÉLÈVE DE L'ÉCOLE POLYTECHNIQUE

PARIS
L. LAROSE ET FORCEL
LIBRAIRES-ÉDITEURS
22, RUE SOUFFLOT, 22

1881

A MON PÈRE ET A MA MÈRE

A MON FRÈRE

Élève à l'École de Saint-Cyr

LE TRIBUNAL

DES

CENTUMVIRS

PRÉFACE

Dans l'organisation judiciaire des Romains, il faut distinguer avec soin, et cela dès les temps les plus reculés, d'une part les tribunaux permanents, d'autre part les juges qui, nommés pour trancher une affaire déterminée, voyaient expirer leurs pouvoirs dès qu'ils avaient rendu leur sentence. Parmi les tribunaux permanents, le tribunal des Centumvirs est celui que nous connaissons le mieux, bien que nombre de points restent encore obscurs dans son histoire. Il est intéressant à étudier à la fois pour le jurisconsulte et l'historien ; mais il offre une importance toute spéciale pour quiconque cherche avant tout, en examinant les institutions d'un peuple, à pénétrer plus avant dans la connaissance de ses mœurs et de son génie particulier.

Dans un premier chapitre, purement historique, nous rechercherons quelle a été aux diverses époques l'organisation du tribunal centumviral, et par quelles alternatives de grandeur et de déclin il a passé. Nous constaterons ainsi quelle place, plus ou moins grande suivant les temps, il occupait dans la *société* romaine. Nous rechercherons ensuite quelle place il occupait dans le *droit*, c'est-à-dire quelles étaient la nature et les limites de sa compétence, et quel genre de procédure était usité devant lui. Ce sera l'objet d'un second chapitre, dont le caractère est tout différent du premier : l'élément juridique y prédominera sur l'élément historique.

Paris, 20 décembre 1880.

CHAPITRE PREMIER

HISTOIRE ET ORGANISATION DU TRIBUNAL DES CENTUMVIRS

Par sa constitution éminemment quiritaire, par la popularité dont il était entouré, et qui lui permit de traverser les siècles, malgré son organisation vieillie et ses pratiques surannées, le Tribunal des Centumvirs est un curieux exemple de la persistance que le respect d'un peuple peut assurer à certaines de ses institutions. Toutefois dans la longue carrière qu'il devait parcourir, il ne pouvait pas espérer conserver toujours sa composition primitive. Nous verrons en effet qu'il éprouva sous Auguste des changements assez importants pour qu'on puisse et pour qu'on doive distinguer dans son histoire deux phases principales, correspondant sensiblement aux deux grandes divisions de l'histoire générale de Rome : la République et l'Empire.

Section I. — Le Tribunal des Centumvirs sous la République

§ I. — SON ORIGINE ET SA CRÉATION

1. — *Origine romaine du Tribunal des Centumvirs.* — La vitalité singulière du collège des Centumvirs donne lieu de penser que sa création fut une œuvre nationale, soit qu'elle répondît à un besoin ressenti par le peuple romain tout entier, soit qu'elle fût une des nombreuses conquêtes arrachées par

la plèbe au despotisme du patriciat (1). Quelques auteurs cependant, trompés par les apparences, ont voulu en chercher l'origine à l'étranger.

Ainsi Ayrer (2) a cru trouver dans le tribunal centumviral une imitation des Amphictyonies grecques, transportées à Rome et transformées suivant ses tendances et ses besoins. On ne peut invoquer à l'appui de cette thèse qu'un passage de Quintilien dont on force évidemment le sens. L'auteur latin vient de raconter un débat entre Thèbes et les Thessaliens, débat porté devant les Amphictyonies. Il termine en disant : « Il y a ceci de particulier dans l'affaire que ce sont les Amphictyons qui jugent ; or, dans les mêmes questions autre est le point de vue des Centumvirs, autre celui du *judex privatus* (3). » Ce passage nous semble signifier simplement que les Amphictyons se plaçaient pour juger à un point de vue différent de celui des juges isolés, mais analogue à celui des Centumvirs, qui formaient un tribunal permanent et collectif comme eux. C'est une simple comparaison que fait Quintilien, et il est impossible de voir dans ce texte la preuve de l'origine grecque des Centumvirs (4).

Il n'y a pas non plus à s'arrêter à une autre opinion qui voudrait les faire dériver des assemblées germaniques dont Tacite nous a laissé le tableau (5). Il n'y a rien de commun entre l'imposant tribunal des Romains et les réunions tumultueuses des Barbares.

C'est donc bien, de l'avis de l'immense majorité des auteurs, sur le sol de l'Italie qu'a pris naissance le collège centumviral. Il n'a pas été imité d'une institution étrangère. Il est quiritaire aussi bien par son origine que par son organisation

---

(1) Cfr. Ortolan, *Hist. de la législat. romaine* ; 10° édit., Paris, Plon, 1876, p. 154 ; — et *infra,* n°ˢ 2, 3, 4 et 7.

(2) Ayrer, *De jud. rom. septemvirali* ; Gott., 1757.

(3) Quintil., V, 10-115° : « Proprium est et illud causæ, quod amphictyones judicant, ut alia apud centumviros, alia apud privatum judicem in iisdem quæstionibus ratio. »

(4) Cfr. encore Göttling, *Geschichte der röm. Staatsverfass.*, Halle, 1840, in-8°, p. 241, qui voit dans les Centumvirs une imitation des Héliastes.

(5) Cfr. Tacite, *De mor. Germ.*, XI.

ses attributions et sa procédure. C'est la conclusion qui se dégage forcément pour nous de l'étude des textes qui le concernent.

2. — *Date de la création des Centumvirs ; Systéme de Niebuhr*. — Ce premier point établi, une question se pose aussitôt : A quelle époque le tribunal des Centumvirs a-t-il été institué ? Les auteurs latins ayant négligé de nous l'apprendre, cette question a soulevé parmi les historiens du droit romain une vive controverse ; et de nombreux systèmes se sont produits. Les trois principaux sont ceux : de Niebuhr, qui recule la création des Centumvirs jusque sous Servius Tullius, au iie siècle de Rome fondée ; de Zumpt, qui la rattache à la loi des Douze Tables ; de Sibrand Siccama, qui la place au début du vi^e siècle, et l'attribue à la loi Æbutia. Examinons rapidement ces divers systèmes, et voyons sur quels textes ou sur quels faits on a prétendu les appuyer.

Dans la pensée historique, venue de Niebuhr, qui attribue à Servius Tullius tout un système déterminé de réaction contre l'aristocratie de race, la création des Centumvirs lui aurait été inspirée par le désir de favoriser les plébéiens, en diminuant la puissance excessive qu'aurait donnée aux patriciens la concentration dans leurs mains des pouvoirs judiciaires. « Parmi les institutions de Servius en faveur de la liberté, on rapporte, dit Niebuhr, qu'il créa des juges pour connaître des procès des particuliers (*Denys d'Halicarnasse*, IV, 25). Je ne doute pas qu'il ne soit question de la création des Centumvirs... C'est une idée très fondée que celle qui suppose que les Centumvirs étaient appelés *judices* ; ... et l'homme non prévenu retrouvera facilement en eux ces juges, qui, après l'abolition du décemvirat, furent, avec d'autres magistrats plébéiens, mis sous la protection des lois d'inviolabilité (*Tite-Live*, III , 55) » (1). Comme dernier argument, Niebuhr fait observer que les Centumvirs étaient élus par les tribus, que devant leur tribunal était plantée une

____

(1) Niebuhr, *Hist. rom.* (trad. Golbéry), 1830, Paris, Levrault, in-8°, t. II, pp. 168-169.

lance, *hasta*, symbole d'une antiquité non contestable, que leur compétence enfin portait en général sur des questions relatives à la propriété quiritaire, tous faits qui révèlent une origine fort ancienne.

Ainsi deux textes et quelques considérations générales, voilà sur quelles bases s'appuyait à l'origine le système du savant danois. Après lui ce système a été reproduit dans les mêmes termes par Zimmern (1), accepté par Bethmann-Hollweg (2), développé par Huschke (3) et par Bachofen (4), et plus récemment à l'aide d'ingénieuses conjectures par M. Jacques Latreille. — M. Latreille rappelle que Servius Tullius a partagé le sol romain en quatre régions ; de même le tribunal des Centumvirs était divisé en quatre conseils (*infrà, n° 14*) : « Le *Cardo maximus* et le *limes decumanus* avaient tracé dans son sein la même division que sur le territoire quiritaire (5). » M. Latreille voit là une présomption en faveur de l'opinion de Niebuhr, et allant plus loin, il en arrive à supposer que « les délégués d'une même région se réunissaient dans un même conseil. » — Bachofen apporte un autre argument, qui repose également sur une hypothèse, et que reproduit ainsi M. Maynz (6) : « Ne pourrait-on pas, dit-il, expliquer le nom du tribunal en admettant que les trente tribus (7) étaient repré-

---

(1) Zimmern, *Traité des actions* (trad. Etienne), Paris, Toussaint, 1843, in-8°, p. 38.

(2) Bethmann-Hollweg, *Der röm. civilprocess*, Bonn, Marcus, 1864-1866, t. I, pp. 56 et suiv.

(3) Huschke, *Die Verfass. des Königs Servius Tullius*, Heidelberg, 1838, in-8°, pp. 585 et suiv.

(4) Bachofen, *De roman. jud. civ.*, Göttingen, 1840, in-8°, p. 10.

(5) Latreille, *Hist. des inst. judic. de Rome*, 1870, Paris, Marescq, in-8°, t. I, p. 127 et suiv.

(6) Maynz, *Cours de dr. rom.*, 4ᵉ éd., 1876, Bruxelles, in-8°, t. I, p. 190.

(7) On voit que M. Maynz suit ici les indications de Denys d'Halicarnasse sur le nombre des tribus à l'époque de Servius. Or, ces indications sont au moins contestables ; car nous savons par Tite-Live, qui est en cette matière d'une grande précision, qu'il n'y avait que 21 tribus en l'an 258, c-à-d. 40 ans à peine après la mort de Servius. Il faudrait donc admettre que le nombre des tribus a diminué depuis Servius, ce qui ne pourrait s'expliquer que par une diminution dans la population

sentées chacune par trois membres, lesquels, avec les Décemvirs (1), auraient formé exactement le nombre 100 (2).» — Tel est le système et tels sont les arguments. Il faut maintenant en examiner la valeur.

3. — *Réfutation du système de Niebuhr.* — Tout d'abord aux conjectures de M. Latreille et de Bachofen, et sans vouloir pour le moment les discuter, nous opposerons cette fin de non-recevoir : c'est qu'alors même que nous serions parfaitement sûrs de leur exactitude, elles ne nous apprendraient rien sur la date de la création des Centumvirs. En effet le partage du sol romain en quatre régions, la division du peuple en tribus, et le collège des décemvirs ont eu une longue durée ; or il n'est pas nécessaire, pour expliquer les coïncidences qu'on a relevées, de placer à leurs débuts l'institution des Centumvirs. Cela est tellement vrai, que, se fondant justement sur des coïncidences analogues, d'autres auteurs ont voulu retarder cette institution jusqu'au vi^e siècle de Rome. — Il faut dire la même chose des considérations présentées par Niebuhr sur le symbole de la *hasta*, et sur la compétence du tribunal centumviral ; elles prouvent son ancienneté, elles ne prouvent pas sa date.

Restent les textes, celui de Denys d'Halicarnasse, et celui de Tite-Live. Voici ce que dit le premier : « Tullius ne se montra pas seulement favorable au peuple romain par ces institutions qui semblèrent détruire l'autorité du Sénat et la puissance des patriciens, mais aussi par celles qui restreignirent le pouvoir royal, auquel il enleva lui-même la moitié de son autorité et de sa force. En effet tous les rois, ses prédécesseurs, avaient voulu s'attribuer le jugement de tous les procès, et connaissaient comme juges de toutes les affaires tant privées que publiques ; mais lui, ayant séparé les causes

de Rome, ce que son histoire ne permet pas de supposer, ou par un changement de distribution qu'aucun texte ne révèle.

(1) M. Maynz veut parler des *Decemviri litibus judicandis* que nous verrons plus tard avoir des rapports intimes avec le collège centumviral (*infrà*, n° 10).

(2) Maynz, *Cours de droit rom.*, 4e édit., Bruxelles, 1876, in-8°, t. I, p. 190.

publiques des causes privées, connaissait, il est vrai, lui même des crimes concernant la chose publique ; mais pour les affaires privées, il institua les *judices privati*, auxquels il prescrivit comme règle à suivre des lois portées par lui (1). » Toute la discussion va se concentrer sur les mots *judices privati*. Niebuhr ne doute pas que par ces mots soient désignés les Centumvirs, magistrats plébéiens, institués pour diminuer le pouvoir des patriciens. Nous préférons croire qu'il s'agit de ce juge éphémère nommé pour chaque affaire, que Quintilien dans un passage cité plus haut appelle *judicem privatum*, précisément par opposition aux Centumvirs, et dont l'ancienneté est attestée par Aulu-Gelle (2), par Ulpien (3), et par cette vieille action de la loi, antérieure aux Douze Tables, la *judicis postulatio*. Sans doute les Centumvirs sont quelquefois appelés *judices*, mais nous ne connaissons aucun texte qui les nomme *judices privati*, et cette épithète au contraire est habituellement donnée au juge isolé. Un texte de Pline prouve même qu'une pareille désignation, appliquée aux Centumvirs, eût été inexacte (4).

Nous ajoutons que ces juges établis par Servius étaient, non pas des plébéiens, mais des patriciens ; car Denys d'Halicarnasse range expressément leur institution parmi les

____

(1) Den. d'Hal., IV, 25. — Voici la traduction latine : « Tullius autem non in his solum institutis se popularem esse demonstravit, quibus et senatûs auctoritatem et patriciorum potentiam imminuere visus est ; sed in iis etiam quibus regium imperium imminuit, de cujus auctoritate ac potestate ipsemet dimidium detraxit. Quum enim omnes superiores reges omnium litium judicia ad se transferri vellent, et de omnibus tam privatis quam publicis causis arbitratu suo cognoscerent ; ille, separatis publicis a privatis, ipse quidem de criminibus ad rempublicam pertinentibus cognoscebat : privatorum verò *judices privatos* (ἰδιώτας δικαστας) constituit, quibus leges a se latas, ut regulas, præscripsit quas in judiciis sequerentur. »

(2) Aulu-Gelle, XX, 1 : « Nam in secundâ Tabulâ XII legis in quâ scriptum est : Si quid horum fuit unum, *judici* arbitrove, reove, etc... » ; et encore : « Dure autem scriptum esse in istis legibus (XII Tab.) quid existimari potest ? Nisi duram esse legem putas, quæ *judicem* arbitrumve jure datum, etc... »

(3) Dig., II, 11, loi 2-3°. — *Adde* Festus. v° *Vindiciæ*.

(4) Pline, VI, 33 ;— cfr. Latreille, *op. cit.*, pp. 112-113 ; et *infrà*, nᵒˢ 31 et 32.

réformes de Servius qui ont restreint le pouvoir royal, par antithèse avec celles qui ont restreint la puissance patricienne. M. Maynz objecte que « les juges particuliers n'ont pu précéder les deux tribunaux des Centumvirs et des Décemvirs (1). » Il nous paraîtrait au contraire singulier que la juridiction centumvirale, à laquelle participaient les plébéiens, eût été la première juridiction établie. Il en résulterait en effet ceci, c'est que jamais les patriciens n'auraient eu exclusivement entre les mains le pouvoir judiciaire ; car avant Servius, les rois seuls jugeaient. C'est ce que Denys d'Halicarnasse vient de nous apprendre ; c'est ce que Cicéron, Tacite et Pomponius nous confirment (2). Or, comme il est certain que pendant longtemps les *judices privati*, ne purent être choisis par les plaideurs que dans l'ordre sénatorial, il faut donc admettre que la création des *judices privati*, si elle n'a pas précédé celle des Centumvirs, a été une conquête du patriciat sur la plèbe ; ce qui n'est guère en harmonie avec l'ensemble des renseignements que nous possédons sur l'histoire de la longue lutte de ces deux fractions du peuple romain. On peut s'étonner, il est vrai, que Servius Tullius ait laissé aux mains des patriciens une arme qui devait devenir redoutable; mais ne pourrait-on pas conjecturer avec quelque vraisemblance, que cette concession fut le prix de ses

(1) Maynz, *op. cit.*, p. 61.

(2) Cicéron, *Repub.*, V, 2 : « Nec vero quisquam privatus erat disceptator aut arbiter litis, sed omnia conficiebantur *judiciis regiis* »; — Tacite, *Annal.*, III, 26 ; — Pomponius, loi 2-1°. Dig., I, 2 : « Omniaque manu à regibus gubernabantur. » — Le roi pouvait, on le comprend, déléguer son pouvoir de juridiction ; et Romulus lui-même paraît l'avoir fait au profit des patriciens : c'est ainsi qu'on peut expliquer un texte de Denys d'Halicarn., où il est dit que Romulus donna comme fonctions aux patriciens, « de veiller aux sacrifices, de gérer les magistratures, de *reddere jus*, et d'administrer la chose publique *avec lui* » (II, 83.) L'innovation de Servius n'aurait consisté qu'en ceci : c'est que les parties purent désormais choisir, mais parmi les patriciens seulement, le *judex privatus*, qui devait terminer leur différends, tandis qu'auparavant le roi le désignait lui-même, en lui déléguant la *jurisdictio* dont il était seul investi. On a encore donné de ce texte d'autres explications, mais elles nous paraissent inacceptables.

autres réformes, et qu'il ne put modifier si profondément la constitution politique de Rome qu'en achetant par ce sacrifice la neutralité des patriciens. Plus tard, quand la plèbe sera devenue plus puissante, elle obtiendra le partage du pouvoir judiciaire, comme le partage des pouvoirs politiques, et c'est alors seulement qu'on pourra présenter avec Niebuhr l'institution des Centumvirs comme une réaction contre l'oppression du patriciat (1). Quoiqu'il en soit de ces conjectures, nous croyons avoir suffisamment montré que le texte de Denys d'Halicarnasse n'est nullement concluant.

4. — *Suite.* — Le passage de Tite-Live ne l'est pas davantage : cet historien rapporte qu'en l'an 305 de Rome, — après la chute de ces Décemvirs qu'on avait chargés de compléter la loi des Douze Tables, et qui avaient pendant trois ans maintenu par la force un pouvoir exceptionnel, conféré pour une une seule année, — une loi Valeria Horatia avait décidé que « quiconque nuirait aux tribuns du peuple, aux édiles, aux *judicibus decemviris,* serait dévoué à Jupiter (2). » La pureté du texte est suspecte. Il paraîtrait que dans les anciens manuscrits le mot *decemviris* ne figure pas ; mais en admettant qu'il appartienne bien à Tite-Live, une seconde question se pose, qui a été diversement résolue : Doit-on séparer les deux mots *judicibus* et *decemviris* par une virgule ? Zimmern et Bethmann-Hollweg, après Niebuhr, tiennent l'affirmative, et traduisent *judicibus* par Centumvirs, en faisant observer que c'est le mot même employé par Denys d'Halicarnasse (3). Quant aux *decemviri,* suivant eux, ce serait les décemvirs

(1) Cfr. Niebuhr, *loc. cit.* ; — Bonjean (qui admet le système de Niebuhr « comme n'étant pas dépourvu de vraisemblance »), *Traité des Act.,* 2ᵉ éd., Paris, Videcoq, 1845, in-8°, t. I, pp. 185-7. — *Adde* Ortolan. *loc. cit.*

(2) Tit. Liv., III, 55 : « ... ut qui tribunis plebis, ædilibus, judicibus decemviris nocuisset, ejus caput Jovi sacrum esset. »

(3) Zimmern, *loc. cit.* ; — Hollweg, *loc. cit.* — Kuntze (*Instit. und Gesch. des Röm. Rechts, Excurse,* Leipsig, 1869, in-8ᵉ, t. II, p. 93) admet aussi la virgule, mais il traduit *judicibus* par consuls. Tite-Live s'élève formellement contre cette traduction : « Une telle interprétation doit être repoussée, dit-il, parce qu'à cette époque la coutume n'était pas

litibus judicandis, dont nous aurons par la suite à étudier les relations avec le tribunal centumviral. — Il faut tout d'abord remarquer, que fût-elle certaine, cette traduction ne prouverait pas que les Centumvirs remontent à Servius, elle prouverait seulement qu'ils existaient en l'an 305, mais il y a en outre une grave objection à lui faire, c'est que d'après Pomponius, les *Decemviri litibus judicandis* n'ont été institués qu'après le préteur pérégrin, c'est-à-dire après l'an 507 de Rome (1). Ce n'est donc pas d'eux qu'il s'agit. Il ne peut s'agir non plus des Décemvirs *de legibus scribundis*, qui venaient d'être chassés de Rome, et qu'on ne songeait certes pas à rendre inviolables. Quelques auteurs ont alors conjecturé que ces décemvirs pourraient être les juges privés établis par Servius (2). Nous repoussons encore cette hypothèse ; car ces décemvirs auraient été des patriciens, et la loi Horatia ne protège que des plébéiens (3). La même raison nous empêche de voir dans les *judices* de Tite-Live les *judices privati* de Denys d'Halicarnasse.

Aussi croyons-nous, avec plusieurs auteurs (4), qu'il faut joindre ensemble les deux mots *judicibus decemviris*, et voir dans ces juges décemvirs une institution particulière, établie dans l'intérêt des plébéiens, et dérivant de la même source que les tribuns et les édiles, à côté desquels les range la loi Horatia. Leur nombre de 10 très fréquent à Rome, paraît se relier d'une manière intime à la division du peuple romain en 5 classes, subdivisées chacune en deux groupes : *seniores*, *juniores*. Chaque groupe pourrait avoir fourni l'un des

encore d'appeler le consul *judex*, mais préteur (III, 55). » L'annaliste Zonaras (*Ann.*, VII, 19) ajoute que les consuls n'abandonnèrent le nom de préteur qu'après l'expulsion des décemvirs.

(1) Pomp., loi 2-29°, Dig., I. 2.

(2) De Keller, *Des act. chez les Rom.* (trad. Capmas), Paris, Thorin, 1870, in-8°, p. 18.

(3) Cfr. Accarias, *Pr. de dr. rom.* Paris, Cotillon, t. II, p. 799, note 4.

(4) Accarias, *ibid.* ; — Lange, *Röm. Alterthümer*, Berlin, 1856, in-8°. t. I, p. 646 ; — Mommsen, *Hist. rom.* (trad. Alexandre), 1866, in-8°, t. II p. 40 ; — Puchta, *Cursus der Instit.* (éd. Rudorff), Leipsig, 1865, in-8°. t. I, p. 151 ; — Rudorff. *Röm. Rechts gesch.*, Leipsig, 1859, in-8°, t. II, p. 29.

Décemvirs (1) . Quant à la nature de leurs fonctions, leur dénomination de *judices decemviri* indique deux choses ; qu'ils forment un tribunal, et qu'ils ne sont pas *magistrats*, dans le sens spécial où les Romains entendent cette expression. Ils forment un tribunal, mais de quelle espèce ? Serait-ce un tribunal civil ? Non, car à cette époque, la connaissance du *jus civile* avec ses mystères et ses rites sacramentels est encore l'apanage exclusif des pontifes (2) ; et des Décemvirs plébéiens l'ignorent forcément. Ils ne peuvent donc former qu'un tribunal de police, très vraisemblablement établi à côté des tribuns, pour les aider à remplir leur mission, restrictive de l'*imperium* consulaire. Les *Decemviri judices*, nous le croyons avec Mommsen et M. Lange, sont des assesseurs des tribuns (3). En second lieu, avons nous dit, les Décemvirs ne sont pas magistrats, ils sont juges, *judices*; c'est-à-dire qu'ils n'ont aucun pouvoir d'initiative. Ils ne font rien autre chose qu'assister le tribun, quand celui-ci demande leur assistance. Plus tard, les Centumvirs eux aussi seront des juges et non des magistrats. Cette remarque nous paraît suffire pour écarter l'assimilation qu'une certaine analogie d'expression fait trop souvent établir entre les *judices decemviri* et les *Decemviri litibus judicandis*. Ces derniers, nous le verrons, étaient des magistrats ayant leur place marquée dans l'organisation des magistratures romaines. On ne saurait donc les identifier avec les Décemvirs de la loi Horatia : leur nom, leur qualité, leur compétence, la logique des événements, et surtout le texte formel de Pomponius ne le permettent pas (4).

---

(1) Bethmann-Hollweg, *op. cit.*, t. I, p. 58, note 8 ; — Huschke, *op, cit.* p. 696.

(2) Tite-Live, IX, 46 : « Civile jus, repositum in penetralibus pontificum, etc... » Cfr. *infrà*, n° 7.

(3) Mommsen, *loc. cit.* ; — Lange, *op. cit.*, p. 646. Ce dernier auteur emploie une expression énergique : « Les Décemvirs sont les serviteurs (*diener*) des tribuns. » Il ajoute (p. 442) qu'il les croit issus comme eux de la première sécession, arrivée en l'an 260 de Rome.

(4) *Contrà* : Mommsen, *loc. cit.* ; — Rudorff, *op. cit.*, p. 33 ; — Puchta, *loc. cit.* ; — Huschke, *loc. cit.*, qui ne sait comment expliquer le texte

Quoi qu'il en soit, et pour en revenir aux Centumvirs, nous dirons en résumé, d'une part que l'argumentation de Niebuhr en faveur de son système est insuffisante à le démontrer ; d'autre part, qu'il existe contre lui une objection que nous croyons décisive, tirée du caractère plébéien que lui-même a reconnu au collège centumviral.

5. — *Système de Zumpt ; rejet.* — Les Centumvirs n'ayant pas été institués par Servius Tullius, ont-ils été créés par la loi des Douze Tables ? Pour le soutenir, Zumpt a prétendu qu'ils avaient dû prendre naissance en même temps que l'action *sacramenti*, seule manière de procéder qui pût être employée devant eux, et qu'ils conservèrent même après la loi Æbutia, qui l'avait abolie pour les autres juridictions. Or, suivant lui l'*actio sacramenti* ne daterait que de la loi des Douze Tables. A cette époque donc le tribunal centumviral aurait été constitué ; les 21 tribus qui existaient alors auraient nommé chacune cinq juges, soit 105 en tout, chiffre qui se serait progressivement élevé jusqu'à 175, lorsqu'en l'an 512, le nombre des tribus se trouva porté à 35. Un texte de Pline nous apprend en effet que de son temps le collège des Centumvirs comprenait 180 membres (1). Comme dernière considération les partisans de ce système invoquent, ainsi que Niebuhr, le symbole de la *hasta* plantée devant le tribunal, et la loi Valeria Horatia de l'an 305 (2).

Aucun de ces arguments n'est bien sérieux. En premier lieu, il n'est pas exact de rattacher l'*actio sacramenti* à la loi des Douze Tables. Cette action préexistait ; les Douze Tables l'ont consacrée, mais elles ne l'ont pas inventée. C'est un point sur lequel tous les auteurs sont aujourd'hui d'accord. Il

de Pomponius ; et même Lange, *op. cit.*, p. 646, qui fait pourtant la distinction entre le juge et le magistrat, mais oublie d'en tirer les conséquences.

(1) Pline le jeune, VI, 33. — Bethmann-Hollweg, *op. cit.*, p. 59, note 12, qualifie cette hypothèse de « doublement arbitraire. »

(2) Cfr. Zumpt. *Ueber Ursprung, Form, und Bedeutung des Centumviralgerichts*, dans *Die Abhandlung der Acad. der Wiss.* Berlin, 1837-1838 ; — Holtzendorff, *Encycl. der Rechtswiss.*, 2e éd., 1873, p. 89.

n'est pas exact non plus de supposer que les tribus aient toujours élu cinq juges ; car Pompeius Festus dit positivement
qu'elles en nommèrent trois, lorsqu'elles furent au nombre de
trente-cinq (1). Enfin le symbole de la *hasta* peut prouver,
nous le répétons, l'ancienneté du tribunal, mais il n'en prouve
pas la date. Quant à la loi Horatia, nous savons ce qu'il en
faut penser (*supra, n° 4*).

6. — *Système de Siccama ; exposé et réfutation.* — Le système que nous venons de rejeter, plaçait l'origine des Centumvirs au début du ɪᴠᵉ siècle de Rome. Suivant Sibrand
Siccama, c'est deux siècles plus tard seulement qu'ils auraient
pris naissance, en l'an 513, et c'est la loi Æbutia qui les
aurait constitués (2). Cette loi, dont parle Aulu-Gelle (3).
semble à Siccama avoir eu deux objets : la création du
tribunal des Centumvirs, et l'abrogation des actions de
la loi partout ailleurs que devant ce tribunal. C'était
déjà l'opinion de l'archevêque Antoine Augustin (4), dont
Siccama ne fait (il le dit lui-même) que compléter et
préciser le système. Augustin n'avait pas fixé de date pour la
loi Æbutia. Siccama entreprend de la déterminer. Il s'appuie
pour cela sur deux textes : l'un de Festus, le même que nous
venons d'opposer à Zumpt, et l'autre de Pomponius. — Festus
s'exprime en ces termes : « Les jugements centumviraux ont
pris leur nom des centumvirs. Car lorsqu'il y eut à Rome
35 tribus, nommées curies, dans chaque tribu furent choisies,
pour juger, trois personnes qu'on appela Centumvirs. Bien
qu'ils fussent cinq de plus que 100, cependant pour la facilité
du langage, on les nomma Centumvirs (5). » Siccama conclut

(1) Festus, vᵒ *Centumv. judicia.*

(2) Siccama, *De centumv. jud.*, 1, 8 ; dans Grœvius. *Thes antiq. rom.*,
t. II, col. 835.

(3) Aulu-Gelle, XX, 1.

(4) Ant. Augustin, *De legibus liber*, vᵒ *Æbutia*, dans Grœvius, *ibid.*, col.
156.

(5) Festus, vᵒ *Centumv. judicia* : « Centumviralia judicia à centumvi-
ris sunt dicta. Nam quum essent Romæ triginta et quinque tribus, quæ
et curiæ sunt dictæ, terni ex singulis tribubus sunt electi ad judican-

de là que la création du tribunal ne remonte pas au delà de
512, date à laquelle deux nouvelles tribus (*Velina* et *Quirina*)
furent ajoutées aux 33 tribus qui existaient depuis l'an 454,
formant ainsi ce nombre de 35, qui ne fut jamais dépassé
depuis (1). — A cette première indication, un texte important
de Pomponius en ajoute une autre : « On créa, dit-il, un
autre préteur, appelé pérégrin... *Ensuite*, comme il était nécessaire d'avoir un magistrat qui présidât le tribunal de la
Lance (le tribunal des Centumvirs), les décemvirs *litibus judicandis* furent établis... *Ensuite*, la Sardaigne et la Sicile
ayant été conquises, etc...» (2) Or nous savons par Lydus (3)
que le préteur pérégrin date de l'an 507 ; et nous savons
aussi que la Sicile fut conquise en 513. Ainsi, en l'an 513, le
tribunal de la Lance existe, et il ne peut remonter au delà de
512, à quelques mois près, sa date se trouve donc établie.

Du moins Siccama le croit. Malheureusement dans cette
argumentation qui paraît si serrée, rien ne tient, parce que
le point de départ est inexact. Aulu-Gelle ne dit pas que la
loi Æbutia ait institué les Centumvirs ; il dit seulement qu'elle
maintint pour eux l'ancienne procédure, ce qui implique leur
préexistence : «... Et toute cette vieillerie des Douze Tables,
sauf les actions de la loi dans les causes centumvirales, fut
plongée dans l'oubli par la loi Æbutia » (4). — En outre cette
loi ne saurait être de l'an 513, ni même de l'an 520, autre date

dum, qui centumviri appellati sunt : et, licet quinque amplius, quam
centum, fuerint, tamen, quo facilius nominarentur, Centumviri sunt
dicti. »

(1) Tite-Live, *Epit.*, XIX. — Il faut compter, d'après cet historien : 21
tribus en 258 ; 25 en 367 ; 27 en 395 ; 29 en 421 ; 31 en 435 ; 33 en 454 ;
35, enfin, en 512 ; [Tite-Live, II, 21 ; VI, 5 ; VII, 15 ; VIII, 17 ; IX, 20 ; X, 9 ;
et Epit. XIX.]

(2) Pomp., loi 2, § 28, 29, 32, Dig.. II, 1 : « ... Creatus est et alius prætor, qui peregrinus appellatus est... Deinde cum esset necessarius magistratus, qui hastæ præesset: decemviri litibus judicandis sunt *cons-
tituti*... Captâ deinde Sardiniâ, et mox Siciliâ, etc... »

(3) Lydus, *De magistr.*, I, 45.

(4) Aulu-Gelle, XX, 1 : « ... Omnisque illa XII Tabularum antiquitas,
nisi in legis actionibus centumviralium causarum, lege Æbutiâ latâ,
consopita sit. »

que l'on a proposée. Pomponius en effet nous apprend que le
jurisconsulte Sextus Ælius, qui fut consul en l'an 555 publia
un ouvrage appelé *Tripertita*, qui n'était autre qu'un commentaire sur les Douze Tables et les actions de la loi. Il ajoute
qu'Ælius avait composé de son chef de nouvelles actions pour
des cas où elles manquaient (1). C'est bien la preuve qu'au
milieu du vi^e siècle, les actions de la loi existaient encore ;
car on ne complète pas des procédures abrogées! La loi
Æbutia est donc postérieure au *jus Ælianum*. On la place
avec vraisemblance en 577 ou 583, années où il y eut des tribuns du nom d'Æbutius (2).

En retranchant du système de Siccama, comme on s'accorde
à le faire aujourd'hui, cette hypothèse erronée sur la loi
Æbutia, n'en pourrait-on pas conserver le reste, à savoir la
fixation à l'an 512 ou 513 de la création des Centumvirs ?
C'est ce qu'ont fait plusieurs auteurs, parmi lesquels M. de
Keller. D'après lui, c'est « l'opinion qui semble le mieux
s'accorder avec l'ensemble des données historiques (3). » —
Malgré cette correction, nous ne pouvons admettre le système de Siccama ; car loin de l'appuyer, l'ensemble des
données historiques nous semble au contraire lui être entièrement défavorable. En effet, en l'an 512, l'*actio sacramenti*
qui forme le fond de la procédure usitée devant les Centumvirs, était tombée en plein discrédit, et une loi Silia qu'on
s'accorde à placer par conjecture vers l'an 510, venait en
créant la *condictio*, de préparer son abandon presque complet.
Comment supposer que dans ces circonstances il soit venu à
l'idée des Romains de fonder un tribunal, qui devait si longtemps encore perpétuer des pratiques qu'ils s'appliquaient justement à détruire! Établi dans de telles conditions, le collège

____

(1) Pomp., *ibid.*, § 38 : « Sextum Ælium etiam Ennius laudavit, et
extat illius liber, qui inscribitur *Tripertita*, qui liber veluti cunabula juris
continet. Tripertita autem dicitur, quoniam lege XII Tabularum præ-
posita, jungitur interpretatio, dein subtexitur legis actio » — et § 7 :
« Quia deerant quædam genera agendi... Sextus Ælius alias actiones
composuit, et librum populo dedit, qui appellatur *jus ælianum*. »

(2) Cfr. Ortolan, *op. cit.*, p. 207.

(3) De Keller, *op. cit.* p. 26.

centumviral n'eût pas eu le temps pour ainsi dire de prendre
racine, et la loi Æbutia ne se serait pas vue contrainte de le
respecter. — Il y a plus; la base même fait défaut au raisonnement de Siccama, car le texte de Festus sur lequel il s'appuie
ne contient pas ce qu'il en veut tirer. Festus ne dit pas qu'on
institua les Centumvirs, lorsqu'il y eut 35 tribus à Rome ; il dit
seulement qu'on prit alors trois juges dans chacune d'elles,
et que leur nombre se trouvant être de 105, chiffre très peu
différent de 100, on les appela Centumvirs pour plus de commodité : d'où l'on peut conclure seulement que cette dénomination ne commença qu'à cette époque à leur être appliquée. De même le passage de Pomponius ne prouve qu'une
chose, c'est qu'à cette même époque des magistrats spéciaux
furent établis pour présider le tribunal de la Lance. Ce tribunal existait donc; mais depuis quelle année ? C'est là toute la
question, et Pomponius n'y répond pas (1).

7. — *Conclusion ; les Centumvirs ont dû être institués peu après
l'an 450.* — De la discussion que nous poursuivous en ce moment, il ressort dès à présent que pour nous le collège centumviral est postérieur aux Douze Tables, et antérieur à l'an
512. Mais entre ces deux points extrêmes, dans ce long espace
de deux siècles qui les sépare, il y a place encore pour bien
des conjectures ; et elles n'ont pas manqué ! C'est ainsi qu'on
a supposé qu'au temps où il y avait 25 tribus, chacune d'elles
avait pu choisir quatre juges, ce qui aurait donné « le nombre
rigoureusement exact, dans son origine, de 100 centumvirs.
La création de cette institution se placerait alors forcément
entre les années 367 et 395 de Rome, c'est-à-dire dans la
période des progrès croissants des plébéiens, de leur admis-
sion au consulat et de la création du préteur (2). » C'est ainsi

(1) La réfutation de Siccama entraîne *ipso facto* celle de Mommsen, qui
enseigne que «vraisemblablement, quant à la date et quant aux circonstances, les centumvirs tenaient de près à l'établissement des *quæstiones
perpetuæ* »,constituées pour la première fois en l'an 605 de Rome, par la
loi Calpurnia *de repetundis* (Cicéron, *Brutus,* § 27). — V. Mommsen, *op.
cit* ; t. V, p. 376.
(2) Ortolan, *op. cit.*, p. 158.

encore que M. Belot (1) a pu dire que probablement « le tribunal des Centumvirs fut institué au siècle où le partage des
magistratures politiques (366-300 av., J. C., ou 387-453 de
Rome) devait encourager les plébéiens à réclamer aussi le
partage de la judicature civile. »

Nous nous rallions à cette conjecture, mais en la précisant
à l'aide d'un fait important qui mérite d'être introduit au
débat. Ce fait, c'est la divulgation des fastes et des actions de
la loi, en l'an 450 de Rome, par l'affranchi Cnœus Flavius.
Avant cette divulgation, les plébéiens ne pouvaient avoir
qu'une connaissance très imparfaite du droit, rendu à dessein
mystérieux par les pontifes (2). Dans de telles conditions, il
était impossible de leur confier l'office des juges ; et l'on ne
saurait s'étonner de voir encore au V⁰ siècle le monopole de
la judicature renfermé dans la caste patricienne (3). Il est
donc difficile d'admettre avant l'an 450 la constitution d'un
tribunal mixte où par suite du mode de recrutement adopté,
l'élection par les tribus, les plébéiens ont toujours dû se trouver en majorité. Pour être juges, il fallait qu'ils fussent
aptes à juger, et ce n'est qu'en l'an 450 que « la publication
des fastes et des actions de la loi les initia au formulaire
sacerdotal et patricien indispensable à la pratique des
affaires (4). » Déjà ils avaient obtenu le partage du consulat
et de la censure, puis l'entrée au Sénat, et peu après l'admis-
sion à la préture (an 417). Les magistratures politiques leur
étaient donc ouvertes. Mais il leur manquait encore la participation à la judicature et aux dignités sacerdotales : ils
obtinrent l'une par l'institution des Centumvirs après 450, et

---

(1) Belot, *Hist. des chev. rom.*, Paris, Durand, 1873, in-8⁰, t. II, p. 215.

(2) Pomponius, loi 2-6⁰, Dig., I, 2: « Omnium tamen harum et inter-
pretandi scientia, et actiones, apud collegium pontificum erant : ex
quibus constituebatur quis quoquo anno præesset privatis : et fere
populus annis prope centum hâc consuetudine usus est. » — Tite
Live, IX, 46 : « Civile jus, repositum in penetralibus pontificum, evul-
gavit. » — *adde* Cicéron, *Pro Murenâ*, 12.

(3) Elle conserva ce monopole jusqu'en 684. A cette époque, la loi
Aurelia *de judiciis privatis*, abrogée par la suite, puis rétablie, admit sur
la liste des juges les plébéiens qui possédaient au moins 400,000 sesterces.

(4) Ortolan, *op. cit.*, p. 161.

les autres très peu de temps après, en 453. La divulgation faite par Flavius avait enlevé toute son importance au mystère qui avait jusque-là entouré la science du droit. Le *jus Flavianum* avait brisé dans les mains des pontifes le principal instrument de leur puissance ; peu leur importait dès lors de la partager avec les plébéiens !

A la conjecture que nous venons d'exposer, nous prévoyons une objection : Il existait à Rome vraisemblablement dès le début du IVe siècle, une institution mal connue, celle des *recuperatores*. Ces *recuperatores* étaient des juges, et « ils pouvaient être pris entre tous les citoyens sans distinction, inopinément, parmi ceux qui se trouvaient là présents, sous la main du magistrat, de manière à être désignés et constitués immédiatement (1). » Il semble donc que les plébéiens aient eu l'aptitude à être juges, et que par suite le tribunal des Centumvirs ait pu être établi avant la divulgation des actions de la loi. Mais ce n'est là qu'une apparence; car il est à peu près certain aujourd'hui que les *recuperatores*, dont la juridiction était encore exceptionnelle au ve siècle, n'eurent à juger pendant longtemps que les contestations qui s'élevaient entre les Romains et les étrangers (1). Or sous la République tout au moins, là où un pérégrin était en cause, jamais on n'employa les actions de la loi, essentiellement réservées aux seuls citoyens Romains. On comprend par suite que les plébéiens aient pu être *recuperatores* dès l'origine; mais on ne comprend pas qu'ils aient pu être *judices* avant l'an 450. — Nous admettrons donc jusqu'à preuve du contraire que les Centumvirs ont été créés vers cette époque.

§ II. LES CENTUMVIRS DEPUIS LEUR CRÉATION JUSQU'A AUGUSTE

8. — *Recrutement et composition du tribunal des Centumvirs*. — Le collège des Centumvirs se recrutait dans les tri-

(1) Ortolan, *op. cit.*, p. 153.

(1) Cfr. Zimmern, *op., cit.*, p. 45 ; De Keller, *op. cit.*, p. 18 ; — Ortolan, *op. cit.*, p. 153 ; — Labatut, *Hist. de la préture*, Paris, Thorin, 1868, in-8°, p. 225.

D. R.   2

bus (1) ; mais de quelle manière, nous l'ignorons. Étaient-ils
choisis par le préteur ? C'est peu probable (2). Étaient-ils
élus par les tribus elles-mêmes réunies en comices ? On
s'accorde à le reconnaître (3). Les tribus votaient à part, et
nommaient chacune *trois* juges, au moins depuis l'an 512. A
cette époque la formation des tribus Velina et Quirina, ayant
porté à 35 le nombre des tribus, porta par là même à 105 le
nombre total des juges. Bien que ce chiffre fût un peu supérieur à 100, on les appela cependant *Centumvirs*, par abbrévia-
tion (4). Il ne faut donc pas prendre cette dénomination à la
lettre, c'est Varron lui-même qui en fait la remarque ; on
parle des cent juges de Rome, comme on parlerait des mille
vaisseaux qui sont allés à Troie (5). — Les Centumvirs pouvaient appartenir à toutes les classes du peuple romain ;
c'était la conséquence naturelle de leur mode de recrutement.
Les patriciens qui, sinon à l'origine, du moins à cette époque,
faisaient partie des tribus, se trouvaient confondus avec les
plébéiens. Les sénateurs et les chevaliers qui luttèrent avec
tant d'énergie les uns contre les autres pour s'assurer la
possession exclusive des *judicia privata*, siégeaient côte à
côte dans le collège des Centumvirs. Mais s'ils y entraient, ce
n'était pas par un privilège de leur ordre ; c'était par suite de
l'élection. On peut donc dire, en employant un mot moderne,
que lorsque toute différence entre les plébéiens et les patri-

(1) Cependant Schneider (*De Centumv. judicii apud Roman. origine*
1835, § 79-100) a voulu rattacher ce recrutement au système des classes
et des centuries. Les cinq classes auraient fourni 85 centumvirs, et les
chevaliers 15, soit au total 100, Schneider ajoute que ce mode d'élection aurait bientôt fait place à l'élection par les tribus. Cette opinion en
somme n'est qu'une hypothèse invraisemblable ; car quelle cause pourrait-on assigner à ce prétendu changement électoral ; et que devient
dans ce système le caractère plébéien du collège centumviral. — Cfr.
Rein. *Das röm. Privatrecht*, Leipsig, 1836, in-8°, p. 416, en note.

(2) *Contrà* : Bethmann-Hollweg, *Der Röm. Civilprosess*, t. I, p. 60.

(3) Niebuhr (*op. cit.*, t. VI, p. 320) conjecture que les élections se faisaient sous la présidence des édiles plébéiens.

(4) Festus, v° *Centumv. jud.* — Cfr. le texte *suprà*, n° 6.

(5) Varron, *De re rust.*, II, 1 : « Si, inquam, numerus non est ad amus-
sim, ut cum dicimus mille naves ad Trojam isse, centumvirale judicium
Romæ. »

ciens se fut effacée, le tribunal de la Lance, représentant la
souveraineté du peuple tout entier, devint un véritable tribunal *national* (1).

Pour combien de temps les Centumvirs étaient-ils élus ?
probablement pour un an, comme l'étaient en grande majorité
les magistrats romains. Il ne faudrait pas conclure de là que
les Centumvirs fussent des magistrats (*magistratus*) dans le
sens qu'avait ce mot à Rome. C'était des juges (*judices*) ; et la
profonde distinction établie en droit romain entre le *jus* et le
judicium, donne une grande importance à cette remarque. On
peut dire avec assez d'exactitude que les Centumvirs étaient
des jurés annuels, constituant un tribunal permanent.
Chaque année le collège centumviral était renouvelé ; mais
pendant une année entière, les mêmes juges y siégeaient. — Il
y avait de ce chef une grande différence entre les Centumvirs
et les *recuperatores*. Les *recuperatores* étaient bien comme eux
toujours en nombre pour juger, mais le magistrat ou les parties les désignaient pour chaque affaire. Dès que la sentence
était rendue, les *recuperatores* cessaient d'être juges, sauf à
être désignés une seconde fois pour une autre affaire. La
même différence sépare les Centumvirs des *judices privati*. Il
y en avait en outre une seconde, également capitale : le *judex
privatus* jugeait toujours seul. Il lui était permis, il est vrai,
de s'entourer d'assesseurs dont il pouvait prendre l'avis pour
s'éclairer ; mais ces assesseurs n'avaient que voix con-
sultative et ne participaient en rien au jugement. Ils rendaient un service au juge, ils ne remplissaient pas une fonc-
tion. Les Centumvirs, au contraire, formaient un tribunal
collectif, siégeant et délibérant probablement sous la présidence du préteur (2). Ajoutons à cela que leur origine, leurs

____

(1) Zimmern, *op. cit.*, p. 59.

(2) En ce sens Bachofen, *op. cit.*, p. 12. Au contraire, M. Latreille (*op.
cit.*, p. 128) ne croit pas à la présidence du préteur, au moins sous la
république ; car elle est certaine au temps de Pline (*Epist.*, VI, 33). Mais
alors il faut admettre : ou que les Centumvirs n'étaient pas présidés,
ce qui est inadmissible ; ou qu'ils choisissaient un chef parmi eux, ce
qu'aucun texte ne permet de conjecturer ; ou enfin qu'un magistrat,
autre que le préteur, était à leur tête. Mais quel autre magistrat eût pu

attributions, leur compétence et leurs pratiques différaient sous plusieurs rapports, et l'on comprend alors que tant de dissemblances aient amené entre eux une divergence de vues. Les Centumvirs et le *judex privatus*, nous le savons par Quintilien, ne se plaçaient pas au même point de vue pour juger les mêmes questions (1).

La juridiction centumvirale était, bien entendu, particulière à la ville de Rome (2) : les provinces n'avaient et ne pouvaient rien avoir de pareil. Elle était particulière aussi aux citoyens romains, seuls admis pendant longtemps à employer la procédure *per sacramentum*. Par la suite cependant on paraît s'être relâché de cette rigueur ; et, sans doute dans l'intérêt même des citoyens, on permit aux pérégrins de figurer dans les instances centumvirales, malgré leur caractère quiritaire. Gaïus, en effet, parlant pour son époque, nous dit qu'avant de se présenter devant le Tribunal, on agit *per sacramentum* devant le préteur urbain ou *pérégrin* (3).

9. — *La hasta symbolique*. — Les Centumvirs siégeaient sur le forum, et devant eux on plantait une lance, *hasta*, symbole de la guerre (4), de la puissance publique et de la propriété quiritaire. « La lance, dit Festus (5), qui se nomme en Sabin *Curis* (d'où *quirites*)... *summa armorum et imperii est* » ; et Gaïus ajoute : « Dans l'action *sacramenti*, on se servait d'une baguette pour tenir lieu de pique, en signe du *dominium justum* ; car on regardait principalement comme siennes les choses prises sur l'ennemi ; c'est pour cela qu'une lance est

---

être préféré au préteur, spécialement amené par la nature de ses attributions à s'occuper des procès que devaient juger les Centumvirs? N'est-il pas plus probable qu'il eût dès l'origine une présidence dont on le voit investi plus tard ? Nous ne prétendons pas d'ailleurs qu'il eût voix délibérative, ce qui serait contraire à la distinction nettement établie à Rome entre le juge et le magistrat. Son rôle se bornait sans doute à la direction des débats.

(1) Quintil., V. 10-11-5°. — Cfr. *Suprà*, n° 1.
(2) Varron, *De re rust.*, II, 1.
(3) Gaïus, IV, 31.
(4) Aulu-Gelle, X, 27 : «...Signum belli...»
(5) Festus, v° *Cœlibari hasta*.

placée devant les Centumvirs, lorsqu'ils jugent (1). La *hasta*
jouait un rôle dans presque toutes les institutions de l'ancienne
Rome. Elle figurait dans les ventes publiques de butin et de
biens confisqués, dans les enchères ?privées, dans celles que
tenaient les censeurs pour la ferme du domaine public et des
impôts, dans la procédure *per sacramentum,* etc... (2).

Quelle était au juste sa signification devant le tribunal des
Centumvirs ? D'après le passage de Gaïus, on la plantait parce qu'elle symbolisait la propriété quiritaire. Or les Centumvirs,nous le verrons plus tard, avaient souvent à connaître de
litiges concernant cette propriété ; la *hasta* indiquait donc en
partie la nature de leurs attributions (3). Sans doute, elle
signifiait aussi, dit M. Labatut, « que le jugement rendu par
les Centumvirs avaient la même valeur que s'il émanait du
peuple lui-même (4) » dont ils représentaient en somme la
souveraineté judiciaire. «-Le long bâston de guerre dict en
latin *hasta* représentait l'authorité publique, » ajoute Guy
Coquille. — Cette lance des Centumvirs paraît avoir eu aux

(1) Gaïus, IV, 16, *in fine :* « Festucæ autem utebantur quasi hastæ loco, signo quodam justi dominii ; maxime (enim) sua esse credebant,
quæ ex hostibus cepissent ; unde in centumviralibus judiciis hasta
præponitur. »

(2) Festus, vº *Hastæ;* — Code, tit. *De fide et jure hastæ fiscalis;* — Ju-
vénal, III, 3 ; — Tite-Live, II, 14 ; V, 16 ; VI, 4 ; XXIII, 38 ; XXIV, 18 ;
XXXIX, 44 ; XLIII, 16. — *Adde* Columelle, *De re rust.,* 1 ; Cicéron, *de
lege agrariâ,* I, 1-2° — Code, loi 3, VII, 53 ; loi 16, IV, 44.

Les mots *subhaster* et *subhastation* se sont conservés dans l'ancien droit
français pour désigner la procédure des enchères, ou comme dit Guy
Coquille, « le progrès des criées » (Guy Coquille sur l'art. 14 de la *Cout.
de Nivernais,* ch. I).

(3) Zimmern signale à ce propos une erreur de Tigerstrœm, qui con-
fondant la haste centumvirale avec celle des ventes publiques, conclut de là que la mission principale des Centumvirs n'était pas de
rendre la justice, mais bien de présider aux enchères publiques, à la
location de *l'ager publicus,* et autres opérations analogues. Cette erreur
a conduit Tigerstrœm à des conséquences fort étranges, résultat d'une
confusion perpétuelle entre les documents relatifs à la *hasta* des Centumvirs et ceux qui concernent la *hasta* des enchères. — Cfr. Zimmern.
op. cit., p. 41, note 2 ; et Bonjean, *op. cit.,* p. 197.

(4) Labatut, *op. cit.,* p. 124 ; — Cfr. Siccama, *op. cit.,* II, 3.

yeux des Romains une grande importance. Elle finit par donner son nom au Tribunal. Jusque sous l'Empire, on parlera de la *hasta centumviralis*, et l'on dira : *hæstæ judicium* (1), *hastæ præesse* (2), *hastam cogere* (3). Les poètes surtout ne manqueront pas de répéter la métaphore, et de personnifier dans la lance symbolique le tribunal tout entier. Martial lui donnera l'épithète de *gravis* (4), et Stace l'appellera la « modératrice des cent juges (5). »

10. — *Institution des Décemvirs litibus judicandis ; leurs attributions et leur compétence.* — L'événement le plus important de l'histoire des Centumvirs sous la République, eut lieu vers l'an 510. A cette époque on institua pour les présider un collège de dix magistrats, les *Decemviri litibus judicandis* (6). Cette réforme, au dire de Pomponius, était nécessaire, probablement parce que le préteur surchargé d'affaires, ne pouvait plus suffire à ses fonctions. Déjà en l'an 507, on avait créé pour lui venir en aide le préteur pérégrin ; l'établissement du décemvirat *litibus* ou *stlitibus judicandis* fut sans doute inspiré par un motif analogue (7). — Les décemvirs étaient de véritables magistrats, *magistratus*, dit Pomponius. Ils faisaient partie du vigintisexvirat, dont ils constituaient une des six magistratures (8). On peut les considérer comme les coopérateurs, les assesseurs du préteur (9), qu'ils aidaient

(1) Valère-Max., VII, 8, 1° et 4°.

(2) Pomponius, loi 2-29°, Dig., I, 2.

(3) Suétone, *Auguste*, II, 36.

(4) Martial, *De Silio* , VII : « Hunc miratur adhuc centum gravis hasta virorum. »

(5) Stace, *Sylv.*, VI, 4 : «...Centeni moderatrix judicis hasta. »

(6) Pomponius, *ibid.*; — Cfr. *suprà*, n° 6; et Dion-Cassius, LIV, 26.

(7) On trouve plus fréquemment *stlitibus* que *litibus* dans les inscriptions. Les mots *Decemviri stlitibus judicandis* y sont abrégés de diverses manières. V. not. Orelli (édit. Henzen), n°ˢ 133, 554, 890, 3045,, 3135, 6014, 6019, 6048, 6450, 6490, pour *stlitibus*, et 6461 pour *litibus*. Toutes ces inscriptions sont du temps de l'empire, excepté l'inscription 554, attribuée au VI° siècle.

(8) Cic., *De legibus*, III : « Minores magistratus lites contractas judicanto. »

(9) Zumpt, *loc. cit.* : « Pehülfen des Grætors.

dans la présidence du tribunal des Centumvirs ; car sans aucun doute le préteur conserva toujours la haute présidence, nous constaterons en effet, qu'au temps de Pline le Jeune, il en était encore investi. On a prétendu qu'il y avait incompatibilité entre cette présidence du préteur et celle des Décemvirs ; mais on ne saurait accepter une telle objection : non seulement elle ne s'appuie sur aucun fondement, mais encore elle a contre elle un texte de Pline, qui décrivant l'appareil d'un jugement centumviral, mentionne expressément la présence des Décemvirs, et la présidence du préteur (1). Une présidence collective sans un chef suprême s'expliquerait d'ailleurs difficilement.

Outre leurs fonctions au tribunal des Centumvirs, les *Decemviri litibus judicandis* en remplissaient d'autres comme juges. Il semble d'après les textes qu'ils formaient une juridiction spéciale (2), particulièrement chargée de connaître des procès sur l'état des personnes. On en trouve une preuve dans le plaidoyer de Cicéron pour Cœcina, auquel son adversaire contestait incidemment sa qualité de citoyen romain. Cicéron voulant faire impression sur l'esprit des juges, rappelle que dans une espèce analogue les Décemvirs lui ont donné gain de cause : « Très jeune encore, dit-il, je prouvai ce que j'avance en ce moment dans une cause que je plaidai contre un de nos plus éloquents orateurs, Cotta. Je défendais la liberté d'une femme d'Arrezzo ; mais les décemvirs, dont Cotta avait surpris la religion, n'osaient pas déclarer juste notre *sacramentum*. Je démontrai fortement que la ville d'Arrezzo n'avait pu perdre son droit de cité. Les décemvirs ne prononcèrent pas dans la première action ; mais après avoir bien examiné mes preuves, ils déclarèrent juste notre *sacramentum* (3). » Ainsi les questions de cité et de liberté se plai-

----

(1) Pline le Jeune, V, 21. — Cfr. *infrà*, n° 19.

(2) Varron parle d'un *judicium decem virorum* (*De linguâ latinâ*, VIII, 49).

(3) Cicéron, *Pro Cœc.*, 33 : «...Quum arretinæ mulieris libertatem defenderem, et Cotta Decemviris religionem injecisset, non posse sacramentum nostrum justum judicari... primâ actione non judicaverunt ; posteà... sacramentum nostrum justum judicaverunt. »

daient devant les Décemvirs. Un autre passage de Cicéron est tout aussi formel : « Quand bien même les Décemvirs auraient déclaré injuste le *sacramentum* d'un homme qui défend sa liberté, il a été décidé, mais pour ce cas seulement, que cet homme pourrait plaider à nouveau son affaire, autant de fois qu'il le voudrait (1). »

Ces deux textes nous apprennent en même temps qu'on employait devant les Décemvirs la procédure *per sacramentum*, abolie cependant au temps de Cicéron par la loi Æbutia, qui, suivant Aulu-Gelle et Gaïus, ne l'avait conservée que devant les seuls Centumvirs, ou encore dans le cas où l'on voulait agir *de damno infecto* (2).

Quelques auteurs ont voulu en conclure que le tribunal des Décemvirs n'était pas véritablement distinct de celui des Centumvirs (3). M. Belot va jusqu'à dire que « les Décemvirs judiciaires n'étaient qu'une sorte de commission du tribunal des Centumvirs, chargée de porter des sentences préjudicielles sur toutes les réclamations de liberté, de droit de cité, et en général d'état civil qui ne pouvaient être jugées en dernier ressort que par une sentence centumvirale. Ils pouvaient écarter ou admettre par une sorte de jugement préalable, toutes les demandes adressées au tribunal centumviral, à l'exception des demandes d'héritage, qui devaient être réservées tout entières aux quatre sections des Centumvirs (4). » Siccama soutenait déjà cette thèse (5), dont le défaut capital est de n'avoir aucun fondement dans les textes. Nous croyons plus sûr de décider que les Décemvirs ne connaissaient que des questions de cité et de liberté (6). Quant au maintien par

---

(1) Cicéron, *Pro domo tuâ*, 29 : « Si Decemviri sacramentum in libertatem injustum judicassent, tamen, quotiescumque vellet quis, in hoc genere solo rem judicatam referre posse voluerunt. »

(2) Cfr. *suprà*, n° 6 ; — Gaïus, IV, 31.

(3) Bachofen (*op. cit.*, p. 25-30) cherche en vain à prouver que les Décemvirs formaient la première des 4 sections qui divisèrent par la suite le collège centumviral.

(4) Belot, *op. cit.*, p. 218.

(5) Siccama, *op. cit.*, dans Grævius, II, col. 840.

(6) *Sic* Bethmann-Hollweg, *Der röm. civilprocess*, t. I, p. 58.

devant eux de l'action *sacramenti*, si Aulu-Gelle et Gaïus ne le mentionnent point, c'est qu'à leur époque la juridiction décemvirale devait être fort oubliée (1).

11. — *Mission confiée aux ex-questeurs.* — A côté du préteur, à côté des Décemvirs *litibus judicandis*, d'autres personnages jouaient un rôle dans l'organisation du tribunal des Centumvirs, depuis une époque qu'il est impossible de déterminer ; c'était au rapport de Suétone, les questeurs sortis de charge (*quæsturâ functi*) (2). En quoi consistait au juste la mission confiée à ces ex-questeurs ? Le sens du mot *cogere*, employé par Suétone, indique qu'ils n'étaient chargés que d'une chose : convoquer le tribunal, et non pas le présider, comme un trop grand nombre d'auteurs, l'ont soutenu. La présidence, Pomponius nous l'a appris en employant le mot *præesse*, appartenait aux Décemvirs. *Præesse hastæ* et *cogere hastam* sont deux fonctions différentes ; et c'est pour les avoir confondues, qu'on a voulu voir entre le passage de Suétone et celui de Pomponius une antinomie qui n'existe pas.

Une dernière question à se poser, relativement à l'organisation du tribunal Centumviral, est celle de savoir si à la fin de la République il était divisé, comme il le sera au début de l'Empire, en plusieurs sections ? On a conjecturé l'affirmative, d'après un texte de Valère Maxime. Cet auteur, rappelant une espèce célèbre, déjà discutée par Cicéron, celle d'un soldat omis dans le testament de son père qui l'avait cru mort, dit que le soldat attaqua le testament par devant les Centumvirs et qu'il gagna son procès « non seulement dans chaque section, mais encore à l'unanimité des voix (3). » Ce témoignage de Valère Maxime est très suspect d'anachronisme. En effet Cicéron parle à deux reprises de ce procès du soldat,

(1) Hollweg a émis l'hypothèse vraisemblable que les Décemvirs cessèrent sous Auguste de fonctionner comme tribunal. — Cfr. *infrà* n° 13.

(2) Suétone, *Octave*, II, 36 : « ... Centumviralem hastam, quam quæsturâ functi consueverant cogere... »

(3) Val. Max., VII, 7, 1° : « Cum improbissimis hæredibus de paternis bonis apud centumviros contendit, omnibusque non solum consiliis, sed etiam sententiis superior discessit. »

comme il l'appelle (1) ; il parle souvent aussi des Centumvirs :
pas un seul mot ne nous autorise à penser que de son temps
la division en sections fut un fait accompli. Ce silence de
Cicéron nous parait significatif, et nous incline à attribuer le
sectionnement du collège centumviral aux réformes d'Auguste.
Valère Maxime qui écrivait sous Tibère, n'aura fait que
transporter dans le passé ce qu'il voyait de son temps (2).

**12. — *Déclin momentané du tribunal des Centumvirs ; l'avocat
Albutius Silus.* —** Vers la fin de la République, le tribunal des
Centumvirs, qui avait dû tout d'abord jeter un vif éclat,
paraît avoir été éclipsé par les autres tribunaux. Bien que
les procès dont il connaissait fussent souvent importants et
difficiles (3), aucun grand orateur, s'il faut en croire Tacite,
n'allait plaider devant lui : ni Cicéron qui pourtant le tient en
haute estime, ni César, ni Brutus, ni Cœlius, ni Calvus. Cependant Scœvola, le plus grand orateur parmi les jurisconsultes,
et le plus grand jurisconsulte parmi les orateurs, selon
l'expression de Cicéron, y vint un jour soutenir contre
l'abondant et spirituel Crassus, un procès qui semble avoir
eu un grand retentissement (4). On peut citer aussi, vers le
le début du règne d'Auguste, l'avocat Albutius Silus, comme y
prenant parfois la parole. Le rhéteur Sénèque et Suétone nous
ont même transmis le récit d'une mésaventure qui lui arriva et
qui mérite d'être rapportée : — Albutius cherchait, comme on
dirait de nos jours, « à faire de l'effet » ; il s'ingéniait dans
ce but à trouver des images, des figures suivant lui saisis-
santes, qui rendaient ses plaidoiries quelque peu déclama-
toires et tourmentées. « Il s'inquiétait toujours de sa diction,
même après qu'il avait parlé, au point qu'il n'était jamais
tranquille. Ce fut, dit Sénèque, cette inquiétude qui le chassa
du forum, et cela par les cruelles conséquences d'une seule

---

(1) Cicér., 1ᵉʳ *Dial. des orat.*, I, 38 et 57.

(2) *Sic* Keller, *op. cit..* p. 21, note 77 ; — *contrà :* Zimmern, *op. cit.*
p. 41 ; et Latreille, *op. cit.*, p. 127 et suiv.

(3) Cicéron, *loc. cit.*

(4) Cicéron, *loc. cit. ; Brutus*, 39 et 52 ; *pro Cœcinâ*, 18 et 24. — Cfr. *infrà*, n° 38.

figure de rhétorique. Il plaidait devant les Centumvirs. Déjà
son adversaire avait plusieurs fois offert de prêter un serment, quand Albutius se servit de l'image suivante pour lui
reprocher tous ses crimes (1) : « Il te plaît, dit-il, de terminer
l'affaire par un serment? Jure ; mais c'est moi qui te donnerai
la formule du serment. Jure par les cendres de ton père, qui
demeurent sans sépulture ; jure par la mémoire de ton père! »
Et il poursuivit. Quand il eut fini, L. Arruntius se leva
de l'autre côté, et dit : « Nous acceptons la condition ; mon
client jurera. » Albutius criait : « Je n'ai pas déféré le
serment ; j'ai parlé par image. » Arruntius insistait. Les
Centumvirs s'attendaient à des choses extrêmes. Albutius
s'écria : « De cette manière, les images disparaissent de la
nature des choses ! » Arruntius répondit : « Qu'elles disparaissent ! nous pourrons vivre sans elles. » Ce fut la conclusion. Les Centumvirs déclarèrent qu'ils prononceraient en
faveur de l'adversaire d'Albutius, s'il jurait. Il jura. Albutius
ne put supporter cet affront ; mais irrité, il se forgea des
craintes imaginaires, car il ne parla plus au forum (2). »

(1) Suivant Suétone, il lui reprochait son défaut de piété filiale envers
ses parents. — Suét., *De claris rhet.*, 6. — Cfr. *infrà*, n° 27.

(2) Sénèque le rhéteur, *Controvers.*, III, 12 : « Tristis, sollicitus décla-
mator, et qui de dictione suâ timeret, etiam quum dixisset, usque eò
nullum tempus securum erat ; hæc illum sollicitudo fugavit è foro, et
tantùm unius figuræ crudelis eventus. Nam in quodam centumvirali
judicio, quum diceretur jurisjurandi conditio aliquando facta ab adversario, induxit ejusmodi figuram, quâ illi omnia crimina retegeret.
Placet, inquit, tibi rem jurejurando transigi? Jura, sed ego jusjurandum dabo. Jura per patris cineres, qui inconditi sunt ; jura per
patris memoriam. Et exsecutus est locum. Quo perfecto, surrexit
L. Arruntius ex diverso et ait : Accipimus conditionem ; jurabit :
Clamabat Albutius : Non detuli conditionem, schema dixi. Arruntius instabat. Centumviri rebus jam ultimis se parabant. Albutius
clamabat : Istâ ratione schemata de rerum naturâ tolluntur. Arruntius aiebat : Tollantur, poterimus sine illis vivere. Summa rei
hæc fuit. Centumviri dixerunt, dare ipsos secundum adversarium
Albutii, si juraret ille. Juravit. Albutius non tulit hanc contumeliam ;
sed iratus calumniam sibi imposuit, nunquàm enim ampliùs in foro
dixit. » — Sénèque le Rhéteur est né vers 60 av. J.-C., et mort vers 30
après.

Malgré ces exemples de plaidoiries prononcées au tribunal de la Lance, il y avait alors une réelle abstention des grands avocats ; et cette abstention est aux yeux de Tacite la preuve d'une décadence profonde pour la juridiction des Centumvirs (1). On peut lui assigner comme causes le discrédit où étaient tombées depuis longtemps les actions de la loi, et l'établissement des *quæstiones perpetuæ*, tribunaux permanents, auxquels était dévolue d'une façon spéciale la connaissance d'un genre déterminé de procès. C'est devant eux que Cicéron et Hortensius prononcèrent leurs plus célèbres discours. Mais sous Auguste un changement se produit : les *quæstiones perpetuæ* déclinent, et le tribunal de la Lance reprend son éclat primitif (2). Ce changement eut pour point de départ des réformes d'Auguste qu'il nous faut maintenant étudier, et qui, selon toute vraisemblance, faisait l'objet des deux *Leges Juliæ Judiciariæ*, mentionnées par Gaïus (3).

Section II. — Le Tribunal des Centumvirs sous l'Empire

§ I : RÉFORMES D'AUGUSTE ET APOGÉE DES CENTUMVIRS

13. — *Nouvelles attributions des Décemvirs litibus judicandis.* — Auguste commença par enlever aux ex-questeurs la mis-

---

(1) Tacite, *Dial. des orat.*, 38 : « Quod majus argumentum est quam quod centumvirales causæ, quæ nunc primum obtinent locum, adeo splendore aliorum judiciorum obruebantur, ut neque Ciceronis, neque Cæsaris, neque Bruti, neque Cælii, neque Calvi, non denique ullius magni oratoris liber apud Centumviros dictus legatur, exceptis orationibus Asinii Pollionis, quæ pro heredibus Urbiniæ inscribuntur, ab ipso tamen Pollione mediis D. Augusti temporibus habitæ.

(2) Cfr. Kuntze, *op. cit.*, p. 95 ; — et Bethmann-Hollweg, *Ueber die Competenz des centumviralgerichts* ; dans *Zeitschrift für gesch. Rechtswiss.*, Berlin, 1825, in-8°, t. V, n° XI, p. 361. — Dans cet ouvrage, Bethmann-Hollweg donne une division de l'histoire des Centumvirs un peu différente de la nôtre ; il distingue trois périodes : des origines à la loi Æbutia ; de la loi Æbutia à Auguste ; et d'Auguste à la disparition, (p. 377, 379, 384). Les deux premières phases ne nous ont pas paru devoir être distinguées.

(3) Gaïus, IV, 30 ; — cfr. Rudorff, *op. cit.*, p. 31.

sion de convoquer les Centumvirs pour la confier aux Décemvirs *litibus judicandis* (1), dont les attributions se trouvèrent ainsi augmentées. Ce fut à eux qu'il appartint désormais de planter la *hasta* symbolique devant le tribunal prêt à entrer en séance ; et c'est en ce sens que Lucain a pu dire : « La lance des Décemvirs pousse aux débats les plaideurs inquiets, et leur ordonne de soumettre leurs causes aux cent juges (2) ». — Vers la même époque, Auguste, qui avait, en 734, réduit le vigintisexvirat à vingt membres, ordonna que ces vigintivirs (3), magistrats inférieurs dont les Décemvirs judiciaires tenaient la tête, fussent toujours pris dans l'ordre équestre (4), et ne fussent plus obligés en sortant de charge de prendre ou de garder le laticlave, ni d'aspirer aux honneurs sénatoriaux, dispense fort agréable à ceux qui voulaient échapper aux dangers et aux ennuis attachés sous l'Empire au titre de sénateur (an 740). Les Décemvirs appartinrent donc au moins dès cette époque à l'ordre équestre, et même à la partie la plus distinguée de cet ordre ; car Ovide, qui porta ce titre (5), avait été honoré de l'*equus publicus* (6) ; et il n'est pas rare de trouver dans les inscriptions, des Décemvirs judiciaires qui aient été *sévirs* d'une *turma* de chevaliers (7).

---

(1) Suétone, *Auguste* II, 36 : « Auctor fuit ut centumviralem hastam, quam quæsturâ functi consueverant cogere, decemviri cogerent. »

(2) Lucain, *Carmen in Pisonem* :
   Seu trepidos ad jura decem citat hasta virorum,
   Et firmare jubet centeno judice causas.

(3) Le vigintivirat comprenait : les triumvirs capitaux, les triumvirs monétaires, les quatuorvirs de la voirie urbaine, et les décemvirs. — Auguste en avait retranché les deux intendants des voies extra-urbaines, et les quatres commissaires de Campanie, — V. Naudet, *De la noblesse chez les Rom.*, Paris, Durand, 1863, in-8°, p. 84.

(4) Dion Cassius, LIV, 26.

(5) Ovide, Fast, IV, vers 384 :
   Inter bis quinos usus honore viros.

(6) Voir sur ces rapports des décemvirs avec l'ordre équestre, Belot, *op. cit.*, p. 214, 219.

(7) V. not. Orelli (éd. Henzen), n°ˢ 133, 3045, etc... Il y avait six *turmæ* ou escadrons de chevaliers, de là le nom de *seviri* (*sex, viri*) donné à leurs chefs.

S'il faut admettre une conjecture de Bethmann-Hollweg (1), adoptée par plusieurs auteurs, les Décemvirs auraient vu diminuer d'un côté leurs attributions augmentées de l'autre : ils auraient perdu leur compétence en matière de liberté et de droit de cité, et auraient cessé de constituer un tribunal particulier. Cette hypothèse ne s'appuie à la vérité sur aucun document direct. Elle ne peut invoquer que le silence, peut-être fortuit, des écrivains postérieurs à Cicéron, lesquels ne mentionnent jamais les Décemvirs *litibus judicandis* comme étant en possession d'une juridiction spéciale. Toutefois, comme il résulte des textes, qu'à partir d'une époque, indéterminée il est vrai, mais qu'on peut sans grande erreur placer au début de l'Empire, les questions d'état ne donnèrent plus lieu qu'à la délivrance d'une formule préjudicielle, il est permis de croire à la suppression d'un tribunal désormais inutile. Les Décemvirs *litibus judicandis*, dépouillant ainsi leur caractère accessoire de juges, nous apparaissent alors comme des magistrats proprement dits, véritables *substituts* du préteur, attachés au Tribunal de la lance.

Nous avons vu qu'Ovide avait été décemvir. Il nous apprend à deux reprises qu'il fut également Centumvir, d'abord dans les *Tristes*, où il dit (II. 91-92) :

> *Nec mali commissa est nobis fortuna reorum,*
> *Lisque decem decies inspicienda viris;*

puis dans les *Epistolæ ex Ponto* (III, 5) :

> *Utque fui solitus, sedissem forsitan unus*
> *De centum judex in tua verba viris.*

Il semble bien résulter de ces vers qu'à l'époque d'Ovide les Centumvirs étaient encore au nombre de 100 ou environ. Ce chiffre s'éleva par la suite ; au temps de Pline le Jeune, c'est-à-dire vers la fin du premier siècle de l'ère chrétienne, il était de 180 (1).

14. — *Sectionnement du tribunal des Centumvirs.* —Parmi les réformes d'Auguste, il faut placer une des modifications les

---

(1) Bethmann-Hollweg, *Ueber die Competenz... op. cit.*, p. 373, en note.
(2) Pline, *Epist.*, VI, 33 : « Sedebant centum et octoginta. »

plus considérables que pouvait subir l'organisation intérieure du Tribunal de la Lance, à savoir son sectionnement. Un texte de Valère Maxime, précédemment cité (*suprà*, n° 11), nous permet en effet de constater que de son temps, c'est-à-dire sous Tibère, mais, depuis une époque qu'il ignore évidemment, les Centumvirs étaient répartis en plusieurs sections ou chambres qu'il appelle *consilia*, et que Quintilien nomme *tribunalia* ou *judicia*. Pline, comme Valère Maxime, se sert exclusivement du mot *consilia*. Ces mêmes écrivains nous apprennent en outre que le collège centumviral comprenait *quatre* conseils (1). Ces conseils étaient habituellement réunis dans la même enceinte, c'est-à-dire dans la vaste et magnifique basilique Julia, où le tribunal s'était transporté, depuis l'époque de sa construction sur l'un des côtés du forum (2). — Sur quelles bases s'opérait ce sectionnement, dont quelques passages du Digeste portent encore la trace (3) ? C'est un point qui n'est pas éclairci. On ne sait si les sections comprenaient un nombre égal de juges, ou si la répartition était arbitrairement opérée par le magistrat (4). On ignore également si les centumvirs qui devaient contribuer à former tel ou tel conseil, étaient désignés par le sort ou élus par des catégories de tribus (5).

Des controverses plus importantes, restées de même sans solution certaine, se sont élevées à propos du fonctionnement des quatre conseils, et de l'étendue de leur participation aux jugements. Ainsi Pline parle à plusieurs reprises d'un *quadruplex judicium*, et Quintilien de *duplicia judicia* (6) ; quel

---

(1) Quintil.. XII. 5-6° : « ... quatuor autem judicia, ut moris est, cogerentur... ex quatuor tribunalibus... » ; — Pline, VI, 33 : « ... tot enim quatuor consiliis... duobus consiliis vicimus, totidem victi sumus. »

(2) Quintil, *loc. cit.* ; —Pline, V, 21 (*infrà*, n° 33).

(3) Papinien, loi 76, Dig., *De legatis* 2°.

(4) Suivant Puchta (*op. cit.*, II, p. 25), cette répartition se serait répétée au début de chaque audience, et aurait été effectuée par les Décemvirs *lit. jud.* C'est une pure hypothèse.

(5) M. Latreille soutient cette dernière thèse, en se fondant sur des considérations que nous avons repoussées (*Suprà*. n°⁵ 2 *et* 3).

(6) Pline, I, 18 : « Eram in quadruplici judicio... » ; —IV, 24 : « ... apud centumviros in quadruplici judicio dixissem... » ; — Quintil., XI, 1-78° : «... in centumviralibus judiciis duplicibus. »

est le sens de ces expressions ? Quintilien mentionne une
division *in duas hastas* (1); pourquoi cette division ? Dans le
même passage, il nous apprend qu'il existait dans ce cas un
præjudicium; en quoi consiste ce *præjudicium* ? Ce sont là
autant de questions, qui ont donné naissance à de nombreux
systèmes. Nous exposerons les deux principaux avec quelques
détails, sans nous attacher toutefois à les réfuter par le menu.
Nous indiquerons ensuite l'opinion éclectique qni nous paraît
devoir triompher.

15. — *Les sections jugent-elles seules ? Controverse; système
affirmatif absolu de Zimmern ; rejet.* — Suivant Zimmern et
Keller, chaque section jugeait séparément avec l'autorité du
collège entier, comme aujourd'hui les diverses chambres
d'une cour d'appel. « Toutefois, dit Zimmern (2), une même
contestation pouvait occuper plusieurs *consilia*, lorsqu'elle se
subdivisait en plusieurs questions, par exemple, la querelle
d'inofficiosité lorsque plusieurs héritiers testamentaires étaient
attaqués. Mais tout en admettant que les sections délibéras-
sent séparément, chacune sur une question, il paraît certain
que la cause n'était plaidée qu'une seule fois et en présence
de tous les juges. Toutes les sections réunies jugeaient-elles
quelquefois en un seul collège ? C'est ce qu'on ne peut affirmer. » De Keller est plus précis (3) : « La réunion en plusieurs sections, lorsqu'elle avait lieu, avait uniquement pour
but de faciliter l'audition des parties et de simplifier les
débats, dans le cas où plusieurs actions, se rattachant à une
même affaire, étaient portées en même temps devant le tribunal. Le moment de délibérer et de juger venu, on se sépa-
rait et la décision de chaque section restait complètement
indépendante de celle des autres. Si un héritier sien, par
exemple, voulait agir *de inofficioso* contre plusieurs héritiers
testamentaires, il devait engager contre chacun *in jure* un
sacramentum distinct, et chacun de ces *sacramenta* devait

(1) Quintil., V, 2- 1° : «... partibus centumviralium, quæ in duas hastas divisæ sunt. ».

(2) Zimmern, *op. cit.*, p. 42-43.

(3) De Keller, *op. cit.*, p. 21-22, et note 82.

être suivi d'une décision spéciale, indépendante, et autant que possible *sine præjudicio* à l'égard des autres. Pour cela, chacun des procès soulevés par ces divers *sacramenta*, était porté devant une section différente. Seulement, à raison du rapport étroit qui existait entre eux, et, autant pour simplifier l'affaire que pour épargner les frais, les débats avaient lieu devant les sections réunies... De là vient qu'il arrivait si souvent, sans que personne songeât à s'en étonner, que les diverses sections, les divers *consilia* portaient des jugements différents sur le même testament. »

Ce système a été évidemment inspiré à Zimmern, et à M. de Keller après lui, par le désir d'expliquer les contrariétés de jugements entre les divers *tribunalia*, que nous révèlent plusieurs fragments du Digeste, et qui se produisaient de temps à autre, s'il faut en croire Marcellus, dans les querelles d'inofficiosité (1). Les textes que cite Zimmern ne laissent aucun doute sur sa pensée. Il était notamment embarrassé en face d'un texte de Pline, révélant une particularité curieuse, que nous examinerons plus tard en traitant de la compétence des Centumvirs (*infra*, n° 37). Il suffit pour l'instant de faire observer qu'il n'est pas nécessaire, pour expliquer ces contrariétés de jugements, de supposer que chaque conseil eût à prononcer dans des actions séparées. De telles contrariétés pouvaient se produire même quand une seule action était engagée, si au moment de prononcer la sentence, chaque *consilium* votait séparément ; or, c'est un fait que le témoignage de Valère Maxime et de Pline ne permet pas de contester (2). Le système de Zimmern est donc inutile ; de plus, il méconnaît le véritable sens des mots *quadruplex judicium* employés par Pline dans plusieurs de ses lettres. Par ces mots en effet (le contexte le prouve jusqu'à l'évidence), Pline entend désigner, non pas le collège centumviral, mais bien un jugement auquel concourent les quatre sections du tribunal (3). Dans le système de Zimmern,

(1) Marcellus, loi 10, Dig., V, 2 : « Quod interdum fieri solet. »

(2) Val. Max , VII, 7-1°. — Pline, VI, 33.

(3) En d'autres termes, *quadruplex judicium* ne signifie pas quadruple tribunal, mais quadruple jugement. Cette traduction est imposée par le

ce concours ne se produit jamais ; il peut y avoir quatre jugements, il n'y a point de jugement quadruple. En outre, il faudrait restreindre cette expression au cas où quatre défendeurs à la même cause seraient appelés chacun devant une section différente. S'il y en a cinq, ou davantage, Zimmern ne nous dit pas comment dans son système les choses peuvent se régler. De même s'il y en a trois ou deux, il faudrait admettre un renvoi devant trois ou deux sections ; or, les textes ne mentionnent jamais un *triplex judicium*, et les *judicia duplicia* dont parle Quintilien ne sauraient s'entendre de jugements rendus par deux sections, siégeant d'une façon indépendante du reste du tribunal. Ce dernier point demande à être démontré.

16. — *Des præjudicia en matière centumvirale.* — Voici d'abord ce que dit Quintilien : « Il y a trois sortes de *præjudicia* : 1°... 2°... 3°, lorsqu'il a déjà été prononcé sur la même cause, par exemple, dans le cas où un plaideur est déporté, ou dans la deuxième instance en revendication de liberté, ou dans les causes centumvirales, lorsqu'il y a division en deux *hastæ* (1). » Et ailleurs Quintilien répète : «... même si l'on agit devant d'autres juges, comme dans la deuxième instance en revendication de liberté, ou dans les doubles jugements centumviraux (2). » — Le simple rapprochement de ces deux textes montre bien qu'il n'y a de *duplicia judicia*, que lorsqu'il y a division en deux *hastæ* ; et qu'en même temps il y a un *præjudicium* parce qu'il a déjà été prononcé sur la même cause. Pour com-

début de la lettre 24 du liv. IV : Pline y compare à un certain point de de vue un *quadruplex judicium* dans lequel il vient de plaider, avec un autre *quadruplex judicium* dans lequel il a plaidé étant jeune. Si *judicium* signifiait tribunal, cette comparaison deviendrait absolument inexplicable. — V. *infrà*, n° 19, le texte de ce passage.

(1) Quintil., V, 2-1° : « Jam præjudiciorum vis omnis tribus in generibus versatur... aut quam de eâdem causâ pronunciatum est, ut in reis deportatis, et assertione secundâ, et partibus centumviralium, quæ in duas hastas divisæ sunt. »

(2) Quintil , XI, 1-78° : « Etiamsi apud alios judices agatur, ut in secundâ assertione, aut in centumviralibus judiciis duplicibus. »

prendre cela, il faut admettre qu'une portion du tribunal a déjà rendu sa sentence ; mais que l'autre, avant d'émettre un avis définitif, a demandé une *ampliatio*, c'est-à-dire un plus ample informé (1). La sentence rendue forme alors *præjudicium* à l'égard de la portion du tribunal qui n'a pas statué. Quand celle-ci aura fait connaître sa décision, le *judicium* sera complet, et ce sera un *judicium quadruplex*, car les quatre sections y auront pris part. Mais en même temps, il y aura eu : 1° un *præjudicium*, car une sentence a précédé l'autre ; 2° des *duplicia judicia*, car *deux* jugements (ce qui explique le pluriel *judicia* employé par Quintilien) ont été rendus, et rendus par *deux* fractions du tribunal ; 3° enfin une division *in duas hastas*, car le tribunal s'est scindé et a siégé *deux* fois.

On voit par là que nous ne considérons pas le mot *hasta* dans le texte de Quintilien, comme synonyme de *consilium*, ainsi que l'ont écrit plusieurs auteurs. Toutes les sections siégeaient sous la même *hasta*, et ce mot ne peut être pris au figuré que pour désigner : ou le collège centumviral considéré dans son ensemble, ou encore (c'est le sens qu'il nous paraît avoir ici) une fraction de ce collége, devant laquelle il a fallu planter la *hasta*, pour indiquer qu'elle siège actuellement à l'état de tribunal constitué. Dans ces conditions, cette fraction, ainsi appelée à juger seule et en audience séparée, devant cette *hasta* plantée de rechef, peut comprendre soit une soit deux, soit même trois sections, suivant qu'une, deux, ou trois sections auront demandé une *ampliatio* (2).

---

(1) Les juges romains avaient en effet ce droit ; ils pouvaient déclarer que les débats étaient insuffisants pour former leur conviction, et n'étaient pas forcés de juger *quand même*. L'affaire était alors renvoyée à un autre jour pour être plaidée à nouveau.

(2) Siccama (*op. cit.*, col. 844) soutient que *hasta* désigne la moitié du tribunal centumviral, qui selon lui se divisait tantôt en quatre, tantôt en deux chambres, suivant les affaires qu'il avait à juger. Il invoque les deux textes de Quintilien que nous venons de citer. On voit que ces textes, loin de favoriser son opinion, résistent au contraire à l'interprétation qu'il en donne. Aucun ne permet de soutenir que la division en deux fractions rentrât dans l'organisation normale du tribunal.

Les cas d'*ampliatio* devaient d'ailleurs être assez rares. Il y avait des hypothèses en effet où de nouveaux débats étaient complètement inutiles. Ainsi, « un seul conseil n'ordonnait pas une nouvelle instruction quand les trois premiers avaient prononcé dans le même sens, ou même quand deux d'entre eux seulement, étant d'accord, devaient l'emporter sur les deux autres, fussent-ils unis. Pourquoi recourir en effet à une information nouvelle, lorsque le sort du procès était définitivement fixé par les avis déjà connus ? Une instruction partielle n'était admissible que lorsqu'elle pouvait modifier ou compléter les résultats obtenus (1). »

17. — *Système négatif absolu de M. Latreille ; réfutation et conclusion.* — Nous croyons donc qu'il faut conclure contre Zimmern que certaines causes centumvirales étaient portées devant les quatre sections, constituant un tribunal unique. Cela posé, faut-il aller plus loin, et dire avec M. Latreille qu'il en était toujours ainsi, et que jamais une section ne jugeait avec l'autorité du collège entier ? Ce serait, croyons-nous, tomber dans une exagération opposée à celle de Zimmern, et restreindre beaucoup trop l'utilité du sectionnement des Centumvirs. La division en quatre chambres n'aurait plus eu qu'un but : faciliter les délibérations et le rassemblement des votes. Elle n'aurait eu aucune influence pour rendre plus rapide l'expédition des affaires, résultat précieux qu'on dut cependant chercher à obtenir. La compétence des Centumvirs s'étendait en effet à un très grand nombre d'affaires différentes : les unes, questions d'égoût des toits, de murs, de vues ou d'alluvions, étaient petites et mesquines, selon l'expression de Pline (*parvæ et exiles*) ; les autres, d'une importance capitale. Pour les premières, une seule section suffisait, et au delà ; on comprend au contraire qu'on ait réservé au tribunal entier, aux audiences solennelles, les procès de propriété quiritaire ou de successions (2).

Cette opinion éclectique n'a pas seulement pour elle la vrai-

(1) Latreille, *op. cit.*, p. 136.
(2) De Baulny, *Les magist. jud. à Rome*, Thèse pʳ le doct., Paris, Gros et Donnaud, 1858, p. 81 ; — Maynz, *op. cit.*, p. 191.

semblance, elle peut invoquer en sa faveur une lettre de
Pline le Jeune (1), qui nous raconte que le jurisconsulte Afer,
plaidant devant une section, fut interrompu par les applaudissements qu'on prodiguait à l'avocat Licinius plaidant devant
une autre (*ex proximo*) ; et surtout l'anecdote suivante rapportée par Quintilien : « L'avocat Trachalus plaidait dans la
basilique Julia devant *la première section* ; mais les quatre
chambres, selon la coutume, étaient réunies, et *toutes retentissaient de cris*. Je me souviens qu'on l'écouta, qu'on le comprit, et, ce qu'il y eut de plus humiliant pour *les autres avocats*,
qu'on l'applaudit dans les quatre sections (2) ». Ainsi dans ce
texte, on voit un avocat plaider devant une seule chambre,
tandis que d'autres avocats font retentir de cris les trois
chambres restantes : c'est bien la preuve que chaque *consilium*
pouvait juger séparément. M. Latreille prétend « qu'il ne
faut voir là que des exemples *d'ampliatio*. » C'est un peu
abuser de cette explication. Il est peu croyable que le même
jour il y ait eu *quatre* affaires ainsi renvoyées ; et il faudrait
cependant le supposer ; car, suivant Quintilien, *toutes* les
sections retentissaient de cris, et par conséquent s'occupaient
de causes différentes. Ceci donnerait à penser que les cas
d'ampliatio étaient fort fréquents : nous avons vu au contraire, d'après M. Latreille lui-même, qu'ils devaient être
assez rares.

En résumé, voici le système que nous proposons : chaque
section pouvait juger séparément ; mais il y avait des causes,

(1) Pline, II, 14 : « Narrabat Quintilianus : Assectabar Domitium
Afrum, quum apud centumviros diceret graviter et lente (hoc enim illi
actionis genus erat), audiit ex proximo immodicum insolitumque cla-
morem. Admiratus reticuit. Ubi silentium factum est, repetiit quod
abruperat. Iterum clamor, iterum reticuit ; et post silentium, cæpit
idem tertio. Novissime, quis diceret, quæsivit ; responsum est, Licinius.
Tum intermissâ causâ : « Centumviri, inquit, hoc artificium periit. » —
Cfr. *infrà*, n° 24.

(2) Quint., XII, 5-6° : « Certè quum in basilicâ Juliâ diceret [Trachalus]
primo tribunali, quatuor autem judicia, moris est, cogerentur, atque
omnia clamoribus fremerent ; et auditum eum, et intellectum, et quod
agentibus cæteris contumeliosissimum fuit, laudatum quoquè ex quatuor tribunalibus memini. »

les plus importantes (1), les querelles d'inofficiosité notamment, qui ne pouvaient être portées que devant le tribunal siégeant toutes chambres réunies. Dans ces derniers cas, l'affaire était plaidée devant les quatre sections à la fois ; puis les débats terminés, chaque section se retirait et formulait son vote. Si aucune ne réclamait d'*ampliatio*, la sentence définitive résultait des quatre avis partiels ainsi obtenus. Si une ou plusieurs sections au contraire demandaient un plus ample informé, l'affaire était plaidée à nouveau devant ces sections, et l'opinion déjà connue des chambres qui s'étaient trouvées suffisamment éclairées formait *præjudicium* à l'égard des autres. Ce système, croyons-nous, rend compte de tous les textes.

18. — *Le tribunal des Centumvirs sous Néron et Vespasien.* — La réorganisation du collège centumviral, sa translation dans la basilique Julia, et la sollicitude qu'Auguste paraît avoir eue pour lui, tout cela porta des fruits. La période de décadence signalée par Tacite pour l'époque de Cicéron, prit fin, et une ère nouvelle de prospérité commença. Les grands avocats, qui, vers la fin de la République, avaient déserté les causes centumvirales pour les causes plus importantes des *quæstiones perpetuæ*, abandonnèrent au contraire, ces derniers tribunaux que le prince voyait d'un mauvais œil, et revinrent plaider devant les Centumvirs. Déjà au milieu du règne d'Auguste, nous voyons Asinius Pollion prendre la parole dans une question de succession, pour les héritiers d'Urbinia, « alors, dit Tacite, que de longues années de calme, de repos continu du peuple, de tranquillité habituelle du Sénat, et le gouvernement d'un grand prince avaient pacifié l'éloquence comme tout le reste (2). »

Mais c'est surtout sous Néron (54 à 68 après J.-C.) que le tribunal de la Lance arriva à son apogée. Il se montrait alors très difficile en fait de plaidoiries ; « il exigeait qu'elles fussent travaillées et soignées. se déclarait offensé, si l'avo-

---

(1). Cfr. Bachofen, *op. cit.*, p. 25.
(2) Tacite, *Dial. des Orat.*, 38. — Cfr. *suprà*, n° 12.

cat ne faisait pas preuve de zèle, et voulait être non seulement éclairé, mais encore intéressé (1).» Aussi ne permettait-il pas aux premiers venus de prendre la parole : « les jeunes gens, même des plus hautes familles, n'y étaient admis que sur la présentation d'un personnage consulaire, tant on avait alors de vénération pour ce noble exercice (2) ! » La seule ambition que pût avoir l'avocat était d'être écouté. Trachalus il est vrai, fut un jour applaudi des quatre sections, occupées cependant d'affaires différentes; mais Quintilien, qui rapporte le fait, le présente comme un événement extraordinaire dont il a gardé la mémoire, et qui fut une humiliation pour les autres avocats (3).

Les guerres civiles qui suivirent la mort de Néron arrêtèrent un peu cet essor des Centumvirs. Le cours de la justice se trouva interrompu; les affaires anciennes qui n'étaient pas vidées, les affaires nouvelles nées du trouble des temps, finirent par s'accumuler à tel point, que le tribunal de la Lance, dont la procédure d'ailleurs fut toujours fort lente, se trouva encombré. Vespasien fut obligé de tirer au sort un certain nombre de juges, qu'il chargea de prononcer *extrà ordinem* sur les causes centumvirales, que la vie entière des plaideurs, selon Suétone (4), ne suffisait pas mener à bonne

(1) Quintil., IV, 1-57° : « Quibusdam judiciis maximèque capitalibus, et apud centumviros, ipsi judices exigunt sollicitas et accuratas, contemnique se, nisi in dicendo etiam diligentia appareat, credunt, nec doceri tantum, sed etiam delectari volunt. » Quintilien est né l'an 40 après J.-C.

(2) Pline, II, 14-2° : « At Hercule, ante memoriam meam (ita majo⁻ res natu solebant dicere), nobilissimis quidem adolescentibus locus erat, nisi aliquo consulari producente : tantâ veneratione pulcherrimum opus colebatur ! » Pline le Jeune est né en 61 ; les mots *antè memoriam meam* désignent par conséquent les années un peu antérieures à cette date.

(3) Quintil., XII, 5-6°. — V. le texte *suprà*, n° 17.

(4) Suétone, *Vespas.*, 10 : Litium series ubique majorem in modum excreverant, manentibus antiquis, intercapedine jurisdictionis; accedentibus novis, ex conditione tumultuque temporum. Sorte elegit [Vespasianus], per quos rapta bello restituerentur, quique judicia centumviralia, quibus peragendis vix suffectura litigatorum ætas videbatur, extra ordinem dijudicarent, redigerentque ad brevissimum numerum. »

fin. Il les réduisit ainsi à un très petit nombre. — Cette mesure énergique que l'on peut placer en l'an 70 après J.-C., paraît du reste n'avoir été que temporaire. Une fois le tribunal débarrassé de son arriéré d'affaires, il est à croire qu'il reprit sa compétence normale. Les causes centumvirales reconquirent le premier rang (1), et les avocats s'étudièrent de nouveau à captiver l'oreille des cent juges (2).

§ II : DÉCADENCE ET DISPARITION DES CENTUMVIRS.

19. — *Les débuts et les succès de Pline le Jeune.* — C'est au moment où le Tribunal des Centumvirs atteignait ainsi son apogée, que Pline le Jeune, qui devait en voir commencer la décadence, aborda le barreau, route naturelle des honneurs et des dignités chez les Romains. Il avait à peine dix-neuf ans, lorsqu'il prononça sa première plaidoirie devant les Centumvirs, en l'an 80, sous le règne si court de Titus (3). Il nous a fait connaître, dans une de ses lettres adressée à Suétone, les circonstances assez singulières de ses débuts : « J'avais, dit-il, pris en main la cause de Julius Pastor, quand je rêvai que ma belle-mère à mes genoux me conjurait de ne point plaider ce jour-là. J'étais fort jeune ; je devais plaider dans un *quadruplex judicium*, j'avais contre moi les citoyens les plus puissants, et même les amis de l'empereur : toutes choses qui après mon triste songe pouvaient m'agiter l'esprit. Je plaidai cependant... Je réussis ; et cette plaidoirie m'ouvrit à la fois l'oreille des hommes et les portes de la renommée (4). »

---

(1) « Centumvirales causæ, quæ *nunc* primum obtinent locum; » dit Tacite dans son *Dial. des Orat.*, 38, œuvres de sa jeunesse, que l'on place par conjecture à l'année 78.

(2) Martial, X, 19 : « Dum centum studet auribus virorum. »

(3) Pline, V, 8 : « Undevicesimo ætatis anno dicere in foro cœpi. »

(4) Pline, I, 18 : « Susceperam causam Julii Pastoris, quum mihi quiescenti visa est socrus mea advoluta genibus, ne agerem obsecrare. Et eram acturus *adolescentulus adhuc* ; eram in quadruplici judicio; eram contrà potentissimos civitatis, atque etiam Cæsaris amicos : quæ singula excutere mentem mihi post tam triste somnium poterant. Egi tamen... Prospere cessit ; atque adeo illa actio mihi aures hominum, illa januam famæ patefecit. »

Pline se souvint toujours de ses premiers plaidoyers au tribunal de la Lance : Longtemps après, il écrivait encore à Valens : « Dernièrement, je parlais devant les Centumvirs, dans un *quadruplex judicium*. Je me souvins d'avoir, étant jeune, plaidé également dans un *quadruplex judicium*. Mes réflexions, comme de coutume, allèrent plus loin. Je commençai à songer à ceux que j'avais eus comme compagnons de travail, et dans ce dernier *judicium*, et dans le premier. J'étais le seul qui eusse plaidé dans les deux ; tant la fragilité de la vie ou la mobilité de la fortune amène de changements ! (1) »

Ces brillants débuts furent suivis de nombreux succès, que Pline nous raconte avec une complaisance dénuée de toute modestie. « Il m'est arrivé souvent, écrit-il à Maxime, de voir, quand je plaidais, les Centumvirs, après avoir gardé longtemps la dignité et la gravité qui conviennent aux juges, se lever tous subitement, comme malgré eux et n'y tenant plus, et m'adresser des éloges (2). » La foule se pressait à ces plaidoiries, et Pline qui se sentait sur son terrain (3), les faisait durer le plus longtemps possible. Un jour il plaida sept heures, et ce jour-là la foule était si grande qu'il ne put approcher de la barre, qu'en passant par le tribunal, parmi les juges même (4). Il savait cependant se taire à propos, et « recevoir autant d'applaudissements en ne plaidant pas qu'il

---

(1) Pline, IV, 24 : « Proxime quum apud centumviros in quadruplici. judicio dixissem subiit recordatio egisse me juvenem æque in quadruplici. Processit animus, ut solet, longiùs : cœpi reputare quos in hoc judicio, quos in illo socios laboris habuissem. Solus eram qui in utroque dixissem ; tantas conversiones aut fragilitas mortalitatis, aut fortunæ mobilitas facit ! »

(2) Pline, IX, 23 : « Frequenter agenti mihi evenit, centumviri, quum diù se intrà judicum auctoritatem gravitatemque tenuissent, omnes repente quasi victi coactique consurgerent laudarentque. »

(3) Pline, VI, 12 : « Præsertim in arenâ meâ, hoc est, apud centumviros. »

(4) Pline, IV, 16 : « Proximè, quum dicturus apud centumviros essem, adeundi mihi locus, nisi à tribunali, nisi per ipsos judices, non fuit : tantâ stipatione cætera tenebantur !... » — Dans sa lettre 11, liv. II, Pline mentionne une autre plaidoirie de cinq heures devant le Sénat.

en recevait en plaidant (1) ! » Son plus beau triomphe, l'heureux et spirituel avocat le dut à son plaidoyer pour Accia Variola, femme d'un ancien préteur. Ses amis regardaient ce plaidoyer comme son chef-d'œuvre. Il était long, mais « l'abondance des matières, l'ordre ingénieux des divisions, plusieurs anecdotes, et la variété de l'expression le renouvelaient sans cesse. Il y avait en maints endroits de l'élévation, de la vigueur, ou de la subtilité (2). » Pour écouter une si belle harangue, les Centumvirs étaient au grand complet : « Cent quatre-vingts juges, dit Pline, siégeaient dans cette affaire : c'est tout ce que renferment les quatre sections. Un grand nombre d'avocats remplissaient de nombreux sièges ; une foule serrée d'auditeurs entouraient la vaste enceinte du tribunal de cercles multipliés. De plus l'estrade des juges était encombrée, et les galeries hautes de la basilique elles-mêmes étaient remplies, les unes de femmes, les autres d'hommes, avides d'entendre, ce qui était difficile, et de voir ce qui était plus aisé (3). »

Cette description quelqu'exagérée qu'elle puisse paraître, donne néanmoins une haute idée de la majesté de certaines audiences solennelles du tribunal des Centumvirs. Un autre passage de Pline (qui montre en même temps qu'il travaillait soigneusement ses plaidoiries), nous apprend que le tri-

---

(1) Pline, VII, 6 : « Non facile me repeto tantum consecutum assensum agendo, quantum tunc non agendo. » Pline dans cette lettre donne deux exemples de ces plaidoiries *tacites*.

(2) Pline, VI, 33 : « [Orationem meam], sit licet magna, non despero gratiam brevissime impetraturam ; nam et copiâ rerum, et argutâ divisione, et narratiunculis pluribus, et eloquendi varietate renovatur. Sunt multa (non auderem, nisi tibi, dicere) elata, multa pugnantia, subtilia. Etc... »

(3) *Ibid.* ; « Sedebant judices centum et octoginta ; tot enim quatuor consiliis conscribuntur. Ingens utrinque advocatio, et numerosa subsellia ; præterea densa circumstantium corona latissimum judicium multiplici circulo ambibat. Ad hoc, stipatum tribunal, atque etiam ex superiore basilicæ parte, quæ feminæ, quæ viri, et audiendi, quod erat difficile, et quod facile, visendi studio imminebant. »

bunal avait toujours à sa tête les Décemvirs et un préteur (1) :
« J'étais descendu dans la basilique Julia, pour entendre les
avocats auxquels je devais répondre dans l'audience suivante.
Les juges avaient pris place, les Décemvirs étaient arrivés,
les avocats étaient prêts. Le silence régnait depuis longtemps; enfin arrive un messager du préteur. On congédie les
Centumvirs. L'affaire est ajournée, à ma grande satisfaction,
car je ne suis jamais si bien préparé qu'un délai ne me fasse
plaisir..... C'est le préteur qui préside les Centumvirs, qui
nous a donné ce loisir imprévu (2). » Cette ajournement est
un fait digne de remarque, car il était de principe que jamais
une audience centumvirale ne pouvait être remise. Au moins
en était-il ainsi lorsque Pline débuta (3).

20. — *Le tribunal des Centumvirs sous Domitien; Pline le
Jeune et le délateur Régulus.* — Mais depuis cette époque les
temps avaient changé. Sous l'influence de Domitien, désireux
de discréditer cet antique tribunal de la Lance qui lui faisait
ombrage, comme tout ce qui était grand et respecté, les
vieilles traditions étaient peu à peu abandonnées. Déjà l'empereur s'arrogeait le droit d'annuler les sentences qui lui
déplaisaient : Domitien en cassa plusieurs *extrà ordinem*, sous

(1) Il y avait alors 17 préteurs, et d'après le texte de Pline, l'un d'eux
paraît avoir été chargé spécialement de la présidence des Centumvirs,
Ce préteur ne portait-il pas le nom particulier de *prætor hastarius*, qu'on
relève dans plusieurs inscriptions, dont l'une remonte à Néron (Rénier.
Mél. d'épigraphie, p. 73) ? Mommsen le pense, et cette opinion paraît
vraisemblable. M. Labatut (*op. cit.*, p. 120 et suiv.) attribue cette qualification au préteur « chargé de présider aux ventes publiques. » —
Adde Orelli-Henzen, nᵒˢ 2379, et 6500.

(2) Pline, V, 21 : « Descenderam in basilicam Juliam, auditurus quibus
proximâ comperendinatione respondere debebam. Sedebant judices,
decemviri venerant, observabantur advocati ; silentium longum, tan-
dem à prætore nuntius. Dimittuntur centumviri. Eximitur dies, me
gaudente, qui nunquam ita paratus sum, ut non morâ læter...Prætor,
qui centumviralibus præsidet, inopinatum nobis otium dedit. »

(3) Pline, I, 18, *in fine* : « Judicium centumvirale differri nullo modo
potest. »

prétexte qu'elles étaient empreintes de partialité (*ambitiosæ*) (1). Souvent aussi au sortir d'un procès civil devant les Centumvirs, on tombait dans un procès criminel. Tout servait de prétexte : l'amitié qu'on portait à un exilé était un redoutable chef d'accusation. Les plaideurs n'osaient plus se présenter au tribunal de la Lance, et cherchaient à l'éviter par des transactions amiables (2). Les avocats, qui y plaidaient encore, étaient obligés de veiller avec soin sur leurs paroles; mais ce n'était plus pour charmer l'oreille des Centumvirs, c'était pour ne pas offenser celle de César : car parmi leurs confrères eux-mêmes, Domitien avait ses délateurs aux aguets.

L'un d'eux, le vil Régulus, fit un jour courir à Pline le Jeune, en plein tribunal, un danger capital. Pline avait tiré argument d'une opinion du vertueux Modestus, alors exilé par Domitien. « Tout à coup Régulus : « Secundus, dit-il, je « te demande ce que tu penses de Modestus ? » Tu vois (écrit Pline à Romanus) quel péril pour moi, si j'eusse répondu : *Du bien;* quelle honte, si j'eusse dit : *Du mal.* Je ne puis dire autre chose, sinon que les dieux m'ont inspiré. « Je répondrai, dis-je, ce que je pense, si les Centumvirs ont à juger sur ce point.» Mais lui insiste : « Je te demande ce que tu penses de Modestus. « Moi de nouveau : « Jusqu'ici l'on avait coutume d'interroger les témoins sur des accusés, non sur des condamnés. » Pour la troisième fois : « Je ne te demande plus dit Régulus, ce que tu penses de Modestus, mais ce que tu penses de ses sentiments pour l'empereur. —Tu me demandes, dis-je, ce que je pense ? Mais moi je tiens pour illicite de m'interroger sur un point sur lequel il a été prononcé. » Il se tut. Des éloges et des félicitations me furent adressées, pour n'avoir pas entaché ma réputation par quelque réponse, utile

(1) Suétone, *Domit.*, 8 : « Plerumque et in foro, pro tribunali, extrà ordinem, ambitiosas centumvirorum sententias rescidit (Domitianus). »

(2) Pline, V, 1-2° : « Cohæredes mei componere et transigere cupiebant, non diffidentiâ causæ, sed metu temporum. Verebantur, quod videbant multis accidisse, ne ex centumvirali judicio capitis rei exirent. Et erant quidam in illis, quibus objici et Gratillæ amicitia et Rustici posset. »

peut-être, mais déshonorante, et ne m'être pas laissé prendre dans les lacs d'une aussi perfide question (1). »

Ce même Régulus, orateur des plus médiocres (2), ne se contentait pas de tendre des pièges à Pline. Il assouvissait l'envie qu'il lui portait, en le raillant, en l'accusant avec amertume « d'être dégoûté de l'éloquence de son siècle, et de se piquer d'imiter Cicéron (3). » Il vint plus tard lui faire ses excuses, feignant un repentir assurément fort opportun ; car Domitien venait de mourir, et l'on avait trouvé dans ses papiers un arrêt de mort contre Pline, ce qui avait mal disposé celui-ci pour les délateurs.

Régulus mort, Pline cependant le regretta ; et lui-même nous en donne les raisons, dans une lettre écrite sous Trajan : « Il était très agréable de plaider avec lui, parce qu'il demandait toujours pour ses plaidoiries un temps illimité, et qu'il se chargeait de réunir des auditeurs. Quel plaisir de pouvoir, sous la responsabilité d'un autre, discourir tant que l'on veut, et parler avec faveur dans un auditoire assemblé pour lui seul !... Mais depuis sa mort l'usage s'est introduit et s'est confirmé de ne donner et même de ne demander que deux clepsydres, ou même une, ou même une demie (4) ; car ceux qui parlent

----

(1) Pline, I, 5 : « Prætereà reminiscebatur Regulus quam capitaliter ipsum me apud Centumviros lacessisset. Aderam Arionillæ, Timonis uxori, rogatu Aruleni Rustici. Regulus contrà. Nitebamur nos in parte causæ sententiâ Medii Modesti, optimi viri. Is tunc in exsilio erat, à Domitiano relegatus. Ecce tibi Regulus : « Quæro, inquit, Secunde quid de Modesto sentias ? » Vides quod periculum si respondissem, Benè ; quod flagitium, si Malè. Non possum aliud dicere tunc mihi quam deos adfuisse. « Respondebo, inquam, quid sentiam, si de hoc Centumviri judicaturi sunt. » Rursùs ille, etc... »

(2) V. une notice sur Régulus, dans Grellet-Dumazeau. *Le barreau romain*, Moulins, Desrosiers, 1851. in-8°, p. 354-365.

(3) Pline, *loc. cit.* : « Quod in centumvirali judicio dixisset, quum responderet mihi et Satrio Rufo : « Satrius Rufus, et cui est cum Cicerone æmulatio, et contentus non est eloquentiâ sæculi nostri. »

(4) La clepsydre était une espèce de sablier, avec cette différence qu'au lieu de sable elle contenait de l'eau qui s'écoulait goutte à goutte. Dans les clepsydres employées pour les plaidoiries, l'écoulement de l'eau durait vingt minutes. — Cfr. sur la durée des plaidoiries à Rome : Grellet-Dumazeau, *op. cit.*, pp. 175 et suiv.

aiment mieux avoir plaidé que plaider, et ceux qui écoutent songent plus à finir qu'à juger : tant sont grandes la négligence, la paresse, et l'indifférence pour ses propres travaux, ou pour les dangers de ses clients (1) ! »

21.— *Les jeunes avocats, et les auditeurs à gages.* — Cette indifférence, dont parle Pline le Jeune, devait toujours aller en s'accentuant. Au début du IIᵉ siècle, le barreau était encombré de médiocrités vaniteuses, qui sans le moindre talent venaient se faire applaudir devant les Centumvirs par des auditeurs gagés. Pline, qui était foncièrement honnête, conçut de ces procédés une telle indignation, qu'il se retira peu à peu du barreau, et abandonna ce tribunal de la Lance, où il avait obtenu de si beaux et de si loyaux succès. Il nous a laissé à ce sujet, une lettre fort instructive, que malgré sa longueur nous allons traduire en entier. Elle est adressée à Maxime (2) : « Tu l'as deviné ; je commence à me lasser des causes centumvirales, qui me fatiguent plus qu'elles ne m'intéressent ; car elles sont pour la plupart petites et mesquines. Rarement il y en a de remarquables, soit par la renommée des personnes, soit par l'importance de l'affaire. Avec cela,

(1) Pline, VI, 2 : « Jam illa perquam jucunda una dicentibus, quod libera tempora petebat, quod audituros corrogabat. Quid enim jucundius, quam sub alterius invidiâ, quamdiù velis, et in alieno auditorio quasi deprehensum commode dicere ?... Nam postquàm obiit ille, increbuit passim et invaluit consuetudo, binas vel singulas clepsydras, interdum et dimidias, et dandi et petendi : nam et qui dicunt, egisse malunt quam agere ; et qui audiunt, finire quam judicare : tanta negligentia, tanta desidia, tanta denique irreverentia studiorum periculorumque est ! »

(2) Pline, II, 14 : « Verum opinaris : distringor centumviralibus causis, quæ me exercent magis quam delectant ; sunt enim pleræque parvæ et exiles. Rarò incidit vel personarum claritate, vel negotii magnitudine insignis. Ad hoc, per pauci, cum quibus juvet dicere. Cæteri, audaces atque etiam magnâ ex parte adolescentuli obscuri, ad declamandum huc transeunt, tam irreverenter et temere, ut mihi Attilius noster expresse dixisse videatur : « Sic in foro pueros à centumviralibus causis auspicari, ut ab Homero in scholis. » Nam hic quoque, ut illic, primum cœpit esse quod maximum est. — At Hercule ! etc... » Cfr. *suprà*, nᵒˢ 18 *et* 17.

très peu d'avocats avec lesquels il soit agréable de plaider :
le reste se compose de gens hardis, et même en grande partie
de petits jeunes gens obscurs qui viennent là pour déclamer,
avec si peu de tenue et de réflexion, que notre ami Attilius a
dit, avec beaucoup de sens selon moi : que les enfants débu-
taient au forum par les causes centumvirales, de même qu'ils
débutent à l'école par Homère. Car, ici comme là, on commence par ce qu'il y a de plus difficile. Mais, par Hercule !
avant ma naissance (ainsi du moins les vieillards avaient
coutume de me le dire), on ne permettait pas même aux
jeunes gens des plus hautes familles, de prendre la parole,
s'ils n'étaient présentés par quelque personnage consulaire :
tant le plus noble des exercices était entouré de respect !
Aujourd'hui, les portes de la discrétion et du respect sont
brisées, et tout est ouvert à tous ; on n'est plus introduit, on
fait irruption ! Semblables aux avocats, viennent à leur suite
des auditeurs, qu'ils amènent et qu'ils payent. Les marchands
d'applaudissements pénètrent jusqu'au milieu de la basilique ;
et là on leur distribue les pourboires aussi publiquement que
dans une salle à manger. Pour le même prix, ils vont de
judicium en *judicium*. On les appelle élégamment σοφοκλεις ; en
latin on leur donne le nom de *laudicœni* (1).

» Cette ignominie, flétrie dans les deux langues, croît
néanmoins de jour en jour. Hier deux de mes domestiques, de
l'âge de ceux qui viennent de prendre la toge, furent forcés
d'aller applaudir pour trois deniers : voilà ce qu'il en coûte
pour être grand orateur ! A ce prix, on remplit autant de
sièges que l'on veut ; on rassemble une foule nombreuse ; on
excite une infinité de clameurs, quand le coryphée a donné le
le signal. Il est besoin en effet d'un signal pour des gens qui
ne comprennent pas, qui même n'écoutent pas : car la plupart
n'écoutent pas, mais applaudissent plus que tous autre. Si
parfois tu traverses la basilique, et que tu veuilles savoir
comment chacun plaide, il est inutile de t'approcher d'un tribunal, inutile de prêter l'oreille : il est facile de deviner ;
car sache que le pire orateur est celui qu'on applaudit le plus.

(1) C'est-à-dire : qui crient très bien ; et : louangeurs pour un repas.

« C'est Largius Licinius, qui introduisit le premier cette manière d'écouter ; il se bornait toutefois à rassembler des auditeurs : je me souviens parfaitement l'avoir entendu dire à Quintilien, mon maître. Voici ce qu'il racontait : « J'accompagnais Domitius Afer, qui plaidait devant les Centumvirs gravement et lentement, car telle était sa manière de plaider. Il entendit non loin de là un bruit considérable et insolite. Étonné, il se tut. Quand le silence fut rétabli, il reprit son discours interrompu. Nouvelle clameur, nouvelle interruption, puis on fait silence, et Afer recommence pour la troisième fois. Interrompu de nouveau, il demande qui plaidait ; on répondit : Licinius. Alors, avant de reprendre son plaidoyer : « Centumvirs, dit-il, l'éloquence est perdue ! » Elle commençait seulement à se perdre, lorsqu'Afer la croyait perdue ; mais aujourd'hui elle est à peu près complètement détruite.

« J'ai honte de vous rapporter quelles choses sont dites et avec quelle voix saccadée, par quelles clameurs, par quelles tendres clameurs elles sont reçues ! A cette psalmodie, il ne manque que les battements de mains, ou plutôt les cymbales et les tambours ; mais pour les hurlements (car aucun autre mot ne peut exprimer ces acclamations indécentes même dans les théâtres), ils sont prodigués. Pour moi, l'intérêt de mes amis et mon âge m'arrêtent et me retiennent encore. Je crains en effet de paraître, non pas avoir fui ces indignités, mais avoir abandonné le travail. Cependant j'apparais au barreau plus rarement que de coutume, ce qui me conduit insensiblement à l'abandonner tout à fait. Adieu. »

Voilà où en étaient les choses à la fin du règne de Trajan ! Dans ces conditions, le Tribunal de la Lance ne pouvait plus que végéter misérablement. Combien de temps végéta-t-il encore ? C'est ce qu'il nous reste à rechercher.

22. — *Date de la disparition des Centumvirs.* — La date de la disparition des Centumvirs n'est pas connue d'une manière précise. Mais malgré la pénurie des textes, on peut cependant la déterminer avec une assez grande probabilité. Le Digeste en effet nous permet de constater l'existence du Tribunal,

assez longtemps encore après le règne de Trajan. — Ainsi
deux fragments de Marcellus et de Scœvola (1) attestent
qu'ils connaissaient de leur temps, c'est-à-dire dans la seconde
moitié du IIe siècle, des demandes en rescision de testaments
inofficieux. A la même époque, Gaïus, parlant au présent,
dit qu'on place devant les juges une *hasta*, et qu'en toute
cause centumvirale, on procède d'abord *per sacramentum*
devant le préteur urbain ou pérégrin (2). Papinien, au
début du IIIe siècle, mentionne les *tribunalia divisa* (3) et
Paul, un de ses successeurs dans la préfecture du prétoire,
donne plusieurs règles qui les concernent (4). Il paraît
aussi avoir écrit sous Alexandre Sévère un traité spécial sur
les *centumviralia judicia* ; mais le fait n'est pas certain (5).
Après lui, on ne trouve plus aucune trace de l'existence des
Centumvirs. Saint Jérôme, il est vrai, dans une de ses lettres,
parle des causes centumvirales ; mais on n'en saurait conclure que de son temps le tribunal existât encore : car pour
lui cette expression est synonyme de *causæ hereditariæ* (6).

Bien entendu, à l'époque de Justinien, il n'est plus
question des Centumvirs. Dans une constitution, où il rappelle leur grandeur et leur autorité, ce prince en parle formellement au passé (7).

Ainsi donc le collège centumviral existait encore au temps
de Paul, vers le milieu du IIIe siècle ; et, suivant l'opinion
presque générale, il avait disparu au temps de saint Jérôme, au

---

(1) Lois 10 et 13, Dig., *De inoff. test.*, V, 2.

(2) Gaïus, IV, 16, 31 et 95.

(3) Papin., loi 76, Dig., *De legatis*, 2° ; — *adde* Papin., loi 15-2°, Dig.,
V, 2.

(4) Paul, loi 17, Dig., V, 2 ; et *Sent.*, V, 16-2°.

(5) On trouve dans la suscription des lois 7, 28 et 31, Dig., V, 2, l'expression : *Liber singularis de septemviralibus judiciis.* Faut-il lire *centum*
au lieu de *septem* ? Là est la question. Les auteurs s'accordent assez
à admettre cette modification.

(6) Saint Jérôme, *Epist. ad Domnionem*, 50 : « Liberatus est mundus a
periculo, et hereditariæ vel centumvirales causæ à barathro erutæ... »

(7) Loi 12, Code, III, 31, *De petit. hered.* : « Magnitudo etenim et auctoritas centumviralis judicii non patiebatur... »

IVe siècle (1). Ce serait donc vers l'an 300 qu'il faudrait placer sa disparition (2). — C'est qu'en effet vers cette époque, il s'opère de grands changements dans toutes les institutions romaines. Les formes républicaines, qui s'étaient en grande partie maintenues jusque-là, sont entièrement abandonnées ; d'empereur romain Dioclétien se fait monarque oriental. En outre, il partage l'empire, il quitte Rome pour Milan. En un mot, il commence dans l'*orbis romanus* une révolution que Constantin achèvera. Le moment était propice pour effacer ce vestige de la République que le pâle fantôme des Centumvirs conservait encore au sein de ce qui va devenir le Bas-Empire.

Il y a plus ; on peut avec un peu de hardiesse fixer la date précise de sa chute définitive. En effet, en l'an 294, une constitution de Dioclétien, érigeant en règle générale ce qui n'était encore que l'exception, prononce l'abolition de l'*ordo judiciorum*, pour lui substituer la procédure *extra ordinem*. Désormais plus de distinction entre le *jus* attribué au magistrat, et le *judicium* réservé au *judex* ; le magistrat et le juge se confondent. La procédure formulaire et l'*actio sacramenti*, qui avait dans une mesure résisté aux réformes de la loi Æbutia et des lois Juliæ, cèdent la place à la *cognitio extraordinaria*. Est-il donc trop téméraire de supposer que le tribunal des Centumvirs disparut en même temps ? Du moment qu'on abolissait sa procédure, du moment surtout qu'on ne voulait plus de *judices*, il ne pouvait plus subsister. Tant qu'il avait pu vivre à côté des institutions nouvelles, il s'était maintenu, avec des alternatives de grandeur et de déclin. Mais le jour où il leur fut directement contraire, il devint gênant. On s'aperçut alors qu'il était inutile, et on en profita pour le supprimer. Ainsi disparut, après avoir vécu six cents ans, dont trois cents sous la République et trois cents sous l'Empire, la vieille institution du tribunal des Centumvirs.

---

(1) M. de Keller cependant, considérant le texte de saint Jérôme comme un signe de l'existence des Centumvirs, croit que cette existence a pu se prolonger jusqu'à la chute de l'empire d'Occident (*op. cit.*, p. 26).

(2) Cfr. Bonjean, *op. cit.*, p. 207 ; — Zimmern, *op. cit.*, p. 45.

CHAPITRE II

COMPÉTENCE ET PROCÉDURE DU TRIBUNAL
DES CENTUMVIRS

—

L'étude de la compétence et de la procédure du tribunal des Centumvirs nous fait passer du terrain de l'histoire sur celui du droit. Ce tribunal que nous avons envisagé jusqu'ici d'une façon tout extérieure, il faut maintenant voir quelles causes il jugeait, et comment il les jugeait. De là, une division naturelle de ce chapitre en deux sections : la *compétence* d'une part, la *procédure* de l'autre. Au sujet de la compétence des Centumvirs, de graves difficultés s'élèvent ; et pour procéder avec ordre, il est nécessaire de subdiviser en trois paragraphes la section qui lui est consacrée, et de rechercher successivement : quelles matières rentraient dans cette compétence, quelles matières n'y rentraient pas, quelle formule on peut donner pour embrasser et limiter à la fois toutes les causes centumvirales.

—

Section I. — De la Compétence des Centumvirs

§ I. — COMPÉTENCE DES CENTUMVIRS EN MATIÈRE CIVILE

23. — *Énumération d'après les textes des principales causes centumvirales.* — Il est incontestable qu'à la fin de la République les Centumvirs avaient en matière civile une compétence fort étendue. En fût-il ainsi dès l'origine ? L'absence complète de textes n'autorise même pas les conjectures, et nous sommes forcés de laisser la question sans réponse (1). Le premier document en date qui nous soit parvenu, est un passage de Cicéron, passage où il énumère une grande partie des causes centumvirales, et sur lequel tous les auteurs s'appuient, mais que chacun interprète à sa manière.

Voici ce dont il s'agit: Cicéron s'indigne de voir les jeunes avocats plaider sans préparation suffisante, et faire preuve à l'audience d'une ignorance marquée. Il leur fait adresser par Crassus, dans son *Dialogue des Orateurs*, l'apostrophe suivante : « Aller partout dans le forum ; s'arrêter *in jure* et dans les tribunaux des préteurs ; connaître comme *judex privatus* d'affaires importantes, dans lesquelles on lutte souvent, non sur des questions de fait, mais sur des questions d'équité et de droit ; — se pavaner dans les causes centumvirales, dans lesquelles s'agitent les droits d'usucapion, de tutelle, de gentilité, d'agnation, d'alluvion, de circumluvion, des *nexa*, des *mancipia*, des murs, des vues, des égoûts des toits, des rescisions ou confirmations de testaments, et d'autres innombrables choses encore ; — alors qu'on ignore complètement ce qui est à soi ou ce qui est à autrui, et pourquoi on est citoyen ou pérégrin, esclave ou libre, c'est une insigne impudence (2) ! » — En reprenant cette énumération un peu en désordre de Cicéron, on voit qu'on peut ranger les diverses matières qu'il mentionne sous *trois* chefs principaux (3) :

(1) Un texte de Cicéron semble indiquer que les Centumvirs ont connu dès l'origine des questions d'hérédité (*Loi agraire*, II, 17). Niebuhr et quelques autres auteurs parlent d'une compétence relative au *cens* : pure conjecture qu'ils se gardent de préciser et souvent d'expliquer !

(2) Cicéron, 1er *Dial. des Orat.*, 38 : « Nam volitare in foro ; hærere in jure ac prætorum tribunalibus ; judicia privata magnarum rerum obire, in quibus sæpe non de facto, sed de æquitate ac jure certatur; jactare se in causis centumviralibus, in quibus usucapionum, tutelarum, gentilitatum, agnationum, alluvionum, circumluvionum, nexorum mancipiorum, parietum, luminum, stillicidiorum, testamentorum ruptorum, aut ratorum, cæterarumque imnumerabilium jura versentur ; cum omninò quid suum, quid alienum, quare denique civis anperegrinus, servus an liber quisquam sit, ignoret, insignis est impudentiæ. »

(3) Cfr. Ortolan, *op. cit.*, p. 157 ; — Bonjean, *op. cit.*, p. 200 ; — Maynz, *op. cit.*, p. 191 ; — Niebuhr, *op. cit.*, t. VI, p. 320 ; — Walter, *Geschichte des Röm. Rechts*, 3e édit. Bonn, 1861, in-8°, t. II, p. 333.

1° questions relatives au droit de famille : tutelles, gentilité, agnation ; — 2° questions de propriété quiritaire et de servitudes urbaines : usucapion, alluvions, circumluvions, *nexa* et *mancipia*, d'une part, murs, vues, égoût des toits, de l'autre ; 3° questions de testaments (1).

Autour de cette énumération, on peut grouper divers textes qui la confirment ou la complètent. — Ainsi en ce qui concerne les questions relatives au droit de famille, un passage de Quintilien nous apprend que le tribunal eut à se prononcer sur ce point de droit pur, que l'on peut rapporter à la matière des tutelles : La puberté doit-elle être fixée d'après l'âge ou d'après le développement physique des individus (2)? Nous ignorons quelle fut la décision des Centumvirs. En tout cas, la question continua à être controversée entre les écoles Sabinienne et Proculéienne, la première tenant pour le critérium ancien : l'extérieur du corps ; la seconde voulant introduire une règle nouvelle, infiniment préférable à tous les points de vue : la détermination par l'âge. Au début du IIe siècle, il se forma une troisième opinion : le sabinien Javolenus proposa d'exiger la double condition d'un âge fixe et de la puberté de fait. Cette demi-mesure prévalut jusqu'à Justinien. — On trouve encore dans Cicéron

---

(1) M. Bonjean (*loc. cit.*) fait observer que Cicéron résumant son énumération, la ramène lui-même à deux chefs : questions de propriété (*quid suum, quid alienum*), et questions d'état (*civis aut peregrinus, servus aut liber*). M. Bonjean ajoute que pour ne pas se mettre en opposition avec Cicéron, on peut faire rentrer les questions de testaments dans les questions de propriété. Mais nous croyons qu'il n'est pas besoin de prendre cette peine. La fin du passage de Cicéron ne se rapporte pas en effet à la nomenclature qu'il vient de faire des causes centumvirales ; elle n'a pour but que de compléter sa pensée, et de motiver le reproche d'impudence qu'il adresse aux jeunes avocats, « lesquels ignorent tout, même les choses les plus élémentaires, *par exemple*, la distinction entre ce qui est à soi et à autrui, entre un citoyen et un pérégrin, entre un homme libre et un esclave. » — Cfr. Latreille, *op. cit.* p. 111 ; — et Rein, *op. cit.*, p. 419, en note.

(2) Quintil., IV, 2-5° : « Id accidit aliquando utrique parti, quum vel nulla expositio est vel de re constat, de jure quæritur : ut apud Centumviros, filius an frater debeat esse intestatæ heres ? pubertas annis, an habitu corporis, æstimetur ? »

la mention d'un procès où il est question du droit de gentilité, à propos de la succession d'un fils d'affranchi mort intestat, succession que se disputent d'un côté les Marcellus, de l'autre les patriciens Claudius, les premiers invoquant le *jus stirpis*, les autres le *jus gentilitatis*, deux droits fort peu connus aujourd'hui, et sur lesquels dissertèrent longuement les avocats (1). — Enfin on peut dans une mesure rattacher à la théorie de l'agnation le procès suivant, également rapporté par Cicéron : Un étranger était en exil à Rome, où il avait eu le droit de se retirer ; il s'attacha à un citoyen romain comme à un patron, puis mourut sans testament. Le patron réclama sa succession par droit de patronage (*jus applicationis*) ; mais on lui objecta que le pérégrin n'avait jamais été son esclave. En présence de cette difficulté, il fut obligé d'éclaircir et de mettre en lumière bien des points obscurs et ignorés du *jus applicationis* (2).

Pour les questions de propriété quiritaire, nous avons deux passages de Gaïus fort importants : celui d'abord où il nous apprend qu'on plaçait la *hasta* devant le tribunal centumviral, parce qu'elle était le signe de la propriété quiritaire (*dominium justum*), ce qui prouve bien que le tribunal avait à connaître des causes où cette propriété était en jeu ; — et en second lieu, un passage où il nous indique une certaine différence dans la procédure des actions réelles, suivant que l'on réclamait une formule, ou qu'on agissait *per sacramentum* devant les Centumvirs (3).

---

(1) Cicéron, 1ᵉʳ *Dial. des Or.*, 39 : « Quâ de re inter Marcellos et Claudios patricios centumviri judicarunt, quum Marcelli ab liberti filio stirpe, Claudii patricii ejusdem hominis hereditatem gente ad se rediisse dicerent; nonne in eâ causâ fuit oratoribus de toto stirpis ac gentilitatis jure dicendum ? » — V. l'explication que donne de ce procès M. Accarias, *Pr. de dr. rom.*, 2ᵉ édit., t. I, p. 190, note 2.

(2) Cicéron, *ibid.* : « Quod item in centumvirali judicio certatum esse accepimus, qui Romam in exsilium venisset, cui Romæ exsulare jus esset, si se ad aliquem quasi patronum applicuisset, intestatoque esset mortuus : nonne in eâ causâ jus applicationis, obscurum sanè et ignotum, patefactum in judicium, atque illustratum est à patrono ?

(3) Gaïus, IV, 16 (Cfr. *suprà*, nº 9); — et 91-95, § 93 : ... « Deinde formulam edimus, quâ intendimus sponsionis summam nobis dare opor-

24. — *Suite ; textes concernant les questions de successions.* — Enfin pour les questions de rescisions de testaments, les textes abondent, démontrant par leur abondance même que c'était là l'objet principal de la compétence des Centumvirs. — Quelquefois le plaignant invoque, pour faire annuler le testament, le défaut de capacité du testateur, fondé, par exemple, sur sa démence ; témoin le procès suivant que nous raconte Valère Maxime : « Tuditanus (dont la folie était notoire) avait institué son fils dans son testament ; Titius Longus, son proche parent, s'efforça vainement de faire renverser ce testament par le tribunal de la Lance ; car les Centumvirs pensèrent qu'il fallait considérer ce qui était écrit dans le testament plutôt que celui qui l'avait écrit (1). » Une autre fois, Coponius soutiendra que Curius, substitué à un posthume ne peut venir à son défaut, si le posthume ne naît pas, espèce délicate dont Cicéron nous parle à six reprises différentes, et que les anciens auteurs ont appelée le *judicium curianum*. Ce procès donna lieu à un tournoi oratoire entre Scévola et Crassus, dont nous dirons plus loin quelques mots (*infrà*, n° 38). — Mais ce sont surtout des demandes en rescision pour inofficiosité qui sont portées devant les Centumvirs. Elles se fondent tantôt sur la prétérition, tantot sur l'exhérédation injuste. Par exemple au temps de Cicéron, le fils du chevalier romain Ancius Carseolanus, adopté par son oncle, fit rescinder le testament de son père, qui l'avait omis, et avait institué comme héritier Tullianus, un des familiers du grand Pompée qui servit lui-même de témoin (1). Il faut rappeler

tere... § 95. Ceterùm si apud Centumviros agitur, summam sponsionis non per formulam petimus, sed per legis actionem : sacramento enim reum provocamus. » — Il ne peut s'agir devant les Centumvirs que des actions *in rem* du *jus civile :* revendication, actions confessoire et négatoire pour les servitudes, et pétition d'hérédité.

(1) Val. Max., VII, 8-1° : « Testamento filium instituit heredem [Tuditanus], quod Ti. Longus, sanguine proximus, hastæ judicio subvertere frustâ conatus est ; magis enim Centumviri quid scriptum esset in tabulis, quam quis eas scripsisset considerandum existimaverunt. » Pour comprendre ce singulier procès, il faut supposer évidemment que le fils de Tuditanus était émancipé.

aussi pour la même époque ce procès, dont nous avons déjà parlé, d'un soldat prétérit par son père, qui l'avait cru mort (*suprà*, n° 11). Quant aux cas d'exhérédation. Quintilien à plusieurs reprises (2), et Justinien dans une de ses constitutions (3), les mentionnent expressément comme étant de la compétence des Centumvirs. Pline le Jeune à son tour rapporte deux espèces : l'une où il était lui-même intéressé comme héritier institué pour partie, et qui donna lieu à une transaction ; l'autre où il défendait comme avocat la cause de l'exhérédée, Accia Variola (4).

A côté de ces questions de droit de famille, de propriété, ou de testaments, qui rentrent dans le cadre fourni par Cicéron, nous en trouvons d'autres qui n'y rentrent pas, car elles se réfèrent à des successions ab intestat. Ainsi, d'après Quintilien, les Centumvirs eurent à rechercher si une femme, morte sans testament, devait avoir pour héritier son frère ou son fils (5). On peut joindre à ce texte les deux procès indiqués plus haut, à propos du droit de gentilité et de patronage (*suprà*, n° 23), et qui roulent, le premier sur la succession d'un fils d'affranchi, et le second sur celle d'un pérégrin, tous les deux morts intestats. — Il faut donc ajouter la matière des hérédités ab intestat à l'énumération de Cicéron, qui dès lors doit se modifier ainsi : 1° questions du droit de famille ; 2° questions de *propriété quiritaire* et de *servitudes* ; 3° questions de *successions en général*.

(1) Val. Max., VII, 7-2° : « Item M. Ancii Carseolani splendidissimi equitis romani filius, a Suffenate avunculo suo adoptatus, testamentum naturalis patris, quo præteritus erat, apud centumviros rescidit, cum in eo Tullianus Pompeii magni familiaris, ipso quidem Pompeio signatore, hæres scriptus esset. » — Cette décision des Centumvirs est très remarquable ; peut-être est-elle le germe des innovations de Justinien en matière d'adoption (*adoptio plena* et *minus plena*) ?

(2) Quintil., XII, 4-11° : « Quæ in scholis *abdicatorum*, hæc in foro *exheredatorum* a parentibus, et bona apud centumviros repetentium ratio est » ; — VII, 4-20° ; — et III, 10-3°.

(3) Loi 4, Code, VI, 28. — On peut joindre plusieurs fragments du Digeste attribuant compétence aux Centumvirs d'une façon générale, en matière de *querelæ inoff. testam* : loi 10, 13, 15-2°, et 17, Dig., V, 2 ; etc.,

(4) Pline, V, 1 ; VI, 33. — V. *suprà*, n° 19, et *infrà*, n° 37.

(5) Quintil., IV, 2-5° : « Filius an frater debeat esse intestatæ heres ? »

25. — *Du droit pour les plaideurs d'opter dans certains cas entre les Centumvirs et l'unus judex.* — Les trois chefs que nous venons d'indiquer embrassent certainement la plus grande partie des causes centumvirales ; mais on ne peut affirmer qu'ils les comprennent toutes. Il est difficile de croire en effet que « les innombrables choses » que Cicéron nous a annoncées comme rentrant encore dans la compétence des Centumvirs, se réduisent aux successions ab intestat. Mais alors on peut se demander, et nombre d'auteurs l'ont fait avec un certain embarras, quelles matières pouvaient bien rester en dehors de cette compétence, et si la juridiction des Centumvirs n'allait pas absorber celle du *judex privatus ?* Pour échapper à cette conséquence, les systèmes les plus divers ont été imaginés, qui tous ont cherché à poser une limite entre la compétence des Centumvirs d'une part, celle de l'*unus judex* de l'autre. Mais avant d'établir ainsi une limite, il y a évidemment une question préalable à résoudre, celle de savoir si en fait il y eut une limite tracée. Cicéron ne nous dit pas en effet que les matières qu'il énumère soient exclusivement du ressort des Centumvirs. Loin de là ; dans un autre passage, il indique l'*unus judex* comme connaissant des questions d'égoût des toits (1), et Quintilien reconnaît qu'il pouvait juger dans les mêmes affaires (*in iisdem quæstionibus*). Les parties pouvaient-elles donc à leur gré se présenter devant les Centumvirs, ou demander un *judex*, sinon dans tous les cas, au moins dans certains cas ? Les interprètes du droit romain admettent en général l'affirmative (2) ; et nous croyons pouvoir la démontrer.

Il est en effet deux textes, l'un de Cicéron à propos des pétitions d'hérédité, l'autre de Gaïus à propos des actions réelles en général, qui, selon nous, ne permettent pas le doute.

(1) Cicéron, *De orat.* 21 : « Quam enim indecorum est, de stillicidiis cum apud unum judicem dicas, amplissimis verbis et locis uti communibus. »

(2) Cfr. Bonjean, *op. cit.*, p. 205 ; — Maynz, *op. cit.*, p. 191 ; — De Keller, *op. cit.*, p. 23 ; — Zimmern, *op. cit.*, p. 96 ; — Bethmann-Hollweg, *op. cit.*, p. 382.

Cicéron s'exprime ainsi : « Si quelqu'un se croyait héritier en vertu d'un testament, qui cependant n'existe pas, il réclamerait l'hérédité par une action de la loi, ou s'il a reçu une satisdation *pro prœde litis et vindiciarum*, il ferait une *sponsio* ; de cette manière, il engagerait le procès sur l'hérédité. De ce droit, je pense, nos ancêtres et nous-mêmes avons toujours usé (1). » Or, quand on fait une *sponsio* l'on va devant l'*unus judex*, et quand on agit *per sacramentum* au temps de Cicéron l'on ne peut aller que devant les Centumvirs ! Gaïus n'est pas moins précis : « L'action réelle a deux formes ; car on agit ou par formule pétitoire, ou par *sponsio*... Nous agissons par *sponsio* de la manière suivante... Ensuite nous nous faisons délivrer une formule, par laquelle nous n'obtenons gain de cause, qu'autant que nous prouvons que la chose nous appartient... Au reste, quand on agit devant les Centumvirs on ne demande pas la somme de la *sponsio* par une formule, mais par une action de la loi ; car nous provoquons le défendeur par un *sacramentum*, et cette *sponsio* est de 125 sesterces depuis la loi [Crepuria] » (2). Ce texte montre que les parties sont libres d'agir par formule pétitoire, par *sponsio* suivie de la nomination d'un *judex privatus* auquel le préteur donne ses instructions par une formule, ou enfin *per sacramentum* devant les Centumvirs.

Quelques auteurs invoquent encore un passage de Pline, qui suivant M. Bonjean (3) « nous apprend que les parties

______

(1) Cicéron. 2ᵉ *act. in Verrem*, I, 45 : « Si quis testamento se heredem esse arbitraretur, quod tum non exstaret, lege ageret in hereditatem, aut pro præde litis vindiciarum quum satis accepisset, sponsionem. faceret, ità de hereditate certaret. Hoc, opinor, jure et majores nostri. et nos semper usi sumus. ».

(2) Gaïus, IV, 91, 93, 95; « Cum in rem actio duplex sit, aut enim per formulam petitoriam agitur, aut per sponsionem vero hoc modo agimus. Deinde formulam edimus, quâ intendimus sponsionis summam nobis dare oporiere... Ceterum si apud centumviros agitur. summam sponsionis non per formulam petimus, sed per legis actionem ; sacramento enim reum provocamus, eaque sponsio sestertiorum CXXV nummorum fit [scilicet] propter legem [Crepuriam]. » *Adde*, § 94; et Cfr. *infrà*, n° 35.

(3) Bonjean, *loc. cit.*

pouvaient *convenir* de porter leurs affaires devant les Centumvirs » : « Curianus, dit Pline, engagea avec les autres une instance centumvirale, et ne l'engagea pas avec moi (1). » Il suffit de lire ce qui précède dans la lettre de Pline, pour voir qu'il ne s'agit pas d'une convention : Curianus assigne purement et simplement les cohéritiers de Pline devant les Centumvirs ; il excepte Pline lui-même pour des raisons que celui-ci nous fait longuement connaître. L'argument est donc très mauvais, et doit être rejeté. — Il en est de même de celui qu'on a voulu tirer du § 31 de Gaïus (*Comm.* IV), ainsi conçu : « Il n'est plus permis de procéder par action de la loi que dans deux cas : en cas de *damnum infectum,* et en cas d'instance centumvirale.... Lorsqu'on se rend devant les Centumvirs, on procède auparavant *per sacramentum* devant le préteur urbain ou pérégrin. Mais en cas de *damnum infectum,* personne ne veut plus agir par action de la loi ; on préfère obliger son adversaire [devant le magistrat] par la stipulation proposée dans l'édit, droit plus commode et plus complet (2). » Il est évident qu'il n'y a pas dans ce texte d'alternative posée à l'égard des causes centumvirales, mais seulement à l'égard du *damnum infectum.* Dans ce dernier cas, quelle que fût la marche suivie, la différence ne consistait que dans la procédure, et les parties étaient toujours renvoyées devant l'*unus judex.* — Il faut donc s'en tenir au texte de Cicéron et au § 95 de Gaïus ; ils suffisent parfaitement pour établir au profit des plaideurs le droit d'opter entre les Centumvirs et le *judex privatus.*

M. Latreille cependant a contesté ce droit ; mais cela tient à la manière particulière dont il envisage les causes centum-

_____

(1) Pline, V, 1 : « Post hæc (Curianus) cum cæteris subscripsit centumvirale judicium, mecum non subscripsit. »

(2) Gaïus, IV 31 : « Tantum ex duabus causis permissum est lege agere : damni infecti, et si centumvirale judicium fit .... Cum ad Centumviros itur, ante lege agitur sacramento apud prætorem urbanum vel peregrinum. Propter damnum vero infectum nemo vult lege agere ; sed potius stipulatione quæ in edicto proposita, obligat adversarium (per magistratum) quod et commodius jus et plenius est. »

virales. Pour lui, elles se rattachent toutes plus ou moins à l'ordre public. En partant de cette idée, il lui est impossible d'admettre que les parties aient pu par un libre choix porter atteinte à la compétence du tribunal. Il déclare lui-même, que « s'il en était ainsi, la théorie qu'il a développée serait de tous points inadmissible, et qu'il faudrait renoncer à voir dans la juridiction des Centumvirs, les signes pourtant si manifestes de l'ordre public (1). » Nous aurons à revenir en détail sur cette partie de la théorie de M. Latreille ; nous nous convaincrons alors qu'elle est en effet inadmissible (2). Bornons-nous pour le moment à faire observer qu'elle le conduit à dénier aux parties un droit d'option que deux textes nous forcent à leur reconnaître. — M. Latreille objecte que notre doctrine « laisse les Centumvirs sans compétence réglée, et sans attributions spéciales » ; mais cette simple considération prouve tout au plus que l'organisation judiciaire des Romains laissait à désirer : nous n'avons jamais prétendu le contraire. Ensuite M. Latreille réfute facilement cet argument que M. Bonjean a cru trouver dans un texte de Pline, et celui qu'on pourrait être tenté de chercher dans le § 31 de Gaïus. Quant au § 95, M. Latreille le cite, mais sans s'y arrêter ; et du texte de Cicéron, il ne dit pas un seul mot ! — Cette insuffisance des objections proposées achève de démontrer que les plaideurs romains pouvaient librement choisir l'*unus judex* ou les Centumvirs, et que la compétence de ces derniers n'était pas d'ordre public.

26. — *Causes réservées aux Centumvirs.* — Il est même permis de penser que vers la fin de la République, au temps de Cicéron, le tribunal de la Lance dût être généralement abandonné au profit des juges privés. Ce serait une cause de plus à assigner à cette décadence que Tacite, on se le rappelle, nous signale pour cette époque (*suprà*, n° 12). Plus tard un changement se produisit : dans le courant du Ⅰᵉʳ siècle de l'ère chrétienne, peut-être même sous Auguste (3), les Centumvirs

---

(1) Latreille, *op. cit.*, p. 117.
(2) Cfr. *infrà*, n°ˢ 31, 32.
(3) De Keller, *op. cit.*, p. 23-24.

acquirent dans une certaine mesure une compétence fixe et exclusive, et se trouvèrent ainsi protégés en partie contre la concurrence des *Judices privati*. Il est certain en effet que la *querela inofficiosi testamenti*, qui s'introduisit à cette époque par l'effet des mœurs (*moribus*), leur fut toujours et uniquement attribuée. « Toute la procédure relative à cette dernière contestation était due à leurs décisions ; et dans la suite aucun préteur ne songea à proposer une formule pour ce litige particulier, qui ne pouvait s'accommoder que d'une instruction affranchie d'entraves, comme celle des Centumvirs. C'est sur leur jurisprudence que s'appuya la nouvelle procédure imaginée pour cette action après la suppression des *centumviralia judicia* (1). » — Quant aux autres points du *jus hereditatis*, on ne peut affirmer qu'ils aient été également réservés aux Centumvirs, sauf toutefois en ce qui concerne les pétitions d'hérédité. Justinien nous dit en effet qu'en cette matière spéciale, il ne pouvait y avoir de *præjudicium*, « parce que la grandeur et l'autorité du collège centumviral ne souffrait pas qu'on brisât par d'autres sentiers la voie de la pétition d'hérédité (2). » Cette remarque a son prix ; elle conduit for_cément à conclure que les Centumvirs pouvaient seuls connaître des pétitions d'hérédité, non pas seulement de celles qui se produisaient sous la forme d'une plainte d'inofficiosité, mais aussi de toutes autres, car Justinien ne distingue pas.

Allant plus loin, quelques auteurs se sont demandé si à partir d'une certaine époque, la compétence des Centumvirs n'aurait pas été réduite aux questions de succession. On fait observer que c'est uniquement à propos de ces questions que les auteurs du iiie siècle mentionnent le Tribunal de la Lance, et que saint Jérôme identifie les *causæ hereditariæ* et

(1) Zimmern, *op. cit.*, p. 97. — Cfr., Bethmann-Hollweg, *op. cit.*, p. 383.

(2) Just., loi 12, pr. Code, III, 31 : « Cum hereditatis petitioni locus fuerat, exceptio adsumebatur, quæ tenebatur hereditatis petitionem, ne fieret ei præjudicium. Magnitudo etenim et auctoritas centumviralis judicii non patiebatur, per alios tramites viam hereditatis petitionis infringi. » — Cfr. sur cette constitution : Cujas, *Opera omnia* (éd. d'après Fabrot), Paris, Durand, 1874, in-4°, t. VII, col. 681.

les *causæ centumvirales* (1). Cette opinion ne manque pas de vraisemblance ; mais encore faut-il préciser l'époque dont on entend parler : ce n'est qu'après Gaïus que ce changement a pu se produire dans la compétence des Centumvirs ; car de son temps, à la fin du IIᵉ siècle, elle s'étendait encore aux actions réelles sans distinction.

Quoi qu'il en soit de ces variations, si nous récapitulons ce qui précède, nous reconnaîtrons que pour l'époque de Cicéron et d'Auguste, les trois points suivants sont acquis : 1° la compétence des Centumvirs s'étend à un grand nombre de causes civiles ; 2° parmi ces causes les unes peuvent être également déférées, suivant la volonté des parties, au *judex privatus* ; 3° les autres au contraire sont réservées aux Centumvirs. Pour se faire une idée complète de leur compétence, il nous reste un quatrième point fort important à éclaircir, à savoir : Quelles sont les matières qui se trouvent *en dehors* de cette compétence.

§ II. — INCOMPÉTENCE DES CENTUMVIRS EN MATIÈRE
CRIMINELLE

27. — *Doutes émis à ce sujet ; réponse à deux objections.* — Quand on réfléchit que toutes les causes centumvirales indiquées dans les textes sont des causes civiles, l'idée naturelle et presque forcée qui s'offre à l'esprit est que les matières criminelles échappent au Tribunal des Centumvirs, pour rester dans le domaine exclusif des *quæstiones perpetuæ*, et autres juridictions répressives. En grande majorité, les auteurs enseignent aujourd'hui cette doctrine (2). Toutefois quelques-uns proposent, au moins sous une forme dubitative,

____

(1) Cfr. not. lois 7, 10 13, 15-2°, 17, 28 et 31. Dig., V, 2 ; loi 76. Dig., *De legatis*, II ; — Paul, *Sent.*, V, 16-2° ; — Saint Jérôme, *Ep. ad Domn.*, 50 ; — loi 12, Code, III, 31.

(2) Cfr. Geib, *Gesch. des Röm. Criminal processes*, Leipsig, 1842, in-8° p. 235 ; — Bethmann-Hollweg, *op. cit.*, p. 363 ; — de Keller, *op. cit.*, p. 24 ; — Schneider, *op .cit.*, p. 53-58 ; — Zumpt, *op. cit.*, § 140 ; — etc...

d'admettre la compétence criminelle des Centumvirs soit pour une certaine époque, soit pour toute la durée du tribunal Centumviral. Ils invoquent pour justifier leurs doutes, toute une série de textes dont aucun n'est probant, mais dont l'un soulève cependant une réelle difficulté pour tous ceux qui lui accordent une importance qu'il ne mérite probablement pas. C'est dans l'interprétation et la discussion de ces textes que gît toute la controverse.

On se fonde d'abord sur une phrase de Sénèque le Rhéteur, racontant cet incident d'audience centumvirale qui fut si sensible à l'avocat Albutius Silus (*suprà*, n° 12). Albutius accusait son adversaire d'impiété envers ses parents qu'il avait négligé de faire ensevelir (1). « Il se servit, dit Sénèque, de l'image suivante pour lui reprocher tous ses crimes (*omnia crimina*)... » C'est sur ce mot *crimina* qu'on prétend établir la compétence criminelle des Centumvirs. Mot bien vague, et sans grande portée dans la bouche d'un avocat tel qu'Albutius, enclin aux exagérations, et méditant justement une apostrophe dont il attend d'heureux résultats, et qui doit tourner contre lui. L'argument qu'on en prétend tirer manque de force. Il faudrait pour lui en communiquer savoir quelle affaire était portée devant les Centumvirs ; ni Sénèque, ni Suétone ne l'indiquent. On peut conjecturer avec vraisemblance qu'il s'agit d'une affaire de testament inofficieux : Albutius plaide pour l'héritier institué, et cherche à prouver que son adversaire a été justement exhérédé. C'est la punition de son impiété envers ses parents, impiété poussée si loin qu'il les a laissés sans sépulture ! C'est là le crime dont il s'est rendu coupable ; c'est là l'accusation qu'Albutius porte contre lui. Si l'on admet cette hypothèse, on voit que nous retombons sur un cas spécialement réservé aux Centumvirs.

(1) Suétone, *De claris rhet.*, 6 : « Posteà renuntiavit foro [Albutius], partim pudore, partim metu : Nam quum in lite quâdam centumvirali, adversario, quem ut impium ergà parentes incessebat, jusjurandum quasi per figuram sic obtulisset : « Jura per patris matrisque cineres, qui inconditi jacent ! » et alia in hunc modum : arripiente eo conditionem, nec judicibus aspernantibus, non sine magnâ suî invidiâ negotium afflixit. »

Viennent ensuite trois vers d'Ovide, que l'on dissèque pour y trouver des règles de droit (1) : « Le sort des accusés, et les procès qui doivent être examinés par dix fois dix juges, n'étaient pas en mauvaises mains, quand on nous les confia. J'ai aussi connu comme juge d'affaires privées *sine crimine*. » On a voulu tirer de ce passage deux arguments. Le premier consiste à opposer ces affaires privées *où il n'y a pas de crimen* à ces procès soumis à cent juges, où à contrario il devait y en avoir. Mais il est bien évident d'après la suite des idées que *sine crimine* se rapporte non à *res privatas,* mais à *judex.* Ovide fait son éloge ; il se déclare « juge sans reproche, » et se préoccupe fort peu de préciser la nature des affaires dont il a eu à connaître, comme membre des *quæstiones perpetuæ,* comme Centumvir, ou comme *judex privatus.* — Le second argument est fondé sur une fausse lecture. Au lieu du mot composé *Lisque,* qui commence le second vers, quelques auteurs lisent *Usque* (2), et traduisent ainsi : « Le sort des accusés qui doit être examiné par jusqu'à dix fois dix juges... » Nous objecterons à cette leçon : 1° que la tournure *Usque decem decies* est d'une latinité contestable ; 2° que le mot *inspicienda,* qui est en harmonie avec *Lis,* n'est pas corrélatif de *fortuna ;* on examine un procès, mais on n'examine pas le sort d'un accusé, on le fixe.

28. — *Difficulté soulevée par une fable de Phèdre.* — Après Ovide, c'est encore un poète qu'on invoque, Phèdre ; et c'est une de ses fables qui fait naître cette difficulté dont nous avons parlé : dans cette fable, Phèdre mentionne une accusation de meurtre qui aurait été portée devant les Centumvirs. Mais pour bien comprendre le point délicat, il est nécessaire d'exposer les faits tels que les raconte le fabuliste (3) : — Un

____

(1) Ovide, *Tristes,* II, 92-94 :

> Nec male commissa est nobis fortuna reorum.
> Lisque decem decies inspicienda viris.
> Res quoque privatas statui sine crimine judex.

(2) Belot, *op. cit.,* p. 217.

(3) Nous devons signaler à ce propos la façon pour le moins singulière dont ils sont résumés par M. Nisard, *Études sur les poètes latins,* 3ᵉ édition, Paris, Hachette, 1867, in-12, t. I, p. 26.

mari sur les insinuations perfides d'un affranchi, qui espérait par ses manœuvres se faire instituer héritier, en était arrivé à soupçonner sa femme d'adultère. Il quitte un jour la ville, revient la nuit, ouvre la porte, et pendant que ses esclaves effarés cherchent des lumières, il marche droit au lit de sa femme, sent en étendant la main une tête à cheveux ras, tire son glaive, et tue son jeune enfant que sa mère faisait coucher près d'elle. Fou de douleur, « il se punit aussitôt lui-même, et se jeta sur ce fer que la crédulité avait fait sortir du fourreau. Des accusateurs appelèrent sa femme en justice, et la traînèrent à Rome devant le tribunal des *Centumvirs*. Un odieux soupçon pèse sur l'innocente, venant de ce qu'elle possède les biens (1). Les avocats sont là, défendant avec zèle la cause de la femme non coupable. Alors les juges demandèrent à Auguste de recevoir leur déclaration sous serment (2), parce que l'erreur de l'accusation les avait embarrassés, etc. (3) ». Ainsi, d'après Phèdre, une femme accusée

(1) Nous avons cherché à conserver la tournure elliptique de la phrase latine ; dans sa concision, elle veut évidemment dire ceci : — L'on accusait la femme d'avoir fait tuer son fils et son mari pour hériter de leurs biens, dont elle a en effet hérité. C'est là le sens naturel des mots et la conséquence logique des événements ; [Cfr. Geib, *op. cit.*, p. 234.] — Cependant M. Henriot fait porter l'accusation sur le prétendu délit d'adultère, impossible à prouver pourtant, tandis que l'accusation de meurtre pouvait avoir plus de chances de réussir [Henriot, *mœurs uridiques et judiciaires de l'ancienne Rome*, Paris, 1865, in-8°, t. II, p. 441].

(2) Quand les juges romains étaient embarrassés, ils se dispensaient de juger en prêtant serment que la question leur paraissait obscure. (*Non liquet*). C'est de ce serment qu'il s'agit ici.

(3) Phèdre, III, 10. v. 33-41 :
> Repræsentavit in se pœnam facinoris.
> Et ferro incubuit quod credulitas estrinxerat.
> Accusatores postulârunt mulierem.
> Romamque pertraxerunt ad centumviros.
> Maligna insontem deprimit suscipio.
> Quod bona possideat. Stant patroni, fortiter
> Causam tuentes innocentis feminæ.
> A Divo Augusto tunc petiere judices.
> Ut adjuvaret jurisjurandi fidem,
> Quod ipsos error implicuisset criminis. Etc....

D. R.   5 de meurtre aurait été traînée devant les Centumvirs, au lieu d'être traduite devant une *quæstio perpetua*, comme devait l'exiger la loi *Cornelia de sicariis!* Comment expliquer ce fait sans admettre la compétence criminelle des Centumvirs? A cette question, les auteurs assez embarrassés ont chacun leur réponse particulière. Les uns partisans de ce système mixte qui distingue suivant les époques, voient dans le texte de Phèdre la preuve que sous Auguste les Centumvirs auraient acquis momentanément (aux dépens des *quæstiones perpetuæ*, mal vues du prince) et partagé avec le Sénat une compétence criminelle que les empereurs se réserveront par la suite (1). D'autres inclinent à voir là une dérogation au droit commun, à raison des circonstances mystérieuses de l'affaire. Walter repousse le témoignage de Phèdre comme trop isolé (2).

Enfin Geib, à l'avis duquel nous nous rangeons, l'infirme en faisant observer que Phèdre n'est pas jurisconsulte : loin de là, c'est un fabuliste, un affranchi, et un étranger (3) ! Il réunit toutes les conditions voulues pour ignorer complètement le droit de Rome, et prendre une *quæstio perpetua*, où peut-être siégeaient cent juges (4), pour le tribunal des Centumvirs.

Des méprises analogues sont assez fréquentes de nos jours parmi les hommes de lettres, pour que nous puissions les supposer quelquefois chez les auteurs romains.

29. — *Dernières objections; réfutation et conclusion.* — En suivant l'ordre chronologique, nous arrivons à deux textes de Quintilien. Le premier, déjà cité, est ainsi conçu : « Dans certaines affaires capitales, *et* devant les Centumvirs, les

---

(1) Belot, *op. cit.*, p. 217 et 222.

(2) Walter, *op. cit.*, t. II, p. 507.

(3) Geib, *op. cit.*, p. 237.

(4) Le nombre des juges dans les *quæst. perp.* variait de 32 à 100. Il était fixé pour chaque *quæstio* par la loi qui l'instituait. Cfr. Willems, *Le droit public romain*, 3ᵉ édit., Louvain, 1874, in-8° p. 330.

juges exigent, etc. (1) » Ce passage, tel que nous venons de
l'énoncer ne prouve évidemment rien en faveur de la préten-
due compétence criminelle des Centumvirs. Pour lui faire
signifier quelque chose dans ce sens, l'on substitue la conjonction *ut* à la conjonction *et*, et du texte ainsi modifié l'on
tire cette conclusion que devant les Centumvirs se portaient
les affaires capitales, c'est-à-dire criminelles. Que répondre,
sinon qu'il faudrait avant tout être assuré du texte? Mais
même en acceptant *ut* au lieu de *et*, et en se plaçant ainsi sur
le terrain le plus défavorable, la conclusion précédente peut
être discutée : on traduit *ut* par *par cœmple*, mais il signifie
également *ainsi que*, *de même que*, et avec cette traduction
nous obtenons le même sens qu'avec *et*, c'est-à-dire que le
texte distingue, bien loin de les assimiler, les tribunaux criminels et le tribunal des Centumvirs. — Le second passage
de Quintilien n'a aucune importance : Un fils avait été exhérédé par son père pour avoir entretenu des relations avec une
courtisane. Il réclame néanmoins sa succession devant les Centumvirs. « Toute la question est là, dit Quintilien : Le père
aurait-il dû lui pardonner cette faute (*huic delicto*)? Les
Centumvirs doivent-ils la lui pardonner (2) ? » Nous ne com-
prenons pas comment on a pu soutenir que l'expression *delic-
tum* donnait à cette affaire un caractère criminel au sens
juridique du mot!..

Passons à un autre argument présenté par M. Belot : « Au
temps de Pline l'Ancien, dit-il (3), les Centumvirs jugeaient
encore quelques affaires criminelles, qui pouvaient entraîner
l'exil des condamnés. Dans ce temps-là en effet le tribunal
des Centumvirs était de 180 juges. Il était divisé en quatre
sections, chacune de 40 juges. Or Pline l'Ancien séparant

---

(1) Quintil., IV, 1-57° : « Quibusdam judiciis, maximèque capitalibus,
et (*ou ut*) apud centumviros, ipsi judices exigunt, etc... »

(2) Quintil., VII, 4-20° : «... si exheredatum à se filium pater testatus
fuerit elogio, proptereà quod is meretricem amaverit; nam omnis hæc
quæstio an huic delicto pater debuerit ignoscere, et centumviri tribuere
debeant veniam. »

(3) Belot, *op. cit.*, p. 221 ; — Pline l'Ancien, XXIX, 8.

avec précision la juridiction civile exercée par les juges des décuries de la juridiction criminelle (1), dit que l'on confie des tablettes à 45 juges lorsqu'il s'agit d'exiler : *De exsilio vero nonnisi XLV electis viris datur tabella.* » M. Belot oublie que le nombre des juges des *quæstiones perpetuæ* variait de 32 à 100. La remarque de Pline l'Ancien s'applique beaucoup plus naturellement à l'un de ces tribunaux essentiellement criminels, qu'à l'une des sections des Centumvirs. Il serait tout à fait invraisemblable qu'on n'eût porté que devant une section des causes où l'exil d'un citoyen était en jeu, alors qu'on réunissait le tribunal en entier pour des affaires de moindre importance. D'ailleurs, Pline s'exprime de telle façon, qu'il ne peut pas avoir eu en vue les Centumvirs. Le mot *nonnisi* qu'il emploie montre bien en effet, que dans sa pensée, le nombre de 45 juges est un nombre élevé : « On ne confie pas des tablettes *à moins* de 45 juges... » Se serait-il ainsi exprimé, si ces 45 juges n'eussent formé qu'une section des Centumvirs, si par conséquent relativement à ce tribunal c'eût été un nombre minimum ? Il aurait dit : « On confie des tablettes à 45 juges... » Il faut donc repousser l'argument inspiré à M. Belot par une simple coïncidence de chiffres, coïncidence qui n'est au surplus qu'hypothétique ; car nous ne savons pas si les sections du tribunal comprenaient chacune le même nombre de juges.

Enfin dernier texte sans valeur : « Régulus se souvenait, dit Pline le Jeune (*suprà*, nº 20), de m'avoir exposé à un danger *capital* devant les Centumvirs. » Ce danger capital, nous avons vu précédemment en quoi il consistait : en une question perfide que Régulus adressa à Pline et qui le mettait dans la nécessité de choisir entre une lâcheté, ou la colère de Domitien. Il n'y a rien de commun entre ce danger que courait Pline et la compétence des Centumvirs ! Sans doute une accusation capitale aurait pu surgir des débats. Sous le règne

---

(1) Nous avons cherché en vain dans le texte de Pline cette séparation précise ! Nous n'avons trouvé que quelques exemples jetés pêle-mêle au milieu d'une diatribe acerbe contre les médecins, où Pline se soucie fort peu d'établir des distinctions juridiques.

de Domitien la chose arrivait fréquemment (1), et les plaideurs cherchaient par tous les moyens à éviter le Tribunal de la Lance, ainsi placé sous un véritable régime de terreur. Mais ces accusations, qui naissaient de l'audience, n'étaient pas déférées aux Centumvirs. Ils avaient été les témoins des faits incriminés, ils n'en étaient pas les juges.

Aux développements qui précèdent, nous n'ajouterons plus qu'un mot ; mais ce mot est un argument positif, cette fois, à l'effet de prouver l'incompétence des Centumvirs en matière criminelle : nous l'empruntons à Tacite. Dans son *Dialogue des orateurs*, Tacite fait dire à l'orateur Aper : « A la vérité, je n'ai pas eu plus de joie le jour où l'on m'a offert le laticlave,... que les jours où il m'est donné de défendre avec succès un accusé, ou de soutenir heureusement quelque cause devant les Centumvirs (2). » Il y a évidemment dans ce texte une opposition établie entre les causes criminelles, et les causes centumvirales. Elles se ressemblent par l'importance, mais elles diffèrent par leur nature. Il résulte forcément de là que la compétence des Centumvirs était purement civile. C'est à cette conclusion que nous voulions arriver.

§ III. — ÉTENDUE ET LIMITES DE LA COMPÉTENCE DES CENTUMVIRS

30. — *Systèmes de Zepernik, et de Zumpt ; rejet.* — Il faut aller plus loin ; et à cette première restriction en ajouter d'autres ; Non seulement la compétence des Centumvirs ne s'étend qu'aux matières civiles ; mais encore on ne peut admettre

____

(1) Pline, V, 1. — Cfr. *suprà*, n° 20.

(2) Tacite, *De orat.*, 7 : « Equidem non eum diem lætiorem egi, quo latus clavus oblatus est,... quam eos, quibus mihi aut reum prospere defendere, aut apud centumviros causam aliquam feliciter orare datur. » — Entre ce texte et les vers d'Ovide discutés *suprà*, n° 27, il y a une grande analogie de construction ; n'est-ce pas une preuve de plus qu'il faut bien lire *Lisque* et non *Usque* au second vers? On peut faire une remarque semblable pour le premier passage de Quintilien cité plus haut. — Cfr. Geib, *op. cit.*, p. 236.

qu'elle s'étende, quelque large qu'elle soit, à toutes les matières civiles. Ceci nous amène à chercher une formule générale qui comprenne et limite à la fois toutes les causes centumvirales. Pour la trouver il faut évidemment s'appuyer sur les différents textes que nous possédons, et tâcher d'en dégager une doctrine commune. Plusieurs auteurs l'ont essayé, mais ont diversement résolu le problème . — Écartons d'abord rapidement les systèmes de Zepernik et de Zumpt.

Zepernik prétend que les Centumvirs ne jugent en toutes matières que les questions de droit, opinion évidemment incompatible avec l'ensemble des documents que nous avons précédemment analysés. Elle ne s'appuie que sur un passage déjà cité de Quintilien, ainsi conçu : « Il arrive quelque fois à chaque partie, quand il n'y a pas d'exposé des faits à présenter ou que ces faits sont constants, de rechercher le point de droit : *ut apud Centumviros.* Le fils ou le frère d'une femme morte sans testament doit-il être héritier ? La puberté s'estime-t-elle à l'âge ou à l'extérieur du corps (1) ? » Zepernik entend ce texte ainsi : « Rechercher le point de droit, *comme* on le recherche devant les Centumvirs. » Mais il est évident que c'est là une mauvaise traduction ; Quintilien ne fait ici que donner des exemples, et l'on doit traduire : « rechercher le point de droit ; *par exemple*, devant les Centumvirs, etc. . » Le système de Zepernik ne repose que sur un contre-sens (2).

Zumpt (3) soutient que le préteur nommait un *judex* pour trancher le débat, quand celui-ci était simple, clair et prévu par la loi ; si, au contraire, la loi était incomplète, défectueuse, ou muette, il renvoyait devant le tribunal des Centumvirs. Il résulterait de là que les *judices privati* n'auraient jamais eu à juger que de petites affaires, et les Centumvirs, au contraire, toujours des causes d'une assez grande importance. Or est-ce là ce que dit Cicéron ? « Connaître comme *judex privatus* d'affaires importantes dans lesquelles on lutte souvent, non sur des

____

(1) Quintil. IV, 2-5° ; — Cfr. le texte *suprà*, n° 23.
(2) Zepernik, ad Siccama, *De jud centum.* Halle, 1776, pp. 230-277.
(3) Zumpt, *loc. cit.*, p. 12.

questions de fait, mais sur des questions d'équité et de droit... » (1) Est-ce là ce que dit Pline ? « Je commence à me lasser des causes centumvirales... La plupart sont petites et mesquines ; rarement il y en a de remarquables, soit par la renommée des personnes, soit par l'importance de l'affaire (2). » Le même passage de Cicéron montre en outre que dans les *Judicia privata* il pouvait y avoir, aussi bien que devant les Centumvirs, contestation sur le droit, ce qui prouve par suite contre Zumpt que les débats soumis au *judex* n'étaient pas toujours simples et clairs. Ces deux textes suffisent donc à faire rejeter son système (3).

31. — *Système de M. Latreille : La compétence des Centumvirs s'étend et se limite aux questions d'ordre public.* — M. Latreille en apporte un autre, beaucoup plus important et plus spécieux. Il cherche à démontrer que les Centumvirs devaient connaître de toutes les questions d'ordre public, et seulement aussi de ces questions-là. Suivant lui, ils n'auraient même été créés que dans ce but! M. Latreille développe longuement son système, et il est nécessaire de nous y arrêter un instant. — M. Latreille fait d'abord observer que dans toutes les matières énumérées par Cicéron (4), l'intérêt public est en jeu : Ainsi « les tutelles n'avaient pas seulement pour but de protéger les intérêts privés des faibles... Leur organisation accusait cette tendance des Romains à conserver autant que possible les biens dans la famille politiquement organisée, au

(1) Cicéron, 1ᵉʳ *Dial. des or.*, 38 : « Judicia privata magnarum rerum obire, in quibus sæpè non de facto, sed de æquitate et de jure certetur. »

(2) Pline, II, 14. — Cfr. *Suprà*, n° 21.

(3) Mentionnons encore ici une opinion tout à fait originale de Schneider, il croit que les centumvirs connaissaient de tous les procès privés qui avaient quelque rapport avec les comices par centuries, dont Schneider, séduit par une analogie de chiffres, fait, on le sait (*suprà*, n° 8), dériver les centumvirs. A ce titre rentre dans leur compétence : les questions de propriété, notamment de *res mancipi*; les questions de succession, et tout spécialement les *querelæ inoff. test.* ; les questions de liberté et de cité; et enfin les questions de tutelle. — Cfr. la réfutation de ce système dans Rein, *op. cit.*, p. 41, en note.

(4) Cfr. cette énumération *suprà*, n° 23, 24.

détriment des liens et des affections de la nature... Il en
était de même de l'agnation et de la gentilité, institutions
qui, dans l'intérêt prétendu de l'État, brisaient l'ordre naturel de la parenté... Ce que dit Cicéron des alluvions et des
îles procède d'un ordre d'idées tout à fait semblable. Les premiers Romains donnèrent à la propriété, comme ils avaient
donné à la famille, une organisation politique que de nos
jours on ne comprend guère. » Ils avaient créé les *agri limi-
tati*, et les *res mancipi* et *nec mancipi*; le droit était différent
suivant qu'il s'agissait d'un champ limité ou non, d'une *res
mancipi* ou non. « Il ne peut plus être contesté d'ailleurs que
la distinction des *res mancipi* et des *res nec mancipi* a un
caractère politique, et se lie à la constitution même de la
société romaine, et à l'organisation générale de la propriété. »
Parmi ces *res mancipi*, se trouvaient les servitudes rurales,
mais non les servitudes urbaines. Néanmoins on peut dire
de ces dernières ce qu'on dit des premières : « Elles sont des
démembrements de la propriété déclarée *res mancipi* ; et il
paraît rationnel de veiller sur les démembrements comme sur
la propriété elle-même... Ces droits, d'ailleurs, peuvent donner lieu à l'usucapion, qui est d'ordre public, et qui ne peut
être réglée que par des juges préoccupés de l'intérêt général. » L'usucapion a, du reste, un autre titre à la juridiction
des Centumvirs, car elle a pour but de transférer le domaine
quiritaire. Ses effets portent donc sur la propriété dont l'organisation est d'ordre public. « Il n'est besoin que d'un mot
pour justifier la mention des *nexi* dans l'énumération de
Cicéron : *Nexi loco mancipiorum sunt.* » Quant aux testaments, « les Romains croyaient la chose publique tellement
intéressée dans les dispositions de dernière volonté, que ces
dispositions ne pouvaient être faites que devant le peuple lui-
même, assemblé dans ses comices, *in calatis comitiis.* Les *res
mancipi*, d'ailleurs étaient comprises dans ces dispositions de
dernière volonté, et de toute manière, les testaments devaient
être soumis aux Centumvirs pour la sauvegarde de l'intérêt
public. » Enfin il ne faut pas s'étonner si Cicéron nous avertit
« qu'il y a d'autres matières, en très grand nombre, dont les
Centumvirs sont appelés à connaître ; car certes, il serait dif-

ficile de soutenir que l'ordre public est désintéressé dans toutes les parties du droit civil que l'énumération incidente de Cicéron n'a pas mentionnées (1). »

Il y a plus. Cicéron établit entre les *judicia privata* .et les causes centumvirales une antithèse, qui prouve « que tout n'est pas d'intérêt purement privé dans les procès portés au tribunal des Centumvirs. Un passage de Pline le Jeune le démontre plus clairement encore en rendant l'antithèse plus formelle. » Pline a plaidé la cause d'Accia Variola; écrivant à Romanus pour lui rendre compte de son plaidoyer, il lui raconte qu'il a été obligé de mêler des calculs et des chiffres à sa discussion, si bien que le *judicium centumvirale* semblait s'être subitement transformé *in formam judicii privati* (2). » Il y avait donc opposition, sous un certain rapport, entre les *judicia centumviralia* et les *judicia privata,* opposition provenant de ce que les *judicia centumviralia* n'agitaient pas, en général, des questions de chiffres et des détails de sommes, et demeuraient dans les questions de principes, les seules, en effet, qui pussent intéresser l'ordre public... Quintilien est tout aussi explicite : *Alia apud Centumviros, alia apud judicem privatum in iisdem quæstionibus ratio* (3). Non seulement ce passage oppose, comme les précédents et comme beaucoup d'autres, les Centumvirs au juge privé,... mais encore il démontre que le *judex* et les Centumvirs avaient les mêmes matières dans leurs attributions, *iisdem quæstionibus*, et que la compétence était réglée par le point de vue, *ratio*, auquel se plaçait le procès. » — Enfin, M. Latreille invoque la présence de la *hasta* devant le tribunal des Centumvirs, signe « que l'intérêt public présidait à leur décisions, » et leur mode de nomination par les tribus, qui ne permet pas « d'admettre qu'une juridiction ainsi organisée dans les comices pût être imposée aux procès purement privés. Évidemment l'interven-

(1) Latreille, *op. cit.*, p. 104-108.
(2) Pline. VI. 33 : « Intervenit acribus illis et erectis frequens necessitas computandi, ac penè calculos tabulamque poscendi, ut repente in privati judicii formam centumvirale vertatur. »
(3) Quintilien, V, 10-115°,

tion du peuple dans la nomination des Centumvirs ne peut s'expliquer que par les intérêts généraux engagés dans les contestations civiles portées devant eux (1). »

Tel est le système, et les ingénieux, mais bien faibles arguments que M. Latreille produit pour le soutenir. Il est facile d'y répondre.

32. — *Rejet du système de M. Latreille.* — On pourrait faire observer que parmi les matières énumérées par Cicéron, il en est qui n'intéressent que bien peu l'ordre public, par exemple certaines servitudes. On pourrait contester formellement que la distinction des *res mancipi* et *nec mancipi* eût un caractère politique. On pourrait encore prétendre que M. Latreille se méprend en traduisant *jura nexorum* par droits des *nexi* (2). On pourrait objecter que les transactions ne sont pas permises dans les affaires intéressant l'ordre public, et que cependant Sénèque le Rhéteur rapporte un exemple de transaction en matière centumvirale (3), etc... Mais nous préférons laisser de côté toutes ces chicanes secondaires, pour présenter quelques observations générales : En premier lieu, avec le système de M. Latreille, il est impossible de trouver une matière juridique, qui ne confine pas, plus ou moins, à l'intérêt général. M. Latreille s'en fait une notion tellement large, qu'elle s'applique évidemment à toutes les questions. Dilatée outre mesure, elle couvre tout. Que restera-t-il à l'*unus judex*, s'il ne peut connaître que des intérêts privés ! En second lieu, M. Latreille est-il bien sûr que dès l'époque de Servius Tullius, auquel il attribue la création des Centumvirs, les Romains eussent une notion précise des intérêts publics et des intérêts privés, au point surtout d'instituer des juridictions parfaitement distinctes pour connaître des uns ou des autres ? Enfin qui était chargé de discerner si tel ou tel procès intéressait ou non l'ordre public ? M. Latreille laisse

---

(1) Latreille, *op. cit.*, p. 112-115,

(2) Il est évident en effet que *nexorum* est ici le génitif de *nexa* et non de *nexi* ; car depuis la loi Petilia Papiria, *De nexis*, rendue en l'an 428, trois siècles avant Cicéron, les *nexi* avaient disparu.

(3) Cfr. *suprà*, n° 12 ; *adde* Pline, V, 1.

entrevoir que ce soin pouvait regarder les *Decemviri litibus judicandis*; mais les Décemvirs ne furent créés qu'en 512. Auparavant qui remplissait leur rôle ? Dans notre opinion sur la date de l'institution des Centumvirs, M. Latreille pourrait répondre hardiment : le préteur, qui existait depuis long-temps déjà. Mais alors le préteur acquiert un pouvoir vérita-blement exorbitant, ou un devoir véritablement imprati-cable : un pouvoir exorbitant, car à son gré, il peut renvoyer les parties devant le tribunal des Centumvirs, qui leur offre de sérieuses garanties, ou devant le *judex privatus*, qui néces-sairement patricien peut ne leur en offrir aucune ; un devoir impraticable, car s'il cherche avec probité à déterminer à qui doit appartenir la connaissance d'un procès déterminé, il se trouvera arrêté à chaque instant. Où est le critérium de la distinction des intérêts publics et privés? Après vingt siècles de discussions les jurisconsultes ne l'ont pas encore trouvé !

Sans doute Quintilien déclare qu'autre est le point de vue des Centumvirs, autre celui du *judex privatus*. Mais quelle est la différence ? Il ne l'indique pas. Il est facile néanmoins de la deviner: une assemblée nombreuse et élue, sur laquelle pèse une responsabilité éparpillée, se conforme bien moins au droit strict qu'un juge unique que le préteur a enfermé dans le cercle étroit d'une formule inéluctable. Elle peut suivre plus facilement l'inspiration de l'équité, Cicéron nous en donne un exemple (*infra*, n° 38) ; elle peut aussi fonder une jurisprudence en des matières nouvelles, comme cela s'est produit pour la *querela inofficiosi testamenti* (*infra*, n° 26). Il résulte de là que les orateurs cherchaient moins à convaincre les Centumvirs qu'à les émouvoir et à les charmer, à l'époque de Quintilien et de Pline le Jeune (1). Ils n'abordaient pas les questions par leurs petits côtés, ils se cantonnaient dans les principes généraux, ils prononçaient des discours en forme. Les « plaidoyers d'affaires » étaient bannis de l'enceinte cen-tumvirale. Voilà qui nous explique la remarque de Pline. — Quant à la signification de la *hasta*, invoquée déjà bien sou-

---

(1) Quintil., IV, 1-57° : « Nec doceri tantum, sed etiam delectari volunt. » — Cfr. *suprà*, n° 18.

vent et dans bien des sens différents, nous savons par Gaïus pourquoi on la plantait devant le tribunal des Centumvirs (*supra*, n° 9). Enfin l'élection par les tribus s'explique par l'histoire même de la création des Centumvirs, sans qu'il soit pour cela besoin d'introduire ici une notion d'ordre public, qui, nous le répétons, dut être fort étrangère, dans les termes où l'entend M. Latreille, à l'esprit des premiers Romains. — Rappelons en outre que la théorie que nous combattons conduit à refuser dans tous les cas aux parties le droit d'opter entre le tribunal des Centumvirs et l'*unus judex*, droit que nous avons reconnu au contraire leur appartenir (*supra* n° 25). Tous ces motifs nous déterminent à repousser le système de M. Latreille.

33. — *Système de Bethmann-Hollweg, restreignant la compétence des Centumvirs aux vindicationes du vieux droit civil; démonstration.* — Reste enfin le système que Bethmann-Hollweg a développé dans une dissertation spéciale sur la compétence des Centumvirs. Ce système serre de près les textes qui nous sont parvenus sur ce sujet, et arrive à embrasser toutes les causes qu'ils nous révèlent comme centumvirales dans une formule à la fois générale et limitative. Sans adopter toutes les vues du savant allemand sur les variations historiques de la compétence des Centumvirs, nous croyons, textes en main, que sa formule est très exacte pour l'époque de Cicéron. On peut en résumé l'énoncer ainsi : « Les Centumvirs ne connaissent et ne peuvent connaître à titre de questions principales, non accessoires ou connexes à d'autres, que des actions *in rem* ou *vindicationes* du vieux droit civil. » Voici maintenant l'argumentation d'Hollweg (1) :

« 1° Tous les exemples de procès qui sont parvenus à notre connaissance portent sur des actions réelles, et permettent d'affirmer en un sens positif que toutes les *vindicationes* de l'ancien droit étaient de la compétence des Centumvirs. Il

(1) Ce qui suit est traduit de Bethmann-Hollweg, *Ueber die Competens des centumv. gerichts*, dans *Zeitschrift für gesch Rechtswiss*, tome V, 366-376.

est plus difficile, il est vrai, de tirer de là la preuve négative que ces *vindicationes* seules pouvaient ressortir à leur Tribunal; car la possession même complète des textes conservés laisse toujours subsister ce doute : peut-être d'autres renseignements dévoileraient-ils des causes centumvirales d'une nature toute différente ? Quoi qu'il en soit, il n'existe à notre connaissance aucun texte qui vienne contredire notre formule. Passons-les en revue. La grande majorité des affaires dont ils conservent le souvenir sont des procès de successions (1). Il en résulte compétence à l'égard de la pétition d'hérédité (2), à laquelle on ne peut contester la qualité d'action *in rem*, bien qu'elle ait des points communs avec les actions personnelles. A la vérité, la *querela inofficiosi testamenti*, dont la connaissance appartient exclusivement au tribunal centumviral, n'est pas une action *in rem* proprement dite ; c'est une action d'une nature particulière. Mais comme elle ne fait en somme que préparer la pétition d'hérédité, il doit paraître tout naturel de la voir porter devant les Centumvirs. Les questions de servitudes sont également indiquées dans le passage de Cicéron parmi les causes centumvirales. Dans tout ceci, il ne s'agit que de *vindicationes* du vieux droit civil ; car les actions publiciennes, hypothécaire, *vectigalis* ou superficiaire, dérivent du droit prétorien, ou au moins datent des temps postérieurs.

« J'arrive maintenant à l'énumération de Cicéron. C'est une amplification de rhétorique qui énonce beaucoup de matières que l'on peut réduire à un petit nombre, trois : questions de propriété, de servitudes, d'hérédités. Car les mots *usucapionum, alluvionum, circumluvionum, nexorum, mancipiorum jura* ne visent pas autre chose que la propriété, qui s'acquiert par usucapion, alluvion ou mancipation. *Parietum, luminum stillicidiorum jura*, sont des servitudes prédiales. *Gentilitatum, agnationum, testamentorum ruptorum jura* se réfèrent à des

____

(1) Cicéron, *Loi agraire*, II, 17 ; Quintilien, IV, 1-11°; VII 2-4°; — Saint Jérôme,*Ep. ad Domn.*, 50. — Causes inconnues : Phèdre, III, 10; Sénèque, *Controv.*, IX, 3 (Cfr. *suprà*, n°° 27, 28.)

(2) Hollweg cite ici un assez grand nombre de textes, analysés *suprà*, n° 24.

questions d'hérédité. Reste une seule difficulté : que sont les *tutelarum jura ?* On songe avant tout à l'action *tutelæ*, par laquelle le tuteur était obligé à la fin de la tutelle de rendre ses comptes à son ancien pupille. Mais cette action ne saurait certainement être celle dont il s'agit ici. On pourrait concevoir encore comme l'ont fait plusieurs auteurs (notamment Zepernik), que les questions de tutelles fussent remises aux soins de ce haut tribunal comme à une espèce de collège des pupilles. Mais cette opinion devient totalement invraisemblable, quand on réfléchit que l'examen des comptes de tutelle, des inventaires, et de la fortune présente des pupilles, serait beaucoup mieux fait par un juge, commis à cet effet, que par tout un collège de juges (1). Aussi les pupilles étaient-ils protégés suffisamment par une autre autorité, celle du *prœtor* (2). La solution décisive me paraît être la suivante : L'action *tutelæ* a été de tout temps une action de bonne foi (3), un *arbitrium*, et peut être appelée simplement *arbitrium tutelæ* (4). Il résulte de là que cette action a de tout temps été portée devant un *arbiter* unique, jamais devant les Centumvirs (5). Que peut donc être ce débat relatif aux tutelles ? Il se présente deux explications, qui cadrent également bien avec notre opinion.. La tutelle légitime pouvait être cédée par *in jure cessio,* or l'*in jure cessio* est une revendication fictive. Il est possible qu'elle ait pu succéder à une véritable revendication. On peut conclure de là que dans le très ancien droit, la tutelle légitime devait être poursuivie par les agnats ou le patron à l'aide d'une *vindicatio*, et que celle-ci constituait la

---

(1) De tels soins étaient si étrangers au Tribunal des Centumvirs, qu'ayant été obligé une fois de leur présenter quelques comptes, Pline dit que le procès avait pris l'apparence d'un *privatum judicium* (VI, 33)

(2) Il y a dans le texte *prætor tutelaris.* Mais Bethmann-Hollweg oublie sans doute que ce magistrat n'a été créé qu'assez tard, par Marc-Aurèle. Avant le *prætor tutelaris*, c'était le préteur urbain qui en remplissait les fonctions; il suffit donc de retrancher *tutelaris* pour conserver à l'argument toute sa force (Cfr. Labatut, *op. cit.,* p. 112 et suiv.)

(3) Cicéron, *De off.,* III, 17; Gaïus, IV, 61.

(4) Rubrica Cod. V. 51.

(5) *Non obst. :* Quintil., IV, 2-5°; Paul, *Sent.,* V, 16-2°.

cause centumvirale mentionnée par Cicéron. Mais nous n'avons sur ce point aucun document direct ; et encore cette action ne serait-elle pas une véritable *vindicatio*, dans le sens sus-indi qé, mais plutôt une action du droit de famille. Aussi nous paraît-il beaucoup plus vraisemblable de considérer ici la tutelle non comme une cause centumvirale principale (1), mais seulement comme un incident d'un procès de succession. D'autres causes même, indiquées par Cicéron, ne doivent pas former des causes principales, mais seulement des questions isolées, pouvant se rencontrer dans une revendication. Au sujet de l'alliance intime qui unit l'hérédité et la tutelle, on peut citer beaucoup de cas, où cette dernière est d'une grande importance dans un procès de succession (2).

« Le résultat de ce qui précède est celui-ci : non seulement toutes les *vindicationes* de l'ancien droit civil sont des causes centumvirales, mais aussi tous les procès dont nous avons connaissance roulent sur des questions de cette nature. Nulle part une question d'état n'est indiquée comme cause centumvirale. Les auteurs qui ont voulu présenter les actions *in personam* comme pouvant être de la compétence des Centumvirs n'en donnent aucun exemple, et ce qu'on a avancé sur les questions d'état est sans aucun fondement (3).

« 2° La loi Æbutia et les deux lois Juliæ abolirent les actions de la loi, excepté pour le *damnum infectum* et les causes centumvirales. Pour ces dernières, l'action *sacramenti* subsista. Cette action était différente pour les actions *in per-*

---

(1) *Selbsländig*, existant par elle-même, dit le texte d'Hollweg.

(2) Par exemple la tutelle peut être présentée comme argument pour prouver l'agnation ou la gentilité, et par suite le droit de succéder ab intestat ; ou bien un patron attaque le testament de sa *liberta* fait sans son autorisation (B. H.). — On peut ajouter que la tutelle, la gentilité, l'agnation que Cicéron met côte à côte dérivaient à Rome de la même idée ; elles étaient sous un triple aspect la manifestation dans l'ordre du droit de l'organisation politique de la famille romaine. Cela explique qu'on les trouve réunies.

(3) V. principalement Zepernik à ce sujet. Les arguments qu'il présente sont en eux-mêmes si insuffisants, et si peu appuyés par la connaissance des sources, qu'ils n'ont pas besoin d'être réfutés.

sonam et les actions *in ren*. Gaïus ne nous parle pas de l'action *in personam* sur laquelle nous n'avons aucun renseignement. Quant à la *legis actio sacramenti*, elle n'était autre d'après le commentaire de Gaïus, que l'ensemble de la contestation connue sous le nom peu juridique de *lis vindiciarum*, et dans laquelle sous la forme d'un combat symbolique sur la chose litigieuse (*manum conserere*), la possession (*vindiciæ*) se trouvait réglée pour la durée du procès. Cette très ancienne forme de revendication, nous la trouvons encore usitée à l'époque classique, tandis que nulle part il n'est plus question de l'action *in personam*. Cela s'explique très naturellement dans notre opinion, qui se trouve par là confirmée : que les causes centumvirales, dans lesquelles la *legis actio sacramenti* subsistait par exception, étaient des *vindicationes*.

» Enfin la *hasta* centumvirale fait allusion aux revendications. Elle était en effet le vieux symbole romain de la propriété quiritaire, et c'est pourquoi elle était placée, nous dit Gaïus, devant le tribunal des Centumvirs (1). Il faut donc conclure de là que les Centumvirs avaient pour attribution particulière et principale de connaître des questions de propriété quiritaire ou de questions analogues, en un mot des *vindicationes* de l'ancien droit civil (2) ».

Nous n'ajouterons rien à cette argumentation de Bethmann-Hollweg, sinon qu'elle nous conduit à modifier encore une fois la nomenclature de Cicéron, et à la présenter définitivement sous cette forme : Les Centumvirs connaissaient : 1° des questions de propriété et de servitudes ; — 2° des questions de successions en général ; — 3° de certaines questions connexes aux précédentes, notamment des questions du droit de famille dans ses rapports avec le droit successoral. Ainsi le *dominium* quiritaire, ses démembrements, sa transmisssion par décès, et accessoirement les droits que soulève cette transmission, tels étaient, en un sens à la fois compréhensif et limitatif, les objets de la compétence des Centumvirs.

Restaient en dehors : 1° la vaste matière de la possession,

---

(1) Gaïus, IV, 16, in fine ; cfr. *suprà*, n° 9.
(2) *Adde* De Keller, *op. cit.*, p. 24-25.

en prenant ce mot *lato sensu*, c'est-à-dire en y faisant rentrer le domaine bonitaire, reconnu seulement par le préteur ; — 2° toute autre institution du droit prétorien, et même toute disposition du *jus civile* qui ne pouvait pas s'invoquer par l'action *sacramenti;* — 3° les obligations (1) ; — 4° enfin les questions d'état : liberté, cité, qui devaient être portées devant les *Decemviri litibus judicandis.* Sur ce dernier point toutefois, les auteurs hésitent, et quelques-uns reconnaissent une compétence simultanée aux Décemvirs et aux Centumvirs. Ceci nous paraît insoutenable ; car il serait bien étrange de voir attribuer les mêmes procès à deux tribunaux de même nature, tous deux permanents et collectifs, ce qui rendrait l'un pour le moins inutile ! Nul texte d'ailleurs ne mentionne la compétence des Centumvirs en matière de questions d'état.

Section II. — Procédure en matière centumvirale

34. — *L'actio sacramenti.* — Pour achever de donner du tribunal de la Lance une idée aussi complète que le permet la rareté des documents, il nous reste à indiquer les principaux traits de sa procédure, et à esquisser la marche générale des procès soumis à sa juridiction. Nous savons déjà par les textes que nous avons dû commenter au cours de cette étude, que la seule procédure possible en matière centumvirale était celle de la plus ancienne des actions de la loi, *l'actio sacramenti.* Action d'abord générale, s'appliquant à toutes matières, réelles ou personnelles, elle vit successivement son domaine se restreindre, soit au point de vue des cas où elle était appli-

(1) Heffter a prétendu cependant que les obligations se trouvaient comprises dans l'énumération de Cicéron sous les mots *jura nexorum.* Mais Zimmern lui objecte avec raison que le *nexum* comme le *mancipium* conférait la propriété, et qu'ainsi nous retombons sur une hypothèse de *vindicatio.* C'est ce qui explique pourquoi Cicéron a placé les *jura nexorum* dans la partie de l'énumération relative à la propriété

cable, soit au point de vue des juridictions qui ne pouvaient statuer qu'après l'accomplissement de ses rites solennels. La création de la *judicis postulatio* d'abord (1); de la *condictio* par les lois Silia et Calpurnia ensuite (ans 510 et 520 de Rome), avait limité les cas d'application du *sacramentum*, lorsque vers la fin du VIᵉ siècle, la loi Æbutia, complétée sous Auguste par deux *Leges Juliæ judiciariæ*, vint substituer d'une façon générale le système formulaire au système des actions de la loi, ne laissant subsister l'action *sacramenti* que dans les seules causes centumvirales (2). Cette *legis actio* constitua donc pendant plus de quatre siècles une procédure spéciale aux instances centumvirales; elle ne disparut qu'avec elles. C'est à ce titre qu'elle nous a paru mériter quelques détails, malgré sa généralité originaire, et bien qu'elle se passât tout entière, non pas devant les Centumvirs, mais devant le préteur.

La procédure *per sacramentum* était en effet une procédure introductive d'instance, une procédure *in jure*, et non une procédure accomplie devant le tribunal, une procédure *in judicio*. Il y avait donc deux parties dans les procès centumviraux comme dans tout autre procès : la première qui se passait devant le magistrat, *jus*; la seconde devant le juge, *judicium*. Exposons rapidement l'une et l'autre.

35. — *Vocatio in jus ; et procédure in jure.* — Supposons, pour fixer les idées, qu'il s'agisse de la revendication d'un fonds de terre : c'est, par exemple, au temps de Pline, Titius qui réclame à Séius le fonds Sempronien. C'est à Titius qu'il appartient d'amener son adversaire devant le magistrat, pour engager le

---

(1) C'est une question fort débattue de savoir à quelle époque la *judicis postulatio* apparut dans le droit romain. On s'accorde à la regarder comme postérieure au *sacramentum*, contemporain lui-même des origines de Rome. Suivant nous c'est à Servius Tullius qu'on doit en attribuer l'introduction. Nous invoquons en ce sens Denys d'Halicarnasse (IV, 25). — Cfr. *suprà*, nᵒ 3.

(2) Elle se conserva aussi par fiction dans certains actes de juridiction gracieuse, et, par exception, dans les procès *de damno infecto*. Encore, dans ce dernier cas, les parties préféraient-elles employer une stipulation prétorienne (Gaïus, IV, ω1).

procès contre lui. Cet acte préliminaire (*vocatio in jus*) était déjà réglée par la loi des Douze tables. Le demandeur appelle lui-même et par des termes consacrés, le défendeur à comparaître. S'il est vieux ou infirme, il doit lui fournir une monture ou un chariot (1). Si Séius refuse d'obéir, Titius doit faire constater le refus par des témoins, et peut ensuite saisir Séius par le cou (*obtorto collo*), et l'amener de force devant le préteur. Le défendeur n'a d'autre moyen d'échapper à cette contrainte que de transiger ou de fournir un *vindex*, c'est-à-dire un répondant qui prendra à sa charge le procès et la condamnation qui pourra en résulter (2). — Quand la procédure *in jure* doit durer plusieurs jours, pour éviter le renouvellement de cette scène grossière de la *vocatio in jus*, le magistrat a soin, avant de congédier les parties, de faire promettre au défendeur de se présenter de nouveau, et cette fois de lui-même, à un jour déterminé. C'est ce qu'on appelle *vadimonium promittere*. Ordinairement le défendeur s'engage à payer, dans le cas où il ne se présenterait pas, une certaine somme, la *summa vadimonii*, dont le taux varie d'après la nature de l'action ou l'importance du litige. Le *vadimonium* se fait dans certains cas *purè*, c'est-à-dire sans satisdation, dans d'autres cas avec satisdation, ou avec serment, ou encore avec désignation de récupérateurs, de telle sorte que le défaillant soit aussitôt condamné par eux à la somme du *vadimonium* (3).

Une fois en présence du magistrat, Titius provoque Séius à un transport sur le fonds Sempronien, afin d'y accomplir un combat simulé, appelé *manuum consertio* ou *deductio* (4). Dans les premiers temps des actions de la loi, le transport avait réellement lieu ; les parties se rendaient sur le fonds litigieux, accompagnées du préteur. Mais au temps de Pline Titius et Séius se contentent de simuler la *deductio*. Ils font un pas sur l'ordre du préteur (*inire viam*), puis reviennent aussitôt (*redire viam*). Ils ont eu soin d'ailleurs d'apporter *in*

---

(1) Aulu-Gelle. XX, 1.
(2) Gaïus, IV, 46.
(3) Gaïus, IV, 184-186.
(4) Cicéron, *pro Murenâ*, 12 ; — *pro Cæc.*, 7 et 32 ; — *pro Tullio*, 20.

jure une motte de terre du fonds Sempronien. C'est sur cette motte que vont s'accomplir les rites légaux (1). Titius armé d'une baguette. *festuca* ou *vindicta*, qui représente la *hasta* quiritaire , frappe la motte de terre en s'écriant : « Moi je dis que ce fonds est mien d'après le droit des Quirites, comme il se comporte, ainsi que je l'ai dit. Tu le vois, je lui ai imposé la vindicte, » A cette *vindicatio*, Séius réplique dans les mêmes formes par une *contravindicatio*. Puis le préteur donne l'ordre de cesser cette lutte. Titius s'adresse de nouveau à Séius : « Je te demande de dire pourquoi tu as revendiqué. » Séius réplique : « J'ai accompli le droit, comme j'ai imposé la vindicte. » Alors Titius : « Parce que tu as revendiqué injustement, je te provoque par un *sacramentum* de 500 as d'airain (2). — Et moi de même », répond Séius (3).

Après cette constitution du *sacramentum*, le préteur prononce les *vindiciæ* en faveur de l'un des plaideurs, Séius, par exemple, c'est-à-dire constitue ce dernier possesseur intérimaire du fonds Sempronien, à la charge de fournir à Titius des répondants qui lui garantissent la restitution éventuelle de la chose et des fruits (*prædes litis et vindiciarum*) (4). Séius

(1) Gaïus, IV, 17.

(2) Le *sacramentum*, entendu ici dans un sens très restreint, qui fut son sens primitif, est une somme d'argent égale pour les deux parties, et que celles-ci parient sur le fondement de leurs affirmations respectives. Cet argent devait être à l'origine déposé dans un temple ou un autre lieu sacré ; mais plus tard les plaideurs furent admis à faire une simple promesse (*sponsio*) en fournissant des garants appelés *prædes sacramenti*. C'est ce qui va avoir lieu pour Séius et Titius.

(3) Gaïus, IV, 16. — Voici les formules : « Hunc ego fundum ex jure Quiritium meum esse aïo, secundum suam causam sicut dixi. Ecce tibi vindictam imposui, — *Contravindicatio*. — Postulo anne dicas quâ vindicaveris. — Jus peregi sicut vindictam imposui. — Quando tu injuria vindicavisti, deseris sacramento, te provoco. — Similiter ego te... »

(4) Le préteur est libre de choisir comme possesseur intérimaire celui des deux plaideurs qu'il lui plaît, sauf dans un cas : lorsqu'une personne libre de fait est revendiquée comme esclave, il doit fixer la possession dans le sens de la liberté. C'est pour avoir enfreint cette règle dans le procès de Virginie qu'Appius Claudius occasionna la chute des Décemvirs.

se trouve par là même placé dans la situation de défendeur à l'action en revendication. C'est Titius qui devra l'attaquer *in judicio*. Le préteur demande ensuite aux deux parties d'autres répondants (*prœdes sacramenti*) pour le sacramentum qui doit être versé dans le trésor public (1). Cela fait, il fixe un jour pour la comparution devant les Centumvirs. Titius et Séius s'engagent par une promesse réciproque (*comperendinatio*), à comparaître ce jour-là, et se retirent.

36. — *Procédure in judicio.* — Le jour du *judicium* arrivé, les Décemvirs *litibus judicandis* convoquent les Centumvirs dans la basilique Julia, à l'heure habituelle (2). Si la cause est importante, les quatre sections sont réunies. Si, en outre, un avocat célèbre doit prendre la parole, une foule compacte entoure l'enceinte du tribunal, et remplit même les galeries hautes de la basilique (3). Quant aux avocats, revêtus de la *toga forensis*, ils sont assis sur des tabourets (*subsellia*) en face des juges. Le préteur qui préside les Centumvirs fait son entrée. Il va s'asseoir sur sa chaise curule, placée sur une estrade élevée (*tribunal*). A ce moment les Décemvirs plantent la lance symbolique ; l'audience est ouverte (4). — L'avocat du demandeur a la parole pour un temps déterminé, une ou deux clepsydres. Il se lève, débute par exposer les faits de l'affaire d'une façon très brève pour mettre les Centumvirs au courant (*causæ collectio*) (5), fait entendre les témoins qu'il a amenés, puis commence sa plaidoirie, en donnant à sa voix tout le développement qu'il peut ; il crie plutôt qu'il ne parle. Il observe scrupuleusement dans son discours les divisions recommandées par les rhéteurs dont il a suivi les leçons : exorde, narration, confirmation, réfutation, péroraison, rien n'y manque. Il s'arrête de temps en temps pour lire des

(1) Gaïus, IV, 16.
(2) Les audiences, en effet, se tenaient à des heures réglées ; il y avait celles du matin et celles de l'après-midi. Les premières s'ouvraient de 6 à 9 heures, suivant les saisons (Martial, IV, 8).
(3) Pline, VI, 2 ; IV, 16, et VI. 33.
(4) Lucain, *Carmen in Pisonem.*
(5) Gaïus. IV, 15.

pièces ; le temps de cette lecture n'est pas compris dans le délai qui lui est imparti; l'huissier met le doigt sous la clepsydre pour empêcher l'eau fatale de couler (*sustinere aquam*). Si l'avocat plaide bien, le public manifeste son approbation en disant : *benè, præclaré, non potest melius* (1). Les Centumvirs eux mêmes joignent leurs félicitations à celles de la foule (2). Pendant ce temps, l'avocat de la partie adverse plaisante avec ses voisins, interrompt son confrère pour lui poser des questions, ou pour répondre à des objections (3). Quand l'avocat du demandeur a fini de parler, il s'assied ; ses clients et ses amis se pressent autour de lui et le complimentent (4). L'avocat du défendeur se lève à son tour, et les mêmes scènes se reproduisent. Après les plaidoiries, l'huissier déclare la cause entendue en prononçant ce seul mot : *Dixere* (5). — Les quatre sections des Centumvirs délibèrent chacune à part; les Décemvirs recueillent les voix. Si aucune section ne demande d'*ampliatio*, la sentence résultant des quatre votes émis va être rendue : le tribunal des Centumvirs va déclarer lequel du *sacramentum* de Titius ou de celui de Séius est *justum*. C'est là, en effet, la seule question qui lui est soumise, la seule à laquelle il ait à répondre. On n'a plaidé l'affaire au fond que pour le mettre à même de la décider en connaissance de cause. La partie qui perdra son procès, perdra en même temps la somme qu'elle a promise à titre de *sacramentum*, laquelle est versée dans le trésor public. Supposons donc que ce soit le *sacramentum* de Titius que le tribunal déclare *justum*. La procédure ne saurait se terminer là ; car il ne suffit pas de dire le droit d'une manière abstraite. Il faut une conséquence pratique à cette décision des Centumvirs. Les intérêts de Titius doivent être sauvegardés. Pour cela il faut que Séius, le perdant, soit contraint de lui restituer le fonds

(1) Cicéron, 1er *Dial des Or.*, III, 26.
(2) Pline, IX, 23.
(3) Cicéron, *Dial. des Or.*, II, 65.
(4) Quintilien, XII, 10.
(5) Cicéron, 2e *act. in Verrem*, 30. — Cfr. Grellet-Dumazeau, *op. cit.*, ch. XIII.

Sempronien et les fruits qu'il a perçus pendant la possession
intérimaire dont il a été investi. On arrivera à ce résultat
par une procédure accessoire, appelée selon toute probabilité
arbitrium litis æstimandæ. Cette procédure doit aboutir à une
condamnation portant sur la chose elle-même, toutes les fois
que cela est possible, sinon sur une indemnité pécuniaire (1).

37. — *Règle en cas de partage des sections; l'affaire d'Accia
Variola.* — Quand il y a lieu à un *quadruplex judicium*, il est
une hypothèse qu'il faut prévoir : celle d'un partage de juges.
En effet les quatre sections votant séparément, il pouvait
arriver que leurs votes se fissent équilibre : deux d'entre elles
pouvaient, par exemple, déclarer un testament inofficieux, et
les deux autres admettre sa validité. « Cela se produisait de
temps en temps, » nous dit Marcellus. Comment dans ce cas
se tirait-on d'embarras, et dans quel sens la sentence était-
elle rendue ? Marcellus est sur ce point très précis : « Il est
plus humain, dit-il, de suivre l'avis de ceux qui admettent la
validité, excepté s'il apparaît clairement que les juges ont été
injustes en prononçant en faveur de l'héritier inscrit (2). »
Une lettre de Pline nous donne une remarquable application
de ce dernier principe, et nous prouve que telle était bien la
jurisprudence des Centumvirs.

Il s'agit de cette affaire d'Accia Variola dans laquelle Pline
prononça le plaidoyer qu'il regarde comme son chef-d'œuvre
(*supra n°* 19). Voici, d'après sa lettre à Romanus, l'exposé des
faits : « Accia Variola, femme d'une naissance illustre, mariée
à un ancien préteur, s'était vue deshéritée par son père oc-
togénaire, onze jours après qu'entraîné par une folle passion,
il avait donné une belle-mère à sa fille. Elle revendiqua sa

---

(1) Gaïus, IV, 48.

(1) Marcellus, loi 10, Dig., V 2 : Si pars judicantium de inofficioso testamento contra testamentum, pars secundum id sententiam dederit, quod
interdum fieri solet, humanius erit ejus partis sententiam, quæ secundum testamentum spectavit, nisi aperte judices inique secundum scriptum heredem pronunciâsse apparebit. » — C'est en somme le maintien
du *statu quo*; on peut pour les autres cas généraliser cette règle par
analogie de motifs.

succession devant les quatre sections réunies.... Les avis se partagèrent ; deux sections furent pour Accia Variola. les deux autres contre. Chose remarquable et surprenante, que dans une même cause, devant les mêmes juges, avec les mêmes avocats, au même moment, il se produisît une telle divergence, fortuite à la vérité, mais sans qu'elle parût l'être ! La belle-mère fut vaincue ; elle était instituée pour un sixième. Subérinus (son cohéritier) fut vaincu aussi, lui qui, exhérédé par son propre père et n'ayant jamais osé se plaindre, avait l'impudence de réclamer la succession du père d'un autre (1). » Ainsi Accia Variola gagna son procès, malgré le partage des juges, qui aurait dû faire prononcer au contraire le maintien du *statu quo*. Mais les juges avaient reculé devant cette conséquence : en présence d'héritiers institués aussi indignes que la belle-mère et Subérinus, ils maintinrent en principe le testament, mais en écartant les héritiers. Il faut avouer que si tel était le but qu'ils se proposaient, ils ne pouvaient mieux l'atteindre qu'en se partageant (2).

38. — *Le judicium curianum; plaidoyers des avocats.* — On entrevoit par cette décision que les Centumvirs devaient jouir pour leurs jugements de cette liberté d'appréciation et de mouvement, qui, quoi qu'on fasse, appartiendra toujours aux tribunaux composés d'un grand nombre de juges, et que ne pouvait avoir l'*unus judex*, lié par les instructions du préteur (3).

(1) Pline, VI, 35 : « (Accia Variola) femina splendide nata, nupta prætorio viro, exhæredata ab octogenario patre, intrà undecim dies, quam ille novercam ei, amore captus, induxerat, quadruplici judicio bona paterna repetebat... Secutus est varius eventus. Nam duobus consiliis vicimus, totidem victi sumus. Notabilis prorsùs res et mira : eadem in causâ, iisdem judicibus, iisdem advocatis, eodem tempore tanta diversitas accidit casu quidem, sed non ut casus videretur. Victa est noverca ipsa hæres ex parte sextâ. Victus Suberinus, qui, exhære‑ datus a patre, singulari impudentia alieni patris bona vindicabat, non ausus sui petere. »

(2) Cfr. Cujas, *op. cit.,* t. I, col. 204.

(3) Ainsi parfois les Centumvirs terminaient le procès par une transaction forcée (*suprà*, n° 12).

Bien que leurs principales affaires missent en jeu des questions de droit (1), ils se laissaient volontiers guider par l'équité. Cette tendance se concevait à merveille dans les matières que la loi n'avait pas règlementées, et qu'ils avaient créées de toutes pièces, comme la *querela inofficiosi testamenti*. Elle se concevait moins quand elle allait à l'encontre des prescriptions les plus précises du droit civil ; et cependant elle existait même dans ce cas. Un procès rapporté par Cicéron, et que les interprètes ont appelé le *judicium curianum*, met ce fait en pleine lumière.

Un testateur avait substitué Marcus Curius à son fils posthume ; le posthume ne naquit pas. Un parent du testateur, M. Coponius, prétendit alors que Curius n'avait aucun droit à la succession, puisqu'il ne devait venir qu'après la mort d'un enfant qui n'était pas mort, puisqu'il n'était pas né ! L'affaire fut portée devant les Centumvirs, au milieu d'un grand concours de peuple (2). L'illustre Scévola se présenta pour Coponius ; Crassus devait défendre les intérêts de Marcus Curius. — Scévola parla d'abord d'une manière générale du *jus testamenti* et des anciennes formules ; puis s'attachant aux termes du testament en litige, il montra que Curius ne pouvait hériter ; car il n'était appelé qu'après la mort du posthume : or il faut naître avant de mourir ! Il dit ensuite quelle formule il eût fallu employer pour permettre à Curius d'arriver à la succcession même au cas où il ne naîtrait pas de posthume. Il s'étendit sur les dangers de recourir à l'intention contre le sens littéral, de ne baser cette intention que sur des conjectures, et de supposer des subtilités dans les écrits des hommes simples. Il se retrancha derrière l'autorité de son père, qui avait toujours été de cet avis, et termina en insistant sur la nécessité de faire exécuter les lois telles qu'elles sont. Bref son plaidoyer fut judicieux et savant (3) ;

(1) Cicéron, 1ᵉʳ *dial. des Or.*, 47 : « Nam quod maximas centumvirales causas in jure positas protulisti. »

(2) Cicéron, *ibid.*, 39 : « Clarissima M. Curii causa M. Coponiique nuper apud centumviros, quo concursu hominum, quâ exspectatione defensa est. ».

(3) Cicéron, *Brutus*, 52.

et cependant il ne persuada personne, « parce qu'il attaquait par des mots la force de l'équité » (1).

Crassus se leva alors. Il commença son discours par l'histoire du jeune homme, qui se promenant sur le bord de la mer, et apercevant une cheville d'aviron, forma le projet de construire un vaisseau ; il ajouta que Scévola se conduisait de la même manière en bâtissant une affaire centumvirale avec un argument captieux. Cet exorde, continué sur le même ton, égaya fort l'auditoire. Crassus soutint ensuite que le testateur avait voulu faire de Curius son héritier, soit que le posthume mourût, soit qu'il ne vînt pas au monde ; et qu'on avait toujours mis en possession des héritiers institués de cette façon (2). Il fit appel au respect qu'on doit toujours avoir pour les testaments et les dernières volontés des citoyens, se moqua de la subtilité des jurisconsultes, et déclara que la maxime de Scévola : il faut naître avant de mourir, était vraiment admirable ! En citant une multitude d'expressions tirées des lois, des sénatus-consultes et de la conversation ordinaire, il fit observer avec beaucoup d'esprit qu'il en résulterait mille absurdités, si l'on en suivait toujours le sens littéral et non l'intention (3). Il y a donc des dangers à suivre les termes d'un écrit plutôt que son esprit, et il est conforme à l'équité naturelle d'interpréter les testaments moins à la lettre que selon les vues du testateur. Crassus fit si bien valoir cette équité naturelle, cita de si nombreux exemples, mit tant de variété, d'enjouement et d'esprit dans sa plaidoirie que Scévola, qui cependant était le jurisconsulte le plus savant de son temps dans le genre des questions soulevées par la cause, fut accablé par la multitude de ses arguments (4). Tous les suffrages furent acquis à Crassus ; et cependant, remarque Cicéron, « le sens littéral du testament était contre lui. Quelle raison détermina donc les Centumvirs ? Ce fut la volonté présumée du testateur, qu'on respec-

(1) Cicéron, *Pro Cæcinâ* 24.
(2) Cicéron, *Brutus*, 53-1°.
(3) Cicéron, 1ᵉʳ *dial des Or.*, 57.
(4) Cicéron, *Brutus*, 39.

terait même si elle pouvait s'exprimer sans parole ; car les mots ont été inventés, non pour entraver cette volonté, mais pour la manifester (1) ! »

39. — *Du droit d'appeler des sentences centumvirales.* — Quand les Centumvirs avaient rendu leur sentence, ils étaient dessaisis ; mais l'affaire était-elle définitivement terminée pour cela ? La partie qui se croyait condamnée à tort n'avait-elle aucune voie de recours ? Pour répondre à cette question, il importe de distinguer suivant les époques. — Sous la République, sauf l'appel au peuple en matière criminelle (*provocatio ad populum*), l'on n'avait d'autres moyens d'empêcher l'exécution d'une sentence que l'on considérait comme injuste, que d'en nier l'existence, ce qui pouvait être fort dangereux, ou d'obtenir du magistrat une *restitutio in integrum,* ou de s'adresser aux tribuns de la plèbe pour leur demander leur *veto.* Mais tous ces moyens, dont aucun ne constituait d'ailleurs un appel proprement dit, étaient probablement inapplicables en matière centumvirale. Il était, en effet : impossible qu'un plaideur songeât à nier l'existence d'une sentence rendue aussi publiquement et par tant de juges ; fort douteux que le préteur, qui avait dirigé lui-même les débats, voulût accorder une *restitutio in integrum* ; invraisemblable enfin, que les tribuns dont le droit de *veto* subissait certaines restrictions, pussent s'opposer aux décisions d'un tribunal issu comme eux de l'élection par les tribus. Il faut donc conclure que sous la République les sentences centumvirales étaient rendues en dernier ressort.

Mais sous l'Empire les choses changèrent. De nouvelles voies de recours plus régulières s'établirent, et il finit par être admis qu'on pouvait dans tout l'*Orbis romanus* appeler à l'empereur lui-même des sentences rendues par un juge ou un magistrat quelconque (2). Le Sénat toutefois restait investi d'un pouvoir suprême de rendre la justice ; l'on ne pouvait pas plus appeler de ses décisions à l'empereur,

(1) Cicéron, *Pro Cæcinâ,* 18.
(2) On se souvient que saint Paul, citoyen romain, accusé en Asie, en appela à César (*Actes des Apôtres,* XXV, 11 et 12).

que des décisions de ce dernier au sénat (1). En outre s'introduisit bientôt le droit d'appeler des décisions de tout *judex* au magistrat qui l'avait institué (2). Ce dernier droit ne pouvait évidemment s'exercer contre un jugement centumviral. Mais le Tribunal des Centumvirs échappa-t-il aussi au premier, le droit d'appel à l'empereur? Il n'est guère possible d'en douter : il fut à cet égard soumis au droit commun, à une époque qu'on ne saurait toutefois préciser. Nous savons que Domitien rescinda plusieurs de ses jugements, entachés suivant lui de partialité. Du moment que l'empereur pouvait déclarer nulles de telles sentences, il est évident qu'il pouvait aussi connaitre des appels qui en seraient formés. L'exercice de ce second droit dérivait naturellement de l'usurpation du premier. On est amené, par conséquent, à admettre l'existence de cette faculté d'appel dès la fin du Ier siècle de l'ère chrétienne. Seulement ce devait être encore à cette époque, de la part du prince, un *veto* plutôt qu'autre chose. Il n'est pas probable en effet que l'empereur remplaçât par d'autres sentences celles qu'il rescindait.

Au IIe siècle de l'ère chrétienne, Antonin le Pieux introduisit une autre voie de recours, que Marcien et Ulpien nomment *appellatio*, et qui, en réalité, se rapproche beaucoup de votre tierce opposition. Antonin permit, en effet, aux légataires inscrits et aux esclaves affranchis dans un testament déclaré inofficieux, d'attaquer la sentence rendue, quand l'héritier institué a colludé avec son adversaire précisément pour faire tomber les legs et les affranchissements. «Aujourd'hui, ajoute Ulpien, nous usons de ce droit : ils peuvent appeler, mais ils doivent plaider leur cause devant le juge même qui a connu du testament, s'ils soupçonnent l'héritier de n'avoir pas plaidé de bonne foi (3). » Ici, on le voit, ce

_____

(1) Tacite, *Ann.*, XIV, 28 ; — loi 1-2°, Dig., XLIX, 2.

(2) Lois 1 et 3, Dig., XLIX, 3.

(3) Ulp., loi 14-pr, Dig., XLIX, 1 : « Divus Pius, cum inter conjunctas personas diceretur per collusionem in necem legatariorum et libertatum actum, appellaret eis permisit, et hodiè hoc jure utimur, ut possint appellare : sed et agere causam apud ipsum judicem qui de testa-

sont des personnes restées étrangères à la première instance qui se plaignent ; ils ne peut donc être question d'un appel proprement dit. Mais nous trouvons un autre fragment d'Ulpien, qui indique très nettement un véritable appel fait par la partie perdante, en même temps que le remède apporté à une conséquence déplorable qui pouvait résulter parfois de l'allongement de la procédure : « Un petit-fils avait, dans la mesure de ses moyens, agi *de inofficioso* contre son oncle ou un autre héritier institué, et avait obtenu gain de cause ; mais l'héritier institué avait appelé : il plut, à cause de la pauvreté du pupille, de lui accorder, dans l'intervalle, des aliments pour lui tenir lieu des ressources qu'il revendiquait par l'accusation d'inofficiosité ; et son adversaire dut les lui fournir jusqu'à la fin du procès (1). » — Ce droit d'appel était même si peu contesté alors, qu'Ulpien ne regarde comme définitives que les sentences dont il n'est point appelé : « Quand le juge d'une plainte d'inofficiosité, dit-il, a prononcé contre le testament, et qu'il n'a pas été appelé du jugement, le testament est rescindé de plein droit (2). » Et qu'il n'a point été appelé du jugement ! Un jurisconsulte du temps de Cicéron n'aurait pas parlé ainsi !

Qu'étaient donc devenues cette *grandeur* et cette *autorité* des Centumvirs qui ne permettaient même pas, selon Justinien (3), d'entraver par un *præjudicium* la pétition d'hérédité ? Elles étaient depuis longtemps impuissantes à garantir les sentences du tribunal contre l'omnipotence impériale, et le respect qui les entourait jadis n'empêchait plus de les frapper

mento cognoscit, si suspicantur non ex fide heredem causam agere. » — Marcian., loi 5-1°, *ibid.*

(1) Ulp., loi 27-3°, *Dig.*, V, 2 : « De inofficioso testamento nepos contrà patruum suum, vel alium scriptum heredem, pro portione egerat. et obtinuerat ; sed scriptus heres appellaverat : placuit, interim propter inopiam pupilli alimenta pro modo facultatum. quæ per inofficiosi testamenti accusationem pro parte ei vindicabantur, decerni, eaque adversarium ei subministrare necesse habere usque ad finem litis. »

(2) Ulp., loi 8-16°, *Dig.*, V, 2 : « Si ex causâ de inofficiosi cognoverit judex, et pronuntiaverit contrà testamentum, nec fuerit provocatum : ipso jure rescissum est. »

(3) Loi 12-pr, Code, III, 31.

d'appel ! Le tribunal de la Lance participait à la décadence de toutes les institutions républicaines. Il déclinait, comme avaient décliné le Sénat, la préture et toutes les magistratures de l'ancienne Rome. Les noms, il est vrai, subsistaient encore, si les choses avaient disparu. Mais le IIIe siècle ne s'achèvera pas, avant que Dioclétien ait enlevé leurs noms même à ces institutions vieillies.

BIBLIOGRAPHIE

ACCARIAS, *Précis de dr. rom.*, Paris, Cotillon, t. II, pp. 797-799.

BACHOFEN, *De roman. judiciis civil.*, Gottingen, 1840, in-8°, pp. 2 et suiv.

BAULNY (DE), *Des magist. judic. à Rome* (Thèse), Paris, 1858, in-8°, 74-84.

BELOT, *Hist. des chevaliers rom.*, Paris, Durand, 1873, in-8°, t. II, pp. 212-223.

BETHMANN-HOLLWEG, *Der röm. Civilprocess*, Bonn, Marcus, 1864-1866, t. I, p. 56-60.

BETHMANN-HOLLWEG, *Ueber die Competenz des centumv. gerichts*, dans *Zeit-schrift für gesch. Rechtswiss,*, Berlin, 1825, in-8°, t. V, n° XI, p. 358-400.

BONJEAN, *Traité des actions*, 2me éd., Paris, Videcoq, 1845, in-8°, t. I. pp. 185-207.

GOTTLING, *Gesch der röm. Staatsverfass.*, Halle, 1840, in-8°, pp. 240-243.

HUSCHKE, *Die Verfass. des Königs Serv. Tullius*, Heidelberg, 1838, in-8° pp. 585-610.

KELLER (DE), *Des actions chez les Rom.* (trad. Capmas), Paris, Thorin, 1870, in-8°, pp. 18-26.

KRUG, *Ueber die Legis Act. und das Centumv-gericht der Römer*, 2e éd., Leipsig, 1855.

KUNTZE, *Instit. und Gesch. des Röm. Rechts, excurse*, Leipsig, 1869, in-8°, t. II, pp. 92-98.

LABATUT, *Hist. de la préture*, Paris. Thorin, 1868, in-8°, pp. 210-220.

LANGE, *Röm. Alterthümer*, Berlin, 1856, in-8°, t. I, p. 646-648.

LATREILLE, *Hist. des instit. judic. de Rome*, Paris, Marescq, 1870, in-8°, t. I, pp. 101-140.

MAYNZ, *Cours de dr. rom.*, 4e éd., Bruxelles, 1876, in-8°, t. I, pp. 189-192.

NIEBUHR, *Hist. rom.* (trad. Golbéry), Paris, Levrault, 1830, in-8°, t. II. pp. 168-169; t. VI, 320.

ORTOLAN, *Hist. de la législat. rom.*, 10e éd., Paris, 1876, pp. 154-159.

PUCHTA, *Cursus der Instit.* (éd. Rudorff, 9°), Leipsig, 1865, in-8°, t. I, p. 151; t. II, pp. 20-28.

REIN, *Das röm. Privatrecht*, Leipsig, 1836, in-8°, pp. 414-420.

RUDORFF, *Röm. Rechtsgesch.*, Leipsig, 1859, in-8°, t. II, pp. 29-34.

SCHNEIDER, *De centumviralis judicii apud Rom. origine*, Rostochii, 1835.

Sibrandus-Siccama, *De centumvirali judicio*, dans Grœvius, *Thes. antiq. rom.*, t. II.

Walter, *Gesch des röm. Rechts*, 3° éd. Bonn, 1861, in-8°, t. II, pp. 333-335.

Zimmern, *Traité des actions* (trad. Etienne), Paris, 1843, in-8°, pp. 36-45, 92-97.

Zumpt, *Ueber Ursprung, Form, und Bedeulung des cent. gerichts,* dans *Die Abhandl. d. Acad. d. Wissensch.*, Berlin, 1837-1838.

TABLE DES MATIÈRES

Chapitre premier. — Histoire et Organisation du Tribunal des Centumvirs

Section I. — Le Tribunal des Centumvirs sous la République.

§ I. — Son origine et sa création. — 1. Origine romaine du tribunal des Centumvirs. — 2. Date de la création des Centumvirs; système de Niebuhr. — 3. Réfutation du système de Niebuhr. — 4. Suite. — 5. Système de Zumpt; rejet. — 6. Système de Siccama; exposé et réfutation. — 7. Conclusion : les Centumvirs ont dû être institués peu après l'an 450 de Rome fondée.

§ II : Les Centumvirs depuis leur création jusqu'a Auguste. — 8. Recrutement et composition du tribunal. — 9. La *hasta* symbolique.— 10. Institution des Décemvirs *litibus judicandis* ; leurs attributions et leur compétence. — 11. Mission confiée aux ex-questeurs. — 12. Déclin momentané du tribunal des Centumvirs ; l'avocat Albutius Silus.

Section II. — Le Tribunal des Centumvirs sous l'Empire.

Chapitre II. — Compétence et procédure du Tribunal des Centumvirs

Section I. — De la Compétence des Centumvirs.

LES DÉMEMBREMENTS

DE

LA PROPRIÉTÉ FONCIÈRE

EN FRANCE

AVANT ET APRÈS LA RÉVOLUTION

PRÉFACE

Le régime ancien de la propriété foncière, et particulièrement de la propriété privée, diffère profondément du
régime moderne, tel qu'il ressort du Code civil. Là où l'unité
existe aujourd'hui, la variété et la confusion existaient autrefois. Dans le cours des siècles, la propriété foncière s'é-
tait vu démembrer de mille manières, « cisailler » de mille
façons, au point qu'il était rare de la trouver dans sa pléni-
tude aux mains d'un seul, ordinaire de la voir divisée
aux mains de plusieurs. Aujourd'hui le contraire a lieu. Les
démembrements de la propriété sont peu nombreux ; et les
fonds de terre ne sont plus soumis à toutes ces charges
réelles, si multipliées jadis, et si contraires au principe
économique de la libre circulation des biens. Il
nous a paru intéressant de mettre en parallèle l'ancien
et le nouveau régimes, et de rechercher à la suite de
quelles circonstances l'un a fait place à l'autre. — Quels
étaient les démembrements de la propriété foncière reconnus avant 1789 ? Comment ont-ils disparu, et qu'en reste-t-
il ? La présente étude répond à ces deux questions.

Elle est divisée en deux chapitres, précédés d'une introduction. Cette *Introduction* a pour but de définir ce que nous entendons par « démembrements de la propriété », et de distinguer ces démembrements des autres droits réels qui peuvent être organisés par les législations positives. Dans le *Chapitre I*, consacré au DROIT ANCIEN, tel qu'il existait à la veille de la Révolution, nous étudierons successivement : les causes historiques de la multiplication des démembrements de la propriété foncière en France avant 1789 (*sect. 1*) ; la théorie générale du plus important de ces démembrements, à savoir le domaine direct : féodal, censuel ou privé (*sect. 2*) ; la théorie générale de la rente foncière, démembrement issu, comme le premier, du pur droit coutumier (*sect. 3*) ; enfin quelques tenures spéciales aux diverses provinces, entre autres le domaine congéable de la Bretagne et le bordelage du Nivernais (*sect. 4*). Dans le *Chapitre II*, consacré au DROIT MODERNE, nous rechercherons quelle a été à chaque étape de la Révolution, la destinée des démembrements de la propriété admis par l'ancien droit. Nous indiquerons d'abord dans quelles conditions s'est posé devant la Constituante le problème de la réforme du régime foncier (*sect. 1*) ; puis comment cette Assemblée a essayé de résoudre ce problème (*sect. 2*) ; comment la Législative et la Convention ont continué son œuvre en l'exagérant (*sect. 3*) ; comment enfin sous le Directoire et le Consulat la jurisprudence l'a achevée (*sect. 4*). Nous n'aurons plus pour terminer qu'à exposer le système du Code civil en notre matière, c'est-à-dire le régime nouveau qui a succédé au régime ancien (*sect. 5*).

Dans tout le cours de cette étude, nous n'envisagerons les démembrements de la propriété qu'aux trois points de vue suivants : 1° au point de vue des droits positifs ou négatifs qui les constituent, ne prenant dans les contrats qui les engendrent que ce qui les concerne spécialement ; 2° au point de vue de la propriété *foncière,* qui fut naturellement la plus divisée, et dont l'importance prépondérante, dans l'ancien droit surtout, n'est pas à démontrer ; 3° enfin au point de vue du droit *privé,* laissant de côté par conséquent tout ce qui touche aux propriétés de l'Église, de l'État ou des communes.

Paris, 22 mai 1881.

INTRODUCTION

NOTIONS GÉNÉRALES SUR LES DROITS RÉELS

1. — *Définition des droits réels et des droits personnels ou de créance.* — Dans tout droit, il faut distinguer trois éléments : un sujet actif, un sujet passif, un objet. Seulement de ces trois éléments, les deux derniers n'offrent pas toujours le même caractère. Il peut se faire dans certains cas, que le droit qui appartient au sujet actif porte directement sur l'objet, et soit pour ainsi dire incarné dans la chose, *jus in re*, de telle sorte qu'il aura comme sujet passif la masse générale des hommes *in abstracto*, et *in concreto* quiconque voudrait contredire, en tout ou en partie, le droit du titulaire ; un tel droit est désigné sous le nom de droit *réel*. Dans d'autres cas, le droit n'existe, selon l'expression de Pothier (1), que par rapport à la chose, *jus ad rem*, et ne porte pas sur elle d'une façon immédiate. Pour l'atteindre, il faudra que le titulaire du droit, le créancier, s'adresse à une personne spécialement déterminée, le débiteur, qui seul est et peut être le sujet passif du droit (2). Ce droit qui s'exerce ainsi contre une per-

---

(1) Pothier, *Du domaine de propriété*, n° 1.

(2) Nous faisons abstraction, bien entendu, de cette obligation générale et banale qui impose à tout homme le devoir de ne point mettre obstacle à la jouissance et à l'exercice du droit d'autrui, qu'il soit ou

sonne, et non plus sur une chose, a été nommé droit
personnel (1).

En d'autres termes : un droit réel est un droit qui crée
entre une personne et une chose une relation directe et immé·
diate, sans sujet passif actuellement déterminé. Un droit
personnel est un droit qui crée seulement entre une personne
et une autre personne une relation immédiate, à propos d'une
chose, d'un fait, ou même d'une abstention, chose, fait, ou
abstention qui est la fin de ce droit, et dont la prestation ne
peut être réclamée que de cette seconde personne, sujet passif
actuellement déterminé.

Avant d'aller plus loin, nous sommes obligés de faire sur
les dénominations de droit réel et de droit personnel, une
observation purement grammaticale, importante cependant
parce qu'elle peut éviter une erreur de droit : c'est que ces
expressions, que l'usage a consacrées, ne sont pas exactes,
parce que tout droit, quel qu'il soit, est à la fois réel et personnel. En effet, il n'existe de droit que de personne à
personne, que d'un sujet actif à un sujet passif ; tout droit en
ce sens est donc personnel. D'un autre côté, on ne conçoit pas
de droit sans un objet, lequel dans sa plus grande généralité
est désigné sous le nom de chose ; tout droit est donc réel
quant à son objet (2). — Mais cette remarque faite, il n'en est
pas moins vrai que la manière dont le sujet passif ou l'objet
peut fonctionner dans tel ou tel droit présente deux nuances
fort tranchées ; et l'on conçoit qu'on ait pu qualifier de *réel* le
droit où la considération de l'objet est prédominante, et de
personnel le droit où la considération du sujet passif doit au
contraire l'emporter.

Seulement, une fois ces mots *réel* et *personnel* entrés dans

. non *in re*, et qui par suite peut-être sous-entendue sans nuire en rien à
la rigueur d'une classification scientifique. — Cfr. Ortolan, *Généralis.
du dr. rom.* à la suite de son *Hist. de la législat. rom.*, 10ᵉ édit., Paris,
Plon, 1876, in-8°, p. 637-638.

(1) Nous n'employons ce mot que momentanément. Nous lui substi-
tuerons bientôt, en indiquant nos motifs, l'expression de : droit de
créance.

(2) Cfr. Ortolan, *op. cit*, p. 637.

la langue avec cette signification les auteurs auraient dû s'abstenir avec soin de les employer dans d'autres acceptions. Faute par eux de l'avoir fait, ces expressions de droit réel, et de droit personnel surtout, ont acquis tant de sens qu'elles finissent par n'en plus avoir aucun. — Ainsi il est arrivé qu'on a confondu la division des droits en réels et personnels avec la division des droits en mobiliers et immobiliers! Et cependant il est évident que « pour apprécier si un droit est réel ou personnel, il ne faut pas considérer son objet, mais uniquement sa cause, c'est-à-dire l'origine et le principe générateur du droit (1) » ou encore sa nature instrinsèque (2). Cette confusion s'est même glissée dans l'article 59 du Code de procédure civile, qui applique aux *matières réelles* une disposition qui ne peut concerner que les objets ayant pour objet un immeuble, comme si un droit immobilier avait toujours et forcément un caractère réel. Sans doute, le plus souvent il en est ainsi; car sous l'empire du Code civil les droits personnels immobiliers sont devenus très rares, par suite de l'adoption du principe que la propriété se transfère par l'effet des obligations (art. 1138). Mais la réciproque n'est pas vraie, et les droits réels peuvent être indifféremment mobiliers ou immobiliers (3). Il faut donc éviter soigneusement une telle confusion.

Ce n'est pas tout : aux inexactitudes et aux erreurs se sont jointes les équivoques, résultant de la multiplicité des acceptions. Le mot *personnel* est souvent employé dans des sens différents. Ainsi on dit qu'un droit est personnel, lorsqu'il n'est pas transmissible héréditairement ou qu'il ne peut être exercé par les créanciers de la personne à laquelle il appartient (a. 1166). On dit encore de l'usufruit qu'il est un droit personnel, en ce sens qu'attaché à la personne de l'usufruitier, il s'éteint à sa mort ; et cependant l'usufruit est un droit réel, au propre sens du mot ? En présence de cette

(1) Demolombe, *Traité de la dist. des biens*, 2° édit. Paris, 1861, in-8°, t. I, (9° du *Cours de Code Napoléon*), n° 465.

(2) Aubry et Rau, *Droit civil Français*, 4° édit., Paris, Cosse, 1869, in-8°, t. II, p. 50.

(3) Cfr. Demolombe, *loc. cit.*

anarchie d'appellations il est indispensable de chercher un autre terme pour désigner les droits auxquels nous avons jusqu'ici donné le nom de *personnels* par opposition aux droits que nous continuerons d'appeler droits *réels*. Les auteurs qui écrivent sur le droit romain emploient couramment l'expression de *droits de créance*. Elle indique parfaitement la nature de ces droits non réels, dont la cause est toujours une *obligation*, c'est-à-dire un lien de droit établi entre un créancier et un débiteur. Elle conserve en outre un sens bien déterminé, double motif qui nous conduit à l'employer de préférence à toutes autres.

2. — *De certains droits qui ne rentrent pas dans la division des droits en droits réels ou de créance*. — De ce que l'obligation est le seul principe générateur des droits de créance, il résulte que tous sont de la même nature. En est-il de même des droits réels, et tous dérivent-ils d'une même source ? A cette question, plusieurs auteurs ont cru pouvoir répondre négativement, et ont donné à la dénomination *droits réels* une extension, qui a créé une nouvelle équivoque. Au lieu de l'employer uniquement pour désigner les droits constitués par une *aliénation*, ils l'ont appliquée aussi « aux droits qui dérivent de la puissance qu'une personne exerce sur une autre, le mari sur la femme, le père ou la mère sur l'enfant ; ils trouvent cette affinité entre les droits de puissance et les droits réels, qu'on peut les faire valoir envers et contre tous au moyen d'actions analogues à la revendication. Il y en a qui vont plus loin, et qui donnent le nom de droits réels à tous les droits qui appartiennent à l'état des personnes, tels que le droit de réclamer sa nationalité, sa filiation, le droit de désaveu ; ils appellent même droits réels les diverses facultés qui sont garanties par la Constitution, telles que la liberté individuelle, la liberté religieuse (1). »

Cette extension des mots droits *réels*, contraire d'ailleurs à l'étymologie (*res*), nous parait déplorable ; car elle tend à

____

(1) Laurent, *Principes de droit civil*, Bruxelles, 1871, in-8°, t. VI, n° 72 ; — Cfr. Aubry et Rau, *op. cit.*, p. 51.

ranger dans une même categorie des droits qui sont évidemment bien différents. Quel rapport peut-il y avoir entre ces droits s'exerçant sur une chose corporelle, éminemment transmissibles par aliénation, et ces droits dont l'objet est immatériel, et qui ont pour principaux caractères d'être hors du commerce et essentiellement attachés à la personne, par la force même des choses ! Sans doute, ils sont, comme les droits réels proprement dits, invocables *erga omnes, generaliter, in rem*, comme disaient les Romains ; mais à part cela, tout élément d'assimilation disparaît, et il nous semble infiniment plus logique de placer ces droits dans une catégorie à part, et de ne pas chercher à les faire rentrer de force dans une classification trop étroite. Justinien l'avait déjà pressenti. Parlant des questions d'état, il n'ose pas même dire qu'elles donnent lieu à des actions *in rem* : il aurait pu le faire cependant, étant donné d'une part qu'il ne parlait que des actions, sanction des droits, mais non des droits eux-mêmes, et d'autre part que l'expression *actiones in rem* signifie simplement actions invocables contre toute personne. Justinien dit seulement: «Les actions préjudicielles, *paraissent* être des actions *in rem* (1). » Pothier est encore plus formel. Il n'applique qu'aux choses *in commercio* la division des droits en réels et de créance, ou, comme il le dit dans un latin barbare, mais qui est juridiquement, sinon métaphysiquement, exact : *jura in re*, et *jura ad rem* (2). Quant à ces droits *extra commercium* dont nous parlons , droits de puissance, d'état, de citoyen ou d'homme, leur véritable nom serait droits *personnels* ; mais l'abus qu'on a fait de ce mot oblige aujourd'hui à l'écarter de la science. Qu'on nous permette de proposer à la place une expression analogue à celles qu'emploie Pothier, et qui sera en corrélation avec elles : celle de *jus in persona*. Nous aurons aiusi une division tripartite, embrassant tous les droits privés et leur donnant des dénominations en rapport avec leur nature, au

---

(1) Just., *Inst.*, *De actionibus*, § 13 : « Præjudiciales actiones in rem esse videntur, »
(1) Pothier, *loc. cit.*,

lieu de cette division bipartite, qui contraint à une alliance sans raison des droits sans analogie (1). Regrettons seulement, en terminant ces observations, le pauvreté de notre langue juridique, qui n'a ni la précision du langage mathématique, ni la souplesse de la langue littéraire.

3. — *Comparaison entre les droits réels et de créance*. — Ces réserves faites, laissons de côté le *jus in persona*, et reprenons l'étude comparative des droits réels et de créance, seuls applicables aux choses *in commercio*, afin d'en bien marquer le caractère et les effets ; ce qui nous permettra par la suite de reconnaître la nature de tel ou tel droit.

Le *jus in re*, avons-nous dit, établit entre le titulaire du droit et son objet une relation immédiate. Dans le *jus ad rem*, au contraire, le créancier est séparé de l'objet de son droit par le débiteur qui se trouve en quelque sorte interposé, et par l'intermédiaire duquel il est obligé de passer pour y arriver. Le droit réel est un droit acquis, établi dès à présent sur une chose ; le droit de créance est un titre pour avoir la chose, un acheminement vers le droit réel. Le droit réel est *général*, absolu, en ce sens qu'il est opposable à tout le monde, et qu'il existe indépendamment de toute obligation spéciale d'une personne envers une autre, tandis que le droit de créance n'existe au contraire qu'autant qu'une personne est spécialement obligée envers une autre, et il n'est invocable que contre cette personne seulement ; il est *relatif* (2).

---

(1) *Sic* : Pothier, *loc. cit.*; — Laurent, *loc. cit*,. — *Contrà* : Ortolan, *op. cit.*, p. 639 ; — Demolombe, *op. cit.*, n° 470.

(2) A ce propos, quelques auteurs (notamment Mourlon, *Répét. écrites*, 10ᵉ éd. Demangeat, Paris, Marescq, 1877, in-8°, t. I, p. 657) font observer que la distinction des droits réels et de créance pourrait être rendue très intelligible au moyen d'une fiction de droit : il suffirait de *personnaiiser* la chose, et de la présenter comme débitrice du droit réel ! Sans doute, il peut y avoir là une manière de parler assez commode; mais nous ne pouvons nous empêcher de la trouver dangereuse. Introduire une fiction quand cela n'est pas nécessaire, est toujours une mauvaise chose; car le droit ne vit pas de fictions, mais bien de réalités; il n'est pas une science abstraite, mais pratique. En outre, cette

De ces différences de nature entre le *jus inre* et le *jus ad rem*
découlent des conséquences pratiques fort importantes. Le
premier produit le *dominium* ; le second seulement l'*obligatio*.
Le *jus in re* fait le propriétaire ; le *jus ad rem* ne fait que le
créancier. Le premier a comme attributs un droit de suite
contre les tiers détenteurs, un droit de préférence contre les
créanciers, l'indivisibilité envers et contre tous. Si plusieurs
personnes ont à des époques différentes acquis sur une chose
soit le même droit réel, soit des droits réels différents qui
se trouvent en collision l'un avec l'autre, le droit acquis antérieurement l'emporte en principe sur le droit acquis plus tard.
Au contraire le simple droit de créance n'existe ni au delà,
ni en dehors de l'obligation qui le constitue ; le créancier ne
peut pas suivre dans les mains des tiers les biens aliénés par
son débiteur : et en cas de collision des divers droits de
créance contre un même débiteur, aucun des créanciers ne
jouit en thèse générale d'un droit de préférence ; mais tous
viennent au même titre, *ex personâ debitoris*. Il résulte de là
que lorsqu'une chose est affectée d'un droit réel, ce droit ne
disparaît pas par l'aliénation de cette chose. Faisant pour
ainsi dire corps avec elle, il la suit en tout lieu, tant qu'elle
existe, et s'impose à tout acquéreur. Cet acquéreur au contraire, s'il n'est pas considéré comme continuant la personne
de son auteur, n'est pas soumis en principe aux droits de
créance qui peuvent exister à l'encontre de ce dernier. Enfin
le droit réel est indivisible, en ce sens que celui qui l'invoque
contre une personne déterminée l'invoque toujours pour le
tout ; tandis que le droit de créance se divise lors du décès
du débiteur en autant de fractions que le débiteur laisse d'héritiers. Ce sont là des conséquences qui peuvent servir à dis-

personnification de la chose aboutit à confondre l'objet et le sujet passif d'un *jus in re*, c'est à-dire à effacer l'un des trois éléments essentiels de tout droit ; ce qui pourrait faire croire à un esprit inattentif que
ces trois éléments ne se rencontrent pas dans le droit réel comme
dans le droit de créance, erreur grossière contre laquelle on ne saurait trop s'élever.

tinguer le droit de créance et le droit réel et qui manisfestent
la nature essentiellement différente de chacun d'eux (1).

4. — *Il n'existe pas de droits mixtes, ni même d'actions mixtes*.
— Ces différences sont telles qu'il n'est pas possible de concevoir des *droits mixtes*, c'est-à-dire des droits réunissant à la
fois les caractères du droit réel et du droit de créance. Il y a
entre eux en effet une véritable incompatibilité. Cependant le
droitromain (2) et l'ancien droit français reconnaissaient des
actions mixtes. Pothier disait : « Il y a des actions *proprement
mixtes*, dont la nature participe de celle des actions réelles et
de celle des actions personnelles (3). » L'article 59 du Code
de procédure civile parle également des *matières mixtes*, après
avoir parlé des matières personnelles et réelles. La loi positive
aurait-elle donc admis, contrairement aux données ration-
nelles, des droits mixtes, dont ces actions mixtes seraient la
sanction ? Cette question, à la fois historique et philosophique,
a soulevé une discussion fort obscure, dont nous sommes obligés
de dire un mot.

Ecartons tout d'abord l'art. 59 du Code de procédure ; car
le mot *mixte* n'y peut être entendu avec le sens que nous lui
attribuons ici. Dans cet article en effet nous avons vu qu'au
lieu des mots *réel, personnel* il fallait lire *immobilier* et *mobilier*;
l'action mixte dont il s'agit serait donc à la fois immobilière et mobilière ! Or comme la chose demandée ne peut pas
être la fois immeuble et meuble, il est évident que nous nous
trouvons en face « d'une qualité hermaphrodite impossible à
réaliser (4). » L'action mixte du Code de procédure n'existe
pas, à moins qu'on ne donne ce nom à l'ensemble, au faisceau
de deux actions (l'une portant sur une chose mobilière, l'autre
sur un immeuble), qui pourraient être intentées au choix du
demandeur à propos d'un même fait. Suivant les principes
généraux, la première devra être portée devant le juge du

(1) Cfr Demolombe, *op. cit.*, n° 473 ; — Aubry et Rau, *op. cit.*, p. 50.
(2) Just., *Inst.*, *De actïonibus*, § 20.
(3) Pothier, *Introd. gén. aux cout.*, n° 121.
(4) Carré (édit. Chauveau), *Lois de la procéd. civ.*; 3ᵉ édit., Paris, Cosse,
1848, in-8°, t. I, p. 280.

défendeur, et l'autre devant le juge de la situation des biens. C'est justement l'option que donne l'art. 59. Dans les cas où cet article est applicable, il n'y a donc pas *une* action mixte, il n'y a même pas *une* action double, il y a *deux* actions.

Le passage de Pothier, n'étant pas entaché de la confusion commise dans l'art. 59, est plus difficile à expliquer. Pothier cite comme actions *proprement mixtes*, les trois actions que Justinien désignait déjà sous ce nom : l'action *finium regundorum*, l'action *familiæ erciscundæ*, l'action *communi dividundo*, c'est-à-dire purement et simplement les actions en bornage et en partage. D'après les explications de Pothier, ces actions sont personnelles, parce qu'elles dérivent d'une obligation, quasi-contrat de voisinage ou d'indivision ; et elles sont réelles quant à leur objet, parce que, dans la première « le voisin revendique en quelque façon la partie limitrophe de son héritage qui doit être fixée et déterminé par le bornage ; et dans la seconde le cohéritier ou copropriétaire réclame la portion qui lui appartient dans la succession ou la chose commune, qui doit être déterminée par le partage (1). » — Dans ces derniers mots de Pothier gît une erreur. Le but de l'action en bornage n'est pas une revendication ; le but de l'action en partage n'est pas une revendication ! Dans les deux cas, le demandeur réclame simplement du défendeur un fait : l'exécution d'une opération à laquelle il a droit en vertu du quasi-contrat qui les lie. Son droit est un simple droit de créance ; l'action qui le sanctionne n'est qu'une action personnelle. Sans doute il pourra par le bornage y avoir déplacement de propriété ; mais ce sera le résultat, ou d'une convention accessoire, volontaire ou judiciaire, intervenue au cours des opérations, ou d'une action en revendication connexe à l'action en bornage. Sans doute aussi, il y aura après un partage appropriation individuelle là où il y avait indivision ; mais le droit de propriété, qui préexistait, n'était ni contesté ni réclamé, sans cela il y aurait eu pétition d'hérédité ou revendication proprement dite. Ainsi les actions *proprement mixtes*

---

(1) Pothier, *loc. cit.*

de Pothier ne sont au fond que des actions personnelles, sanctionnant de purs droits de créance (1).

Pothier ajoute (*ibid.*, n° 122) « qu'il y a d'autres actions qu'on appelle *mixtes en un autre sens*, lesquelles étant principalement et par leur nature actions personnelles, néanmoins par rapport à quelque chose qui leur est accessoire, tiennent de la nature de l'action réelle. » Et il éclaircit cette définition un peu vague en donnant comme exemples de ces actions *mixtes en un autre sens* l'action de réméré, qui est personnelle principalement comme dérivant d'un contrat de vente, et qui « tient de la nature des actions réelles, en ce qu'elle suit l'héritage, et qu'elle peut se donner contre les tiers détenteurs pour qu'ils le délaissent, comme affecté à l'exécution de l'obligation de l'acheteur. » En sens inverse, il y a des actions mixtes qui sont principalement réelles, et qui peuvent être personnelles accessoirement comme l'action en revendication dirigée contre un possesseur de mauvaise foi, auquel on réclame à la fois le délaissement de l'immeuble et des dommages-intérêts (2). — Mais dans toutes ces hypothèses, il est encore inexact de parler d'*une* action mixte. Il y a en réalité *deux* actions qu'une analyse un peu attentive suffit à faire découvrir. En effet une action de réméré, de même que toute action en annulation, rescision, résolution ou révocation des contrats qui ont pour objet une aliénation, ne peut s'intenter que contre le contractant, contre la personne obligée, en tant qu'il s'agit d'effacer les conséquences du contrat. Si ensuite on

---

(1) Dans la section 2 de ses observations préliminaires sur le projet de Code de procédure civile (dans Dalloz, *Répertoire*, v° *Actions*, t. III, p. 18), la Cour de cassation, proposant de reconnaître des actions mixtes, reproduit l'énumération de Pothier, mais en l'expliquant autrement : « Il est, dit-elle, des actions auxquelles on donne, plus particulièrement qu'à *toute autre*, le nom d'actions mixtes, c'est-à-dire à la fois réelles et personnelles, parce que outre la revendication d'une chose, elles embrassent presque toujours des prestations. » Mais ainsi envisagée, l'action mixte n'est évidemment qu'un faisceau de deux actions, l'une réelle pour revendiquer la chose, l'autre personnelle pour exiger les prestations. Il n'y a qu'à répéter ici ce qu'on a dit plus haut sur l'article 59 du Code de Procédure.

(2) Pothier, *loc. cit., in fine.*

s'adresse à des tiers détenteurs pour recouvrer le bien passé entre leurs mains, ce n'est plus l'action précédente qu'on intente, c'est une autre action, une action réelle, sanctionnant le droit réel de l'aliénateur, ressuscité *in præteritum*. L'action personnelle-réelle de Pothier n'est en fin de compte qu'une action personnelle, conduisant à la résurrection d'une action réelle. — De même l'action en revendication reste réelle et ne devient pas mixte, quand le demandeur réclame accessoirement des dommages-intérêts. Il s'y greffe seulement une action personnelle, dont le fondement est tout différent (1).

Il n'existe donc pas d'actions mixtes, et par conséquent pas de droits mixtes, c'est-à-dire de ces droits qui réaliseraient, aux yeux de la loi, cette condition contradictoire de ne pouvoir être invoqués que contre une seule personne, et d'être cependant invocables contre tout le monde ! Il est vraiment fâcheux qu'il faille tant de discussions pour établir un point aussi évident (2), et pour arriver à conclure en définitive, qu'à l'égard des *res in commercio* il n'existe que deux sortes de droits : des droits de créance et des droits réels.

5. — *Des droits réels principaux ou démembrements de la propriété et des droits réels accessoires.* — Ayant ainsi déterminé le domaine des divers droits qui peuvent compéter à l'homme, enfermons-nous dans celui des *jura in re*, et recherchons si parmi ces droits, il n'y aurait pas des distinctions à faire. Le premier qui s'offre à nous, le plus complet, le plus absolu est le droit de propriété, tellement complet et tellement absolu qu'il s'identifie en quelque sorte avec la chose sur laquelle il porte, et qu'il se trouve affecté par tout autre droit réel qui affecterait cette chose. Il en résulte cette conséquence remarquable que le droit de propriété est le seul droit réel qui puisse être isolé, le seul droit réel qu'on puisse avoir sur *sa* chose. Tout autre *jus in re* au contraire, porte sur la chose d'*autrui;* c'est un *jus in re aliena*, qui coexiste nécessairement avec le droit de propriété, qu'il vient limiter. Cela

(1) Cfr. en ce sens : Demolombe, *op. cit.*, n° 468.
(2) En ce sens : Laurent, *op. cit.*, p. 102.

se conçoit facilement quand on réfféchit qu'en somme la propriété n'est pas un droit simple, un droit unitaire, mais plutôt
un faisceau serré d'un certain nombre de droits, que les Romains déjà rangeaient sous trois chefs : droit d'user, de jouir,
de disposer. Chacun de ces droits peut être séparé, disons le
mot, peut être *démembré* de la propriété, et constituer alors
isolément un droit réel de moindre étendue. Tels seront
l'usage, l'usufruit, etc... Mais la propriété qui est ainsi rétré-
cie devient une propriété incomplète. Le droit réel qu'on en
a détaché la limite et la restreint. Le faisceau diminue, mais
il existe toujours en face de ce *jus in re* qui en faisait partie
et qu'on vient de lui enlever.

Tous les démembrements de la propriété (et ils peuvent
être nombreux) seront évidemment des *jura in re* ; mais en
sens inverse tout *jus in re* est-il un démembrement du droit
de propriété ? En d'autres termes, y a-t-il plusieurs espèces
de droits réels? Ou bien n'y en a-t-il qu'un seul, la propriété,
qui comprendrait tous les autres ? Question ancienne, encore
débattue en Allemagne comme en France, et qui s'agite surtout à propos de l'hypothèque.

Pour soutenir que tout droit réel est un démembrement de la
propriété, on raisonne ainsi : « La propriété confère au maître
sur sa chose, d'une manière absolue et exclusive, tous les
droits dont cette chose est susceptible. Or le droit réel, qu'un
tiers autre que le propriétaire peut avoir sur la chose, confère
évidemment à ce tiers, et lui confère directement et *en propre*,
un certain droit sur cette chose. Donc le droit réel de propriété n'est plus alors exclusif ni absolu, dont il est amoindri
et démembré ; donc il en est sorti un attribut ; donc le droit
réel, qui en est sorti, et qui est précisément cet attribut, est
un démembrement du droit total de propriété (1) ».

Ce raisonnement laisse à désirer, et ses propositions succes-
sives ne s'enchaînent pas rigoureusement. A tout bien prendre
il affirme et ne démontre pas. Après avoir constaté l'amoindrissement du droit de propriété, que dit-il en effet ? « Il en
est *sorti* un attribut ; donc le droit réel qui en est *sorti*, et qui

____

(1) Cfr. Demolombe, *op. cit.*, n° 471.

est précisément cet attribut... » Mais pour qu'un attribut ou un droit réel *sorte* du droit de propriété, il faut qu'il y soit contenu ! C'est justement là toute la question. De ce qu'une propriété démembrée est toujours amoindrie, on n'en doit pas conclure qu'une propriété amoindrie est toujours démembrée. On conçoit l'amoindrissement par limitation, et non pas forcément par retranchement. Reste à savoir si cette conception se trouve réalisée dans la législation ; or, c'est ce que nous croyons pouvoir démontrer.

En effet, prenons l'hypothèque ; c'est certainement bien un droit réel ; car elle confère un droit de suite et un droit de préférence, et elle est indivisible. Cependant, peut-on dire qu'elle est comprise dans le droit de propriété, peut-on dire qu'un propriétaire a sur sa chose un droit d'hypothèque, c'est-à-dire le droit de la vendre à l'effet d'en appliquer le prix au paiement d'une créance qu'il aurait contre lui-même ? Il n'y a déjà là quelque chose de choquant. En outre, l'hypothèque n'est pas à proprement parler un *jus in re*, en ce sens qu'elle ne porte pas directement sur la chose : le créancier hypothécaire n'exerce aucun droit immédiat sur l'immeuble hypothéqué. Or, si l'hypothèque était véritablement un démembrement de la propriété, c'est-à-dire de ce droit tellement absolu que la langue et la loi sont d'accord pour l'identifier avec son objet, elle devrait évidemment porter sur la *res* même ! On peut d'ailleurs hypothéquer l'usufruit, tout aussi bien que la propriété : a-t-on jamais soutenu que l'hypothèque devait être regardée comme un démembrement de l'usufruit ? A vrai dire, l'hypothèque et les droits analogues, tels que les privilèges et même le nantissement, « entravent l'exercice de la propriété, bien plus qu'ils ne divisent le droit lui-même entre le propriétaire de l'immeuble et les créanciers hypothécaires, » privilégiés ou nantis (1). Ces droits réels *sui generis* offrent un caractère commun, c'est qu'ils n'existent pas par eux-mêmes. Ils ne se conçoivent pas isolés. Ce ne sont que des moyens de renforcer les droits de créance que la loi met à la disposition des parties, en en réglant les effets d'une

(1) Demolombe, *op. cit.*, n° 472.

manière qui, pour n'être pas tout à fait arbitraire, n'en a pas moins été très variable. De ce caractère de sûretés attachées à des créances, il résulte une conséquence qui peut servir de critérium pour distinguer les démembrements de la propriété des autres droits réels : c'est que le jour où il plaît au débiteur de payer son créancier, celui-ci voit avec sa créance tomber son droit réel, et cela bon gré mal gré. Nul au contraire, ne peut être privé malgré lui d'un droit d'usufruit ou d'une servitude prédiale. Pourquoi? Parce que ces droits sont des fractions de la propriété, et qu'ils participent de son caractère d'incommutabilité. La partie jouit des mêmes privilèges que le tout. — Force nous est donc de conclure que l'hypothèque et autres droits semblables ne sont pas des démembrements de la propriété.

En résumé, il existe deux sortes de droits réels : les uns *principaux*, existant par eux-mêmes, constituent de véritables démembrements de la propriété, et ont en principe les caractères de stabilité et d'immutabilité qui la caractérisent. Les autres au contraire, simplement *accessoires*, hypothèque, privilèges, nantissement, antichrèse, droits de gage perfectionnés, sont ' des droits réels *sui generis*, qui participent de la nature des créances qu'ils ont seulement pour but de garantir, et qui sont comme elles sujets à toutes les causes d'extinction spéciales aux obligations (1). — Cela explique pourquoi l'art. 543 du Code civil ne mentionne pas l'hypothèque et les droits analogues dans son énumération des droits réels : il n'envisage en effet que les « différentes modifications de la propriété » (2), c'est-à-dire seulement ce que nous appelons les droits réels *principaux* (3), ou démembrements de la propriété. C'est dans l'étude de ces démembrements que nous allons nous renfermer, en les envisageant toujours en eux-mêmes, uniquement dans la propriété foncière, et seulement au point de vue du droit privé.

(1) Cfr. Demolombe, *loc. cit.*

(2) Cette expression se trouve dans la rubrique même du second livre du Code civil, dont fait partie l'art 543.

(3) Nous employons ce mot équivoque faute de mieux; nous préférerions le terme plus expressif des Allemands : *selbständig*, existant par soi-même.

CHAPITRE I

DROIT ANCIEN

Section I. — Multiplicité des démembrements de la propriété avant 1789.

6. — *Des démembrements de la propriété en droit romain.* — « Le nombre des droits réels n'est pas nécessairement déterminé, pas plus que les différentes variétés de ces droits ne sont définies par la nature même des choses. C'est là une œuvre de droit positif, sur laquelle le temps, les mœurs, le génie particulier des différents peuples, l'état plus ou moins avancé de la civilisation, et surtout la forme de l'organisation politique ou sociale exercent la plus profonde influence (1). » Il est toutefois une classification des droits réels démembrés de la propriété, qui par sa simplicité, son exactitude et son ancienneté séculaire, paraît tout à fait conforme aux besoins universels et invariables des sociétés humaines. Les jurisconsultes ro-

(1) Demolombe, *op. cit.*, n° 475.

mains l'avaient admirablement formulée (1). Dès l'origine, ils avaient reconnu que le droit de propriété renfermait trois éléments juridiques essentiels : le droit d'user de la chose, *uti;* le droit d'en jouir, *frui;* le droit d'en disposer, *abuti.* Quand ces trois éléments se trouvent concentrés dans les mêmes mains, ils forment le droit total et complet de propriété ; leur titulaire a la *proprietas plena.* Mais il peut arriver que le droit d'usage soit attribué à une personne, le droit de jouissance à une autre, le droit de disposer restant à une troisième ; ou bien le droit d'user et de jouir peuvent être réunis pour former le droit d'usufruit (*usus, fructus*), démembrement de la propriété assez considérable, pour que les attributs qui restent au propriétaire véritable ne constituent plus entre ses mains, suivant l'expression énergique des jurisconsultes, qu'une *proprietas nuda.* Il peut arriver encore, que dans l'intérêt d'un fonds voisin, un propriétaire consente ou soit obligé à ne pas faire lui-même ou à laisser faire par d'autres certains actes ou certains travaux sur son propre fonds ; par exemple, il s'abstiendra d'y bâtir ou il permettra d'y puiser de l'eau. Ces diverses restrictions du droit de propriété, dans l'intérêt des personnes ou dans l'interêt des fonds de terre, avaient reçu des Romains le nom de *servitudes*, qui marque bien l'assujettissement où se trouvait à leurs yeux la propriété ainsi démembrée. Pour eux, la propriété n'est libre que quand elle est pleine. Diminuée dans ses attributs, dans ses prérogatives, elle devient esclave (2) ; une servitude pèse sur elle.

Une telle conception des démembrements de la propriété devait conduire à une double conséquence : d'une part, les droits réels devaient être restreints aux éléments nécessaires pour en assurer l'exercice ; d'autre part, ils devaient être aussi peu nombreux que possible. C'est en effet ce qui se produisit : la limitation eut lieu à ce double point de vue de l'étendue et du nombre. — En premier lieu, la théorie des droits réels fut construite avec une solidité toute romaine, à côté et

---

(1) Cfr. Demolombe, *ibid.*

(1) Cfr. Pellat, *Principes génér. du dr. rom. sur la propr. et ses princip. démembr.* 2ᵉ édit., Paris, Thorel, 1850, in-8° ; nᵒˢ 3, 4, 5.

en dehors de la théorie des droits de créance. Aucun mélange ne se produisit entre ces deux sortes de droits qui furent toujours rigoureusement renfermées dans leur sphère propre. Le titulaire d'un *jus in re* ne peut rien exiger du propriétaire de la *res*, que le respect de son droit. Il ne peut jamais le forcer à agir, à faire quelque chose pouvant l'aider dans sa jouissance ; c'est à lui d'y pourvoir. On signale comme une anomalie unique l'obligation de réparer jointe à la servitude *oneris ferendi*. En sens inverse, jamais un contrat, stipulation ou autre, ne peut produire autre chose qu'une obligation, un droit de créance, un *vinculum juris* entre les deux parties. Pour faire passer d'une tête sur une autre le droit réel, qui fait peut-être l'objet exclusif de ce contrat, il faut recourir à des modes spéciaux de transfert, tels que la mancipation ou la tradition, etc... Le contrat n'a fait qu'un créancier et un débiteur ; la tradition seule pourra investir *l'accipiens* de la propriété dont elle dépouille le *tradens*. Tant qu'elle n'est pas faite, le créancier n'a en main que des actions personnelles ; dès qu'elle est faite, *l'accipiens* acquiert les actions réelles.

En second lieu, les démembrements de la propriété reconnus par le droit romain furent toujours très peu nombreux ; le droit romain obéissait ainsi, comme d'instinct, aux plus sages prescriptions de l'économie politique. A l'origine, les servitudes personnelles et prédiales subsistaient seules à côté de la propriété quiritaire qu'elles démembraient. Plus tard le préteur introduisit le domaine bonitaire, qui en allant au fond des choses n'était autre que le droit de propriété luimême, et ne différait pas dans sa nature du *dominium* quiritaire, avec lequel il finit d'ailleurs par se confondre ; puis le droit de superficie, qui fut également une véritable propriété prétorienne (1) ; enfin l'emphytéose, qui paraît n'avoir été

(1) Garsonnet, *Hist. des loc. perpét.*, Paris, Larose, 1879, in-8°, p. 109. — Suivant M. Accarias [*Précis de dr. rom.*, Paris, Cotillon, in-8°, t. I, 2ᵉ édit., 1876, n° 283], le droit de superficie constituerait une servitude d'une nature particulière, paralysant l'application de la règle *superficies solo cedit*, sans y déroger théoriquement ; mais cette opinion ne paraît pas devoir être admise : cfr. Garsonnet, *ibid.*, p. 110 ; — Demolombe, *op. cit.*, n° 403.

érigée en *jus in re* que vers la fin de l'époque classique, et qui
s'éloignait par son origine grecque et certaines particularités,
de l'esprit primitif du droit romain. Ce fut tout.

7. — *Les droits réels au moyen âge ; influence du régime féodal.*
— On chercherait en vain dans l'ancien droit français la double
limitation du droit romain. Non seulementt les démembrements de la propriété y furent très nombreux, mais encore la
théorie des droits réels y fut très indécise. La distinction tradi-
tionnelle entre les *jura in re* et *ad rem*, entre les actions réelles
et personnelles, n'y fut jamais faite d'une façon nette ; elle y
fut toujours mal comprise, et souvent détournée de son sens
véritable. Ainsi au xiiie siècle, au moment où le droit romain
commence à faire sentir son influence sur le droit du moyen
âge, Beaumanoir, faisant déjà une confusion qui s'est souvent
reproduite (*suprà*, n° 1), qualifie les actions immobilières, mobi-
lières et mixtes, de demandes *réelles, personnelles* et *mêlées* (1). A
la fin du xive siècle, Jacques d'Ableiges dans le *Grand Coutumier* (2) s'exprime de même (3). Bien plus, Jacques d'Ableiges ignore absolument le sens des expressions *jus in re*, et
jus ad rem. Pour lui, le *jus in re*, c'est la propriété seule ; le
jus ad rem, c'est l'usufruit et tout autre droit réel, portant
sur la chose d'autrui ; c'est en d'autres termes un *jus in re
alienâ* (4).

La notion des droits réels et des droits de créance n'était
donc pas encore dégagée par les jurisconsultes coutumiers.
Ce ne fut que plus tard, par une étude plus approfondie du
droit romain, qu'on arriva à la préciser. Encore ne fut-elle un

(1) Beaumanoir, VI, 32.

(2) Le nom de l'auteur du *Grand Cout. de France* est resté longtemps
inconnu, ainsi que la date de sa composition. M. Léopold Delisle
a récemment retrouvé l'un et l'autre à l'aide de la préface d'un
manuscrit du *Grand Cout.*, qui forme à la Bibliothèque Nationale le
n° 10,816 du fonds français. Jacques d'Ableiges, bailli d'Evreux, a écrit
le *Grand Cout.* en l'année 1387 ou 1388. — Cfr. pour plus de détails
le *Journal des savants*, n° d'avril 1880, p. 257.

(3) *Grand Cout.*, II, 10 (édit. Laboulaye, Paris, Durand, 1868, in-8°,
p. 202).

(4) *Grand Cout.*, II, 5 ; *ibid.*, p. 195.

peu nettement établie que pour les servitudes personnelles et
prédiales. Dans les démembrements de la propriété nés du
régime féodal ou du droit coutumier, l'élément réel et l'élément personnel furent en général mélangés, au point d'en
rendre l'étude souvent difficile et toujours délicate. Par suite
de ce mélange, la notion du droit réel transmise par le droit
romain s'élargit dans l'esprit des juriconsultes coutumiers.
Le droit réel n'était plus seulement le droit portant directement sur un fonds et permettant d'en user ou d'en jouir d'une
certaine manière. Tout droit qui s'appliquait à un héritage
était un droit réel, du moment qu'il s'attachait principalement à ce fonds, dût-il réagir sur les personnes qui le déte-
naient. Le seul caractère nécessaire pour faire apparaître le
droit réel, était de suivre partout l'immeuble, entre toutes
les mains ; et c'est ainsi qu'on put transformer en droits
réels fonciers des redevances, des corvées, et autres charges
se manifestant sous la forme d'obligations personnelles. Il y
eut là pour les théories juridiques de l'ancien droit une première source de complications.

Une seconde naquit du nombre même des démembrements
de la propriété, nombre qui allait chaque jour en croissant.
La cause principale de cette multiplication doit être recher-
chée dans l'action du régime féodal. Cette action se fit directement sentir par la création de nouvelles formes de baux
perpétuels, l'inféodation et l'accensement, qui prirent une
telle extension que la tenure en fief ou en censive devint la
condition normale de la terre. Partout où la féodalité a reçu
son plein développement, mais surtout dans les États aristo-
cratiques à propriété concentrée comme l'Angleterre et la
France du moyen âge, le même phénomène s'est reproduit(1).
A la fin du xviiie siècle, au nord de la France, presque tous
les biens-fonds étaient fiefs ou censives. Les maisons elles-
mêmes avaient subi l'atteinte du régime féodal; à Paris, la
censive de l'Archevêché comprenait des quartiers entiers.
Les immeubles baillés en fief ou à cens étaient des immeubles
dont le propriétaire n'avait point la propriété pleine et libre.

____

(1) Cfr. Garsonnet, *op. cit.*, p. 300.

Il relevait, non pas seulement de l'État, mais d'un seigneur, qui s'était réservé sous le nom de domaine direct, ou comme dit Pothier, de domaine de supériorité, une fraction de la propriété. Au-dessus de tout propriétaire, se trouvait ainsi un seigneur, soumis lui-même à d'autres seigneurs, par lesquels on remontait jusqu'au roi, souverain fieffeux de tous les fiefs du royaume. De même au-dessus de l'immeuble inféodé, ou fief servant, se trouvait un fief dominant, et au sommet de l'échelle le domaine de la couronne. Le régime féodal se résume tout entier dans cette hiérarchie corrélative des personnes et des terres, avec subordination de la condition de la personne à la condition de la terre. Il constituait comme une double chaîne, dont les anneaux correspondants seraient soudés l'un à l'autre.

Seuls, sous le nom d'*alleux,* rares dans le nord, mais assez fréquents dans le midi, quelques immeubles échappaient à cette dépendance. La propriété allodiale était la propriété libre, libre comme la propriété moderne, plus libre même ; car elle était plus indépendante de l'État, dont la souveraineté était moins puissamment établie qu'aujourd'hui. « Tenir en alleu, disaient les auteurs coutumiers, c'est tenir de Dieu tant seulement, fors quant à la justice (1) ». Cette indépendance de l'alleu apparaît clairement dans les termes : il portait habituellement en France le nom de *franc alleu* (2), et en

---

(1) Ces derniers mots signifient que les alleux « étaient sujets à la justice et juridiction du seigneur dans laquelle ils étaient retirés » (Hévin, *Questions et observ. concernant les matières féod.* ; Rennes, Vatar, 1736, in-4°, p. 228).

(2) Un traité de La Thaumassiére, est intitulé : *Du Franc-alleu de Berry ;* et un autre de Galland. *Du franc-alleu et origine des droits seigneuriaux,* etc., etc. — Un exemple remarquable de franc-alleu a longtemps subsisté dans le Haut-Berry : les princes de Boibelle déclaraient ne tenir leur principauté, composée de trois paroisses, que « de Dieu, de leur épée et du lignage. » Moins célèbre, mais plus longtemps indépendante que le royaume d'Yvetot, Boibelle resta jusqu'en 1766, époque à laquelle elle fut réunie à la couronne, une principauté souveraine dans toute la force du terme. Cfr. pour plus de détails : De Raynal, *Hist. du Berry*, Bourges, Vermeil, 1847, in-8°, t. I, pp. 331-332 ; — et sur Yvetot :

Allemagne celui de *fief du soleil* (1). Bouteiller l'appelle la
« terre tenue franchement de Dieu (2) ». Mais dans ces dernières expressions, on aperçoit déjà la préoccupation des
idées féodales ; l'alleu y est envisagé comme un fief ou une
tenure, tant la propriété dépendante est devenue le fait général, et la propriété libre l'exception. Il existe une autre
appellation plus significative encore. Pour distinguer l'alleu
du fief, on lui donnait parfois le nom de *franc-fief*, comme si
toute possession immobilière eût dû nécessairement être un
fief (3).

Ce n'était pas seulement la propriété que la féodalité démembrait, et dénaturait en lui imprimant un caractère seigneurial qu'elle n'avait jamais eu en droit romain ; c'était
aussi la souveraineté qui se subdivisait sous son influence.
On sait que la fusion de la souveraineté et de la propriété est
un des traits caractéristiques du régime féodal (4). La souveraineté, que les Carlovingiens impuissants n'avaient pu retenir dans leurs mains, s'était morcelée pour ainsi dire, et
répartie entre les divers possesseurs de fiefs. Avec le temps,
la royauté leur reprit en grande partie ce qu'elle n'avait pas
su garder. Les seigneurs perdirent la souveraineté politique
et militaire, mais ils en retinrent les profits pécuniaires, à
titre de droits réels. Les droits de justice, les banalités, les
corvées, tous ces droits exercés dans l'étendue d'un territoire
déterminé sur les personnes qui l'habitaient parce qu'elles
l'habitaient, étaient autant de droits fonciers, susceptibles
d'actions en justice au pétitoire et au possessoire (5), et consti-
tituant des éléments de fortune privée. Malgré cela, il est impossible de les considérer comme des démembrements de la pro

Henri Martin, *Hist. de France,* 4ᵉ édit., Paris, 1857, in-8°, t. X, pp. 283 et
575.

(1) En allemand *Sonnenlehn.* — Cfr. Garsonnet, *op. cit.,* p. 314 ; — et
Secrétan, *Essai sur la féodalité,* Lausanne, 1858, p. 423.

(2) Bouteiller, *Somme rurale,* édit. Charondas, Paris, 1621, in-4°, p. 490.

(3) Cfr. Secrétan, *op. cit.,* p. 407.

(4) Cfr. Guizot, *Hist. de la civilisat. en France,* 9ᵉ édit., Paris, Didier,
1864, in-12, t. III, pp. 54 et suiv.

(5) Cfr. Pothier, *De la possession,* nᵒˢ 38 et 91.

priété foncière, ils ne sont au fond que des démembrements de
la souveraineté (1). Nous n'aurons donc pas à nous en occuper,
Il est inutile d'ajouter que cette catégorie toute spéciale de
jura in re a disparu aujourd'hui (2).

8. — *Suite ; influence des nombreuses locations perpétuelles
anciennement usitées.* — A son action directe, la féodalité
joignit une action indirecte. Elle contribua à multiplier les
démembrements de la propriété, en favorisant par son esprit
tous les baux à long terme indistinctement. A la différence de
ce qui a lieu aujourd'hui, les baux à longue durée donnaient
naissance à des droits *réels* de nature diverse : les uns, tels
que la rente foncière et ses variétés, étaient réservés par le
bailleur, qui se dessaisissait au profit du preneur de la propriété du fonds ; les autres, au contraire, tels que le domaine
utile, ou des droits de jouissance plus ou moins analogues à
l'usufruit, étaient transmis au preneur par un bailleur qui
entendait conserver le domaine direct, ou la propriété. Les
baux à long terme ont toujours été très fréquents dans l'ancienne France, et cela pour diverses causes, qui sont venues
ajouter leur influence plus immédiate à l'influence indirecte
du régime féodal.

Tout d'abord, à l'époque des grands défrichements de
terres incultes, les baux à longue durée ont rendu possibles
des travaux de longue haleine, grâce à la sécurité qu'ils
donnaient aux preneurs, assurés de recueillir, par eux-mêmes
ou par leurs enfants, le fruit de leurs peines. En outre, ils
ont facilité l'accès d'un grand nombre d'hommes, principalement des paysans, aux bienfaits de la propriété foncière ou
tout au moins d'une possession non précaire du sol, en per-

---

(1) Cfr. Pothier, *De la communauté,* n° 68. — Dans ce passage, Pothier
mentionne les justices, banalités, corvées, à la suite des autres droits
fonciers ; mais il ne dit pas, ce qui résiste en effet à la nature des choses,
que ce soit des démembrements du domaine de propriété. Il le dit au
contraire formellement, et à plusieurs reprises, des autres droits réels
qu'il énumère. *Adde* Pothier, *Du domaine de propriété,* n° 2.

(2) Ce sont eux surtout qu'on attaquera en 1789 sous le nom de droits
féodaux (*infrà,* n°ˢ 30 *et suiv*).

mettant à ceux qui se trouvaient dans l'impossibilité de payer de suite un capital qu'ils n'avaient pas, d'acquérir cette propriété ou cette possession, moyennant une redevance qu'ils prélevaient chaque année sur les fruits de l'immeuble (1). Le bailleur y trouvait de son côté un double intérêt : celui d'assurer l'exploitation de son fonds, s'il s'en réservait la propriété ; et s'il l'aliénait, celui de trouver un bon placement de son capital. S'il eût vendu purement et simplement en effet, en admettant qu'il eût pu le faire sans perte et sans peine, il fût resté embarrassé du capital qu'il eût reçu. Ce capital n'était pas frugifère, et la prohibition du prêt à intérêt mettait obstacle à ce qu'il le devînt jamais. Il y avait là une difficulté que le contrat de rente éluda. Non seulement il permettait de placer le capital résultant de la vente du fonds ; mais il permettait même aux propriétaires de faire des emprunts, en les déguisant sous la forme de l'aliénation d'une rente à percevoir sur leurs immeubles (2). « C'est ainsi dit à ce propos M. de Tocqueville, qu'indépendamment des effets qu'elle ne pouvait manquer d'avoir sur le commerce et en général sur les mœurs industrielles de la nation, la prohibition du prêt à intérêt eut une grande influence sur la division des terres et sur leurs tenures. Elle multiplia à l'infini les rentes perpétuelles tant foncières que non foncières, ce qui a fort contribué d'une part à diviser le sol, de l'autre à surcharger la petite propriété d'une multitude de servitudes perpétuelles (3).

Enfin on peut encore signaler comme ayant activé le développement des locations à long terme, deux causes plus générales, qui tendaient à accroître indistinctement le nombre des droits fonciers. La première, c'est que ces droits étaient pour leurs titulaires des éléments d'influence politique et de supériorité sociale, avantages que n'offrait pas la possession quelque peu méprisée des meubles. La seconde, c'est qu'on

---

(1) Cfr. Garsonnet, *op. cit.*, p. 421 ; — et le discours de Malleville en faveur des rentes foncières, dans Locré, t. VIII, pp. 80 et suiv.

(2) Pour plus de précision, Cfr. *infrà*, n° 21.

(1) De Tocqueville, *L'ancien régime et la Révol.* ; 8ᵉ éd., Paris, Calmann-Lévy, 1877. in-8°, p. 345.

arrivait ainsi à ne pas modifier l'ordonnance des successions coutumières, dans lesquelles on tenait grand compte, comme on sait, de l'origine des biens. Les propres étaient déférés à certains héritiers ; les meubles et acquêts à d'autres. Il était donc important, quand on aliénait un propre de retenir un droit réel qui pût le représenter dans la distribution de la succession. Si nous prenons encore comme exemple le bail à rente, il est facile de voir qu'il se prêtait tout naturellement à cette combinaison : au lieu d'un capital en argent, qui aurait été déféré aux héritiers des meubles et acquêts, on avait une rente foncière, démembrée d'un bien propre, qui était dévolue à ceux-là même qui auraient dû hériter de ce bien (1). Et la preuve que tel était l'esprit des coutumes, c'est que le retrait lignager, un des moyens donnés pour empêcher les propres de sortir de la famille, et pour mettre obstacle aux changements possibles dans la répartition des biens héréditaires, s'appliquait à la vente, mais ne s'appliquait pas au bail à rente (2). — Toutes ces causes agissant ensemble avaient fini par couvrir la France d'un réseau de tenures si complet, qu'on peut dire qu'à la fin du XVIIIe siècle, « la location perpétuelle et le bail à longue durée étaient devenus le droit commun de la propriété ; il n'y avait presqu'aucune partie du sol qui ne fut possédée en vertu de ce contrat (3). » Si l'on réfléchit en outre que ce sol était de plus et avant tout soumis à un domaine direct féodal ou censuel, souvent les deux à la fois, on comprendra sans peine que ce devait être une merveilleuse rareté que de trouver sur la terre de France une propriété libre et franche, telle que la concevait le droit romain, telle que nous la concevons aujourd'hui.

9. — *Variété des démembrements de la propriété dans l'ancien droit; types généraux.* — L'ancien droit français est un droit essentiellement confus ; et d'après ce qui précède on a déjà

<hr>

(1) Cfr. Lefort, *Hist. des contrats de locat. perpét.*; Paris, Thorin, 1875, in-8°, p. 238.

(2) Cfr. Pothier, *Des retraits*, n°s 73 et 99. — Il y avait exception pour le bail à rente *rachetable*, qui était assimilé à la vente.

(3) Cfr. Garsonnet, *op cit.*, p. 388.

pu remarquer que cette confusion se manifeste d'une re-
grettable façon dans la théorie des démembrements de la
propriété. Elle ne dérivait pas seulement de leur multiplicité,
et de l'absence d'une démarcation précise entre les droits
réels et de créance. Les origines dissemblables de ces divers
démembrements, dont les uns provenaient du droit romain,
et les autres du régime féodal, ou des coutumes, l'influence
réciproque des idées juridiques spéciales à ces trois éléments
du droit français, les controverses des jurisconsultes, et par-
dessus tout les diversités locales, souvent imposées par les
modes particuliers de culture ou la nature des productions,
contribuaient aussi à troubler toutes les notions, et à introduire dans la doctrine une profonde anarchie. Tel contrat, qui
comme l'emphytéose, ne conférait à Rome qu'un droit réel de
jouissance au preneur, s'est transformé sous les influences
féodales au point d'opérer partout la décomposition de la
propriété en domaine utile et domaine direct. Tel autre,
comme le fief, d'abord exclusivement féodal, a fini par se
plier aux théories des glossateurs et des jurisconsultes coutumiers, et par devenir de contrat politique qu'il était à
l'origine un contrat véritablement civil. La seule unité qui
surnageât au sein de cette variété était l'usage universel
du bail à long terme ; mais une fois ce principe posé, il
faut ajouter aussitôt qu'il se diversifiait dans l'application
suivant les coutumes. Dans les pays de droit écrit eux-mêmes,
le droit romain, qui aurait dû former la loi commune,
s'effaçait devant des statuts locaux, sur lesquels s'étaient
fondées une doctrine et une jurisprudence incertaines. Il
arrivait en outre qu'un même bail était désigné suivant les
lieux par des noms différents ; le champart s'appelait agrier
dans la Marche, carpot dans le Bourbonnais, terrage en Berry
et à Montargis, tasque en Provence, etc... A l'inverse, des
contrats différents portaient quelquefois le même nom : les
mots bail à cens comprenaient les censives seigneuriales, et
celles qui ne l'étaient pas ; le bail à rente était de même
tantôt seigneurial, tantôt purement foncier. Il y avait d'autres contrats, dont le caractère était sujet à controverse,
comme l'emphytéose, qui était pour quelques jurisconsultes

un contrat distinct du bail à cens et du bail à rente, et pour les autres un contrat semblable. Enfin le même contrat n'était pas partout soumis aux mêmes règles ; la locatairie perpétuelle transférait la propriété en Provence, et ne la transférait pas en Languedoc ; le bail à complant la déplaçait à la Rochelle, et ne la déplaçait pas dans l'Anjou, etc... (1).

En présence d'une telle confusion, il est inutile de chercher un plan rationnel pour l'étude des démembrements de la propriété foncière reconnus avant 1789 ; ce serait vouloir l'impossible. On peut cependant les ramener à trois types principaux : c'est d'abord le *domaine direct,* que se réservaient avec des attributs différents les bailleurs à fief, à cens, ou à emphytéose ; puis le droit de *rente foncière,* également établi sur un immeuble dont le possesseur est en même temps le propriétaire ; enfin les *servitudes* dérivant du droit romain, lesquelles se subdivisent en deux groupes : les *servitutes personarum,* ou droits réels de jouissance, comme l'usage et l'usufruit ; les *servitutes prædiorum,* ou services fonciers (2). A ces trois types correspondent des règles distinctes, aussi bien dans l'ancien droit que dans le droit intermédiaire, qui leur réservait des traitements différents. Nous verrons en effet que les lois abolitives de la féodalité ont supprimé le premier, transformé le second, maintenu le troisième (3). Nous retrouverons donc ce dernier type dans notre droit actuel. C'est le plus ancien, puisqu'il vient du droit romain, c'est aussi le plus persistant. Il a traversé le moyen âge à peu près intact, sans trop souffrir des changements politiques et des variations de législation ; aussi offre-t-il peu d'intérêt au point de vue historique. Nous n'étudierons en conséquence dans ce chapitre, que le domaine direct, la rente foncière, et diverses tenures locales, seuls produits véritables du droit coutumier.

(1) Cfr. Garsonnet, *op. cit.,* p. 389.
(2) Cfr. Pothier, *Du droit de domaine de propriété,* n° 2.
(3) Cfr. Garsonnet, *op. cit.,* p. 390 ; — et Demolombe, *op. cit.,* n° 499.

Section II. — Théorie générale du domaine direct
et du domaine utile

10. — *Comment s'est formée cette théorie ; ses phases diverses et son dernier état*. — La théorie du domaine direct et du domaine utile est une théorie particulière au droit contumier ; et cependant sa terminologie a été empruntée au droit romain qui ne l'avait jamais connue, et spécialement à quelques textes mal compris du Digeste sur les droits de l'emphytéote (1). Chez les romains, l'emphytéote n'avait pas le domaine utile, mais seulement, comme l'enseignaient déjà au xvie siècle Cujas et Doneau (2), un *jus in re alienâ*, qui lui donnait droit à une action *in rem utilis*. C'est ce dernier mot qui éveilla dans l'esprit des glossateurs l'idée de qualifier d'*utile* le domaine reconnu de leur temps aux preneurs à emphytéose. L'idée fit son chemin (3). Au xve siècle, la théorie de la décomposition de la propriété en deux domaines s'élabore. Au xvie siècle, elle s'affirme dans le *Landrecht* de Wurtemberg (1554), et prévaut définitivement dans la doctrine. On l'appliqua non seulement à l'emphytéose, mais encore au fief, à la censive, aux baux à longues durées, etc... C'est pour le fief qu'il est le plus facile et le plus intéressant d'en suivre la marche et d'en assigner les causes.

A l'origine, au temps des bénéfices, le contrat de concession consenti par le seigneur n'emportait pas distinction du domaine direct et utile ; le bénéficier n'avait qu'une jouissance analogue à celle de l'usufruitier. Quand les bénéfices furent devenus fiefs le droit du vassal subit bien quelques modifications, mais il ne changea pas de nature. Les *Libri feudorum* le qualifient toujours, en termes d'ailleurs assez vagues, de

(1) Dig., VI, 3, loi 1-1° ; — XLIII, 18, loi 1-6° ; — XI, 61, loi 12, *in fine* ; — XLI, 2, loi 16.

(2) Cfr. Garsonnet, *op. cit.*, p. 155, note 4.

(3) Henrion de Pansey, dans ses *Dissert. féodales*, v° Cens, § 6, la soutient encore fermement. — Cfr. Merlin, *Quest. de droit*, v° Emphytéose, § V, n° 1.

possessio, *d'usufructus*, de *potestas utiliter agendi* (1). En retour
le vassal doit à son seigneur les services féodaux, surtout le
service de guerre, et une *féauté* ou fidélité à toute épreuve.
C'est pour le service militaire que le fief avait été créé,
c'était par le devoir de fidélité qu'il se maintenait, c'était vers
ces deux obligations que convergeaient toutes les prescriptions du droit féodal primitif (2). Mais à l'époque où les coutumes se forment, le fief perd peu à peu son caractère politique pour rentrer dans le droit privé. A la fin du xiiie siècle,
Beaumanoir et les *Établissements de Saint Louis* parlent
encore du service militaire féodal (3); mais les auteurs du xv^e
siècle n'en parlent plus. Dans l'intervalle, en effet, l'abolition
des guerres privées, et la nature de son organisation qui le
rendait impropre aux expéditions lointaines (4), l'avaient condamné à disparaître. Dès 1439, la création par Charles VII (5)
des Compagnies d'ordonnance avait assuré la substitution du
système des armées permanentes à l'ancien système du service d'*ost* (6). En même temps, l'établissement des justices
royales et la volonté du prince avaient amené les seigneurs à
remplacer dans leurs justices féodales les hommes d'épée par
des hommes de loi, plus aptes à comprendre et à appliquer le
droit, qui se compliquait de jour en jour. Il s'ensuivit la disparition du second service féodal dû par le vassal, le service
de *cour*. Ainsi se prépara la révolution qui devait transformer la féodalité politique et militaire en une institution purement civile.

C'est à ce moment qu'on remarque chez les auteurs français
qui écrivent sur le droit féodal une préoccupation étrangère
à leurs devanciers : celle de déterminer le caractère juridique
du fief pour le distinguer des contrats analogues. Jusque-là

(1) *Libri feudorum*, II, 8, 23, 43.
(2) Cfr. Garsonnet, *op. cit.*, p. 349 et 352.
(3) Cfr. not. *Établ. de Saint Louis*, liv. I, chap. 61.
(4) Cfr. Boutaric, *Institutions militaires de la France*; Paris, Plon, 1863,
in-8°, pp. 196-197.
(5) Édit d'Orléans du 2 nov. 1439 ; dans Isambert, *Recueil gén. des
anc lois françaises*, t. IX, pp. 57 à 70.
(6) Cfr. Boutaric, *op. cit.*, pp. 308 et suiv.

la distinction avait été facile ; la différence des services était
un signe caractéristique auquel se reconnaissait à première
vue le fief et la location à prix d'argent. Mais quand les services d'ost et de cour furent tombés en désuétude et rempla-
cés par des profits pécuniaires il fallut chercher un autre
critérium. Les jurisconsultes le cherchèrent dans le droit
romain, et crurent le trouver dans la théorie de l'emphytéose.
Désormais on prit pour signe distinctif du fief le démembrement de la propriété inféodée en un domaine direct seigneurial, ou seigneurie directe, que retint le concédant, et en un
domaine utile qui passa au concessionnaire (1).

Aux yeux des premiers jurisconsultes le possesseur du
domaine direct était le véritable propriétaire. Pontanus,
ancien commentateur de la coutume de Blois, s'explique sur
ce point en termes formels : « Le domaine est double, direct
ou utile : direct, c'est-à-dire le vrai, le propre et principal
domaine. C'est pourquoi lorsque nous disons simplement le
domaine, on doit entendre le domaine direct, ainsi que l'at-
teste Barthole, après Accurse... Aussi le nom de propriété convient seulement au domaine direct et jamais au domaine
utile (2). » Cujas et Dumoulin disaient dans le même sens, l'un
que le droit du vassal était un *jus in prædio alieno* (3), l'autre
qu'il était une servitude ou une quasi-servitude (4). Mais par
la suite, cette manière de voir se modifia ; elle s'éloigna de la
fiction et s'approcha de la réalité. Il se produisit peu à peu comme
une expropriation lente du seigneur au profit du vassal. C'est un
fait que l'on sent dans l'histoire, plutôt qu'on ne le constate. Mais
il apparaît suffisamment dans le langage des jurisconsultes. Au
XVIIe siècle Hévin place le domaine direct et le domaine utile sur

---

(1) Cfr. Garsonnet, *op. cit.*, p. 375.

(2) Pontanus, sur l'art. 33 de la cout. de Blois : « Dominium duplex
est, directum et utile. Directum, id est, quod verum, proprium ac
principale dominium est. Quo fit ut cum dominium simpliciter nomina-
mus, de directo intelligendum sit, teste Bartholo, post Accursium.....
cui etiam directo dominio proprietatis tantum appellatio convenit, et
nunquam utili. » Dans Championnière, *De la propriété des eaux cou-
rantes;* Paris, Hingray, 1846, in-8°, p. 146.

(3) Cujas, *de feudis*, liv. I, proæm.

(4) Dumoulin, *Des fiefs*, § 1, gl. 5, n° 1.

la même ligne : « Soit du côté du seigneur, soit du côté du vassal, il n'y a point de servitude, et l'un ne jouit point de ce qui est à l'autre à titre de servitude. Le seigneur retient la seigneurie directe, à cause de laquelle il a tout ce qu'elle contient, la foi, l'hommage, le rachat, les rentes et devoirs... et il les a *non jure servitutis sed jure primœvo retento seu jure dominii directi* ; et le vassal à la seigneurie utile et la propriété avec les avantages qu'elle contient, et n'en perçoit pas les fruits par droit de servitude imposée sur les biens de son seigneur ; il en jouit *jure suo jure proprietatis et perpetuo*, ce qui est absolument opposé et contraire à l'usufruit servitude (1). » Au xviiie siècle, l'évolution de la doctrine est complète ; le domaine utile est devenu selon l'opinion commune, la véritable propriété, l'élément principal de la dominité (2), et le domaine direct n'est plus considéré que comme une servitude, dont il faut l'affranchir. C'est le point de vue inverse de celui de Dumoulin ; ce sera le point de vue de l'Assemblée Constituante. Et cette doctrine n'est pas particulière au fief ; elle s'était généralisée pour la censive, l'emphytéose, le droit de superficie, etc..., en sorte qu'on peut dire d'une façon générale, avec Pothier, à la veille de la Révolution, que « la seigneurie directe d'une chose, en tant qu'elle est considérée comme séparée de l'utile, ne consiste qu'en une seigneurie d'honneur, et le droit de se faire reconnaître seigneur de sa chose par ceux qui la possèdent (3). »

Le domaine utile au contraire comprenait le droit de percevoir toute l'utilité de la chose, d'en jouir, d'en user, d'en disposer même, à la charge néanmoins de reconnaître le seigneur direct. On peut le définir : le droit de jouissance séparé de la propriété, et exercé, non à titre de servitude, comme l'usufruit, mais à titre de propriété (4), *jure proprietatis* selon l'expression d'Hévin. Les droits du seigneur utile n'étaient restreints que par les prérogatives du seigneur direct. Ces prérogatives variaient suivant la nature du contrat qui opérait

---

(1) Hévin, *op. cit.*, ch. IV, n° 18, p. 127.
(2) Cfr. Championnière, *op. cit.*, p. 149.
(3) Pothier, *Des fiefs*, n° 8 ; — Adde, *Du Domáine De propr.*, n° 3.
(4) Aubry et Rau, *op. cit.*, t. II, p. 447.

le démembrement de la propriété ; mais dans toutes les hypothèses, on trouvait deux attributs essentiels de la seigneurie
directe, ou comme on disait plus volontiers de la *directe*, à
savoir : 1° le droit à certaines redevances irrachetables,
casuelles ou fixes, retenues dans la concession du fonds ; 2°
le droit éventuel à rentrer daus la propriété complète dans
certains cas déterminés ; Dumoulin disait qu'il y avait dans le
domaine direct une sorte de *vis attractiva*, à l'encontre du
domaine utile. Cette force d'attraction, bien entendu, n'était
pas réciproque. — Entrons maintenant dans les détails, et
examinons de plus près en quoi consistaient, dans le dernier
état du droit, les diverses directes qu'il nous faut distinguer
avec les auteurs coutumiers (1).

§ I. — DE LA DIRECTE FÉODALE

11. — *Définition du fief ; attributs de la directe féodale.* — La
directe la plus importante est sans contredit la directe féodale.
Depuis le XVIᵉ siècle, nous l'avons vu, le fief ne confère plus
au seigneur aucun droit de souveraineté sur son vassal. Cependant les conditions de l'inféodation n'ont pas changé.
Sa forme même est restée telle qu'elle était ; mais elle a été
détournée de sa signification ancienne (2). Au lieu d'une promesse de service militaire, la foi et hommage que le vassal
doit porter à son seigneur ne contient plus qu'une reconnaissance solennelle de la tenure (3). La raison d'être de l'établissement des fiefs avait donc disparu ; aussi les concessions
féodales s'arrêtèrent. Mais les anciens fiefs subsistèrent par
la force des traditions, par l'attachement aux profits pécuniaires qu'on en retirait, et aussi, il faut le dire, par la vanité

---

(1) Dumoulin distingue notamment la directe féodale et la directe
censuelle : « Duo sunt genera dominii directi, videlicet feudale et cen-
suale ; ita duplicia sunt jura dominica illis attributa, videlicet feudalia
et censualia. » Dunod, de son côté (*Traité des prescript.*, part. III,
ch. 10), distingue la directe emphytéotique de la directe seigneuriale,
etc.
(2) Cfr. Garsonnet, *op. cit.*, p. 378.
(3) Cfr. Pothier, *Des fiefs*, n° 9.

qu'on éprouvait à se dire seigneur d'un vassal. A la fin du
XVIIIe siècle, il y a donc peu ou point de fiefs nouveaux ; ceux
qui existent sont d'anciens fiefs remontant aux époques
féodales, mais transformés dans leur nature par l'influence
des événements et le mouvement des doctrines juridiques.

Ce mouvement avait conduit Raynaldus et Dumoulin à donner du fief une définition qui est restée classique et que tous
les feudistes des derniers siècles ont reproduite : « Le fief est
une *concession* gratuite, libre, et perpétuelle d'une chose immobilière ou réputée telle, avec translation du domaine utile
et réserve de la propriété (directe), à charge de fidélité et de
prestation de services (1). » On voit par cette définition
qu'aux yeux des jurisconsultes coutumiers l'origine des fiefs
est une origine contractuelle ; nous retrouverons les conséquences de cette doctrine en étudiant les lois abolitives de la
féodalité. La concession de fief était faite, dit Dumoulin, « à
charge de fidélité : » il s'agit là de l'ancien devoir de féauté,
qui fut toujours considéré comme étant, mais aussi comme
étant seul, de *l'essence du fief*. On pouvait par convention
expresse écarter toutes les autres conséquences de l'inféodation ; celle-là subsistait. En fait, il existait quelques fiefs,
dits de *bouche et de mains* (2), où la fidélité était le seul devoir
du vassal. Ce devoir de fidélité entraînait pour lui l'obligation
de ne pas désavouer son seigneur, et de ne commettre à son
égard aucune félonie. Il était d'ailleurs réciproque : « De
même que le vassal doit fidélité à son seigneur, dit Pothier,
de même le seigneur de son côté, doit amitié et protection à
son vassal. » Sa *déloyauté* pouvait avoir contre lui d'importantes conséquences (3).

A côté du devoir de fidélité, Dumoulin place des prestations
de services. Ces services étaient purement pécuniaires depuis
le XVIe siècle, et portaient le nom de *profits de fief*. Ces profits consistaient en redevances casuelles dues à chaque chan-

(1) Cfr. Pothier, *ibid*, n° 7.

(2) Cette expression vient de ce que dans la cérémonie de l'hommage, le vassal devait placer ses *mains* dans celles de son seigneur,
qui lui donnait un baiser sur la *bouche* (*osculum*).

(3) Cfr. Pothier, *ibid.*, n° 336 ; — et *infrà*, n° 13.

gement de vassal : droit de rachat ou relief, droit de vente ou de quint ; c'étaient de véritables droits de mutation, sanctionnés par des actions civiles. Les jurisconsultes, notamment Dumoulin et Pothier, les considéraient comme retenus dans la concession du fief. C'était pour eux le prix du consentement du seigneur aux mutations, consentement qu'il était obligatoire d'obtenir à l'origine, et qui se manifestait par la nécessité d'un ensaisinement. En fait, dans bien des cas et dans bien des lieux, ces droits n'avaient pas été *réservés* dans le contrat de concession ; ils avaient été imposés par force, ou par imitation de ce qui faisait dans les pays voisins. Les coutumes, les trouvant établis comme droit commun, les avaient reconnus et sanctionnés. Les profits de fief étaient dus en cas de mutation de vassal, et non en cas de mutation de propriété (1) ; il est vrai que dans la plupart des cas les deux mutations se produisaient en même temps. Suivant la nature du contrat qui produisait la mutation, les profits différaient de nom, d'importance et d'assiette. A ces profits, il faut joindre le droit de retrait féodal, « qui peut aussi passer pour un droit utile (2), » et que le seigneur pouvait préférer au profit de vente. En cas de retrait, le seigneur rentrait dans la propriété utile du fief concédé. Il y rentrait encore dans le cas de saisie féodale, sanction du port de foi et hommage dû par le vassal en reconnaissance de la seigneurie directe, et dans le cas de commise, sanction du devoir de fidélité. La directe féodale avait donc comme attributs : 1° les redevances casuelles connues sous le nom de profits de relief et de quint (3) ; 2° le droit de reprendre le domaine utile par le retrait féodal, la saisie et la commise (4).

(1) Ce principe était controversé en ce qui concerne le profit de quint; Dumoulin le contestait formellement. Cfr. Pothier, *ibid.*, n° 497.

(2) Pothier, *ibid.*, n° 409.

(3) Il y avait encore quelques profits spéciaux, vestiges des anciennes mœurs, tels que le droit de gants, de chambellage, de cheval de service, etc.

(4) En Bretagne et en Normandie, le seigneur féodal pouvait encore reprendre le fief servant par droit de *déshérence*. Cette règle, d'ailleurs conforme aux purs principes féodaux, dérogeait au droit commun, qui attribuait le droit de déshérence au seigneur haut justicier.

12. — *Le profit de relief, et le profit de quint.* — Le plus fréquent des profits de fief était celui de *rachat* ou *relief*. Il « consistait dans le droit que possédait le seigneur d'avoir une année de revenu au fief relevant de lui toutes les fois qu'il changeait de mains, à l'exception des cas auxquels il était dû un profit particulier de vente, et de quelques cas auxquels il n'était dû que la foi sans profit (1) ». Cependant pour la commodité du seigneur, qui aurait été souvent embarrassé de percevoir ce revenu, les coutumes voulaient que le vassal lui offrît trois choses à son choix à savoir : le revenu d'une année en nature, ou une somme d'argent représentant sa valeur, ou enfin le « dire de prud'hommes », c'est-à-dire une estimation du revenu par experts (2). Le rachat, étant dû en principe pour toute mutation de vassal, était exigé dans la plupart des coutumes lors du mariage d'une vassale ; et la raison en était, suivant Pothier, que le mari devenant l'homme du seigneur pour raison des fiefs de sa femme, il se produisait là une espèce de mutation de vassal (3). En sens inverse, la mutation ou le démembrement de la propriété sans changement de vassal ne donnait pas ouverture au droit de relief ; ainsi en était-il de la constitution de servitude ou d'usufruit, du bail à rente sans démission de foi, de la sous-inféodation, etc... Mais pour toute autre mutation le profit était dû, sauf quelques tempéraments introduits par la doctrine (4), auxquels il faut ajouter deux dérogations formelles. En premier lieu, le plus grand nombre des coutumes exemptaient du profit de relief les successions entre ascendants et descendants. « La raison, dit Pothier, est tirée de la grande union qui est entre ces personnes, qui fait qu'elles ne sont considérées que comme une seule personne, *pater et filius una eademque persona censentur ;* d'où il suit qu'on peut dire en quelque façon qu'il n'y a pas de mutation lorsqu'un enfant succède à son père ou à quelque autre de ses ascendants ou lorsqu'un père ou quelque autre ascendant succède à son

(1) Pothier, *ibid.*, n° 542.
(2) Sur la règle et une exception, cfr. Pothier, *ibid.*, n° 648.
(3) Cfr. Pothier, *ibid.*, n° 634.
(4) Sur ces tempéraments, cfr. Pothier, *ibid.*, n° 546, 553 et s., 569 et s.

enfant... (1). » Les donations entrevifs ou testamentaires en ligne directe étaient assimilées aux successions (2). En second lieu, la vente et quelques contrats équipollents donnaient lieu à un profit particulier (3).

Ce profit s'appelait *profit de vente* ou *de quint*. Ce dernier nom lui venait de ce que dans la plupart des coutumes, notamment dans celles de Paris et d'Orléans, il avait été fixé au cinquième du prix de vente du fief (4). Il était, on le voit, beaucoup plus élevé que le droit de relief. Dans la première rédaction de la coutume de Paris, c'était au vendeur à payer le profit de *quint* : l'acheteur devait payer le *requint*, c'est-à-dire le cinquième de ce que payait le vendeur, soit le vingt-cinquième du prix de vente. Mais dans la seconde rédaction, le requint fut supprimé (5), et le quint mis à la charge de l'acheteur (6). Pour donner lieu au profit, la vente devait être valable (7), parfaite (8), et porter sur le fonds même du fief. A titre d'exemple de cette dernière condition, on peut citer comme faites sans profit la vente des coupes d'une haute futaie située sur la tenure féodale, la constitution d'un usufruit ou d'une rente foncière, etc... (9). Au contraire sont déclarés équipollents à la vente à l'effet de produire le profit de quint, les quatre contrats suivants : 1° la dation en paiement ; 2° la donation rémunératoire, lorsque les services récompensés sont appréciables à prix d'argent, et la donation à charge de services également appréciables à prix d'argent,

(1) Pothier, *ibid.*, n° 578.

(2) Cfr. Pothier, *ibid.*, n°' 602, 603, 605.

(3) Il faut excepter les coutumes de Berry, du Perche, du Dunois et de Chartres, dans lesquelles le relief était payé en cas de vente comme en tout autre cas ; Cfr. Pothier, *ibid.*, n° 520.

(4) Cfr. Pothier, *ibid.*, n° 410. — Dans les coutumes d'Anjou et du Maine, le profit de vente n'était que le douzième du prix.

(5) Il subsista jusqu'à la fin dans la coutume de Montargis.

(6) Cfr. Pothier, *ibid.*, n° 521.

(7) Cfr. Pothier, *ibid.*, n° 414.

(8) Cfr. Pothier, *ibid.*, n°' 491 et 496. — La question de savoir s'il était nécessaire que la vente fût suivie du transfert de la propriété, était controversée entre Dumoulin et d'Argentré ; V. la controv. exposée dans Pothier, *ibid.*, n°' 497 et 498.

(9) Cfr. Pothier, *ibid.*, n°' 478-481

tels qu'une rente viagère ; 3° l'échange contre des meubles ;
4° enfin le bail à rente foncière stipulée rachetable (1). Quand
le contrat est mêlé de vente, comme l'est un échange avec
soulte, il donne lieu au profit de quint calculé sur le montant de la soulte ; l'article 13 de la coutume d'Orléans dit à
ce sujet : « En échange d'héritages, quand il y a tournes ou
changes équipollents, est acquis le quint-denier au seigneur
pour les tournes ; et pour l'outre plus, rachat (2). »

13. — *Le retrait féodal, la saisie féodale, et la commise.* —
Dans les mêmes cas où il y a lieu au profit de quint, le seigneur peut au lieu de le réclamer, exercer le *retrait féodal* (3).
Ce droit peut se définir, d'après Dumoulin et Pothier, « la
faculté pour le seigneur de réunir à son domaine le fief
relevant de lui, lorsqu'il est vendu à un étranger, ou aliéné
à prix d'argent, en remboursant à l'acquéreur le prix et les
loyaux coûts de son acquisition (4) ». Ce retrait ressemblait
beaucoup au droit de prélation qui appartient au bailleur à
emphytéose ; mais il y a toutefois une différence, c'est que
le droit de prélation s'exerce *in re vendendâ*, tandis que le
retrait féodal s'exerce *in re venditâ*. Il différait aussi du
retrait lignager, sinon dans ses effets, au moins dans sa
nature. Le retrait lignager en effet était regardé au siècle
dernier comme une grâce, une faveur accordée par la loi ; le
retrait féodal au contraire dérivait d'une convention ; c'était
un droit patrimonial que le seigneur était censé s'être retenu
dans le fief, comme une condition de la concession. Malgré
cela, en cas de concours, le retrait lignager primait le retrait
féodal. Le motif en était que le fief était censé avoir été
concédé à l'origine non seulement au vassal primitif, mais
aussi à ses hoirs, avec perpétuelle substitution. Le fief
restant aux mains des lignagers, la condition du contrat
d'inféodation était remplie ; le seigneur n'avait aucun motif

(1) Cfr. Pothier, *ibid.*, n°ˢ 434-436, 437, 440.
(2) Cfr. Pothier, *ibid.*, n° 441.
(3) Cfr. Pothier, *ibid.*, n°ˢ 695, 696, 709.
(4) Cfr. Pothier, *ibid.*, n° 692.

de retirer le fief (1). Il ne le pouvait pas non plus, s'il touchait le profit de quint, s'il recevait l'acquéreur en foi et hommage ou lui baillait souffrance (2), enfin s'il laissait passer un certain délai (3). Il y avait trois manières différentes d'exercer le retrait féodal : d'abord par voie d'action, *viâ actionis*, en assignant l'acheteur en délaissement du fief avec offres de le rembourser ; ensuite par voie d'exception, *viâ exceptionis*, en refusant de recevoir la foi et hommage qu'apporte l'acheteur, et en lui remboursant le prix qu'il a payé, enfin par voie de saisie féodale, *viâ prehensionis*. Le seigneur en effet trouvant le fief servant *ouvert* par l'aliénation peut y jeter les mains, et le réunir au fief dominant. Quant l'acquéreur se présentera pour porter la foi, le seigneur le remboursera, et le retrait se trouvera ainsi opéré (4).

Cette saisie féodale était dite *faute d'homme, pour devoirs non faits et droits non payés* (5). Elle ne pouvait avoir lieu d'après la coutume que si le vassal ne portait pas la foi et hommage dans les délais prescrits ; c'est alors seulement qu'il y avait faute d'homme ; le fief était ouvert. Le non-paiement des profits n'aurait pas suffi, à moins de convention contraire, pour autoriser la saisie féodale. Le seigneur ne pouvait les réclamer que par des actions civiles, dont nous étudierons le mécanisme à propos de la rente foncière (6). La saisie féodale opérait au profit du seigneur comme une résolution de la propriété du vassal, mais sauf quand elle était suivie du retrait, cette résolution n'était que temporaire. Elle cessait dès que le vassal s'était acquitté de ses obligations : le fief était *couvert*. Pendant le temps de la saisie, le seigneur acquérait sur le fief servant tous les droits d'un propriétaire ; il exploitait la terre en son nom, et faisait les

(1) Cfr. Laurière, sur la *Cout. de Paris*, tit. I, art. 22.

(2) Cfr. Pothier, *ibid.*, nᵒˢ 781 et suiv.

(3) Sur la durée de ce délai (40 jours à Paris et Orléans) et sur son point de départ, cfr. Pothier, *ibid.*, nᵒ 756 et suiv.

(4) Cfr. Pothier, *ibid.*, nᵒ 765.

(5) Cfr. Pothier, *ibid.*, nᵒ 172.

(6) Cfr. Pothier, *ibid.*, nᵉ 173.

fruits siens (1) : il exerçait tous les droits domaniaux et honorifiques attachés au fief saisi, recevait les hommages et percevait les profits des arrière-fiefs (2) ; il ne tenait aucun compte des charges réelles consenties par le vassal, ne subissait pas les servitudes prédiales et ne payait pas les rentes qu'il avait constituées. Il était seulement tenu de jouir en bon père de famille (3) — A côté de la saisie féodale faute d'homme, il faut dire un mot de la saisie féodale *faute de dénombrement*. Chaque nouveau vassal était tenu, dans les quarante jours du port de foi et hommage, de fournir à son seigneur une description détaillée de tous les héritages et droits qu'il tenait en fief de lui (4). Cette description qui renfermait ainsi la reconnaissance du lien féodal (*agnitio fidei*) et la nomenclature des droits du seigneur (*catalogus*), portait pour cette raison le double nom « d'aveu et dénombrement », ou plus simplement de dénombrement. Si donc le vassal laisse passer les délais sans fournir le dénombrement, le seigneur peut saisir le fief jusqu'à ce qu'il s'exécute ; mais cette saisie faute de dénombrement est entièrement différente de la saisie féodale faute d'homme : elle n'est qu'un simple obstacle à la jouissance du vassal ayant pour but de l'obliger à s'acquitter. Le seigneur n'acquiert durant la saisie ni la propriété, ni même la possession juridique du fief ; il n'en a que la simple détention. Il perçoit les fruits, mais il en doit compte au vassal. Dès que le dénombrement est fourni, la saisie cesse (5).

Les effets de la *commise* étaient beaucoup plus graves ; les causes qui la motivaient l'étaient aussi. C'était le droit pour le seigneur de réunir à perpétuité le fief servant au fief dominant lorsque le vassal manquait à son devoir de féauté. Il y pouvait manquer de deux manières : par désaveu, lorsqu'il se prétendait propriétaire alleutier ou vassal d'un autre seigneur ; par félonie, lorsqu'il se rendait coupable envers le seigneur d'une injure grave. L'influence du droit romain

(1) Cfr. Pothier, *ibid.*, n°s 196 et suiv.
(2) Cfr. Pothier, *ibid.*, n°s 215 et suiv.
(3) Cfr. Pothier, *ibid.*, n°s 225 et suiv.
(4) Cfr. Pothier, *ibid.*, n°s 358, 341 et suiv.
(5) Cfr. Pothier, *ibid.*, n°s 398-400, 406.

avait fait adopter comme cas de félonie, les injures même qui
entrainaient la révocation des donations pour cause d'ingra-
titude (1). La commise n'avait pas lieu de plein droit ; elle
devait être demandée en justice. Les légistes en avaient
fait une véritable action d'injures semblables à celle du droit
romain ; de là plusieurs conséquences : le seigneur ne pouvait
l'intenter que contre le vassal coupable lui-même, et non
contre ses héritiers ; le pardon de l'offense mettait fin à l'action, et ce pardon était facilement présumé (2); enfin tous les
droits réels consentis par le vassal avant le désaveu ou la
félonie étaient maintenus à l'encontre du seigneur. Mais les
droits consentis postérieurement à l'injure tombaient. De
même, les engagements personnels du vassal, tels que des
baux, ou des ventes non suivies de tradition, n'étaient pas
opposables au seigneur (3). — Le devoir de fidélité, avons-
nous dit, était réciproque. Il résultait de là que le seigneur
qui se rendait coupable envers son vassal des mêmes injures
qui motivaient la commise, perdait tous les droits attachés à
la directe féodale qu'il avait retenue (4). Il se voyait privé
de sa *dominance*, selon l'expression de Pothier ; et cette
dominance était dévolue au seigneur suzerain, qui devenait
dès lors seigneur direct. L'ex-vassal montait d'un cran dans
la hiérarchie féodale ; il devenait l'égal de son ancien
seigneur ; et dans la double chaîne qui liait les personnes
et les terres, un anneau disparaissait.

14. — *Domaine utile du vassal ; le jeu de fief*. — A part l'o-
bligation de payer les profits, à la vérité fort lourds, et à
la condition de remplir ses devoirs de vassal, de façon à ne
pas s'exposer à la saisie féodale ou à la commise, un possesseur de fief jouit à l'égard de sa tenure d'une assez grande
liberté. Il peut l'aliéner, l'hypothéquer, et en user comme
il l'entend. Il peut la sous-inféoder, et se réserver ainsi, vis-
à-vis de son propre seigneur, le domaine utile qui lui a été

____

(1) Cfr. Pothier, *ibid.*, nᵒˢ 298 et suiv.
(2) Cfr. Pothier, *ibid.*, nᵒˢ 276, 329, 277, 331.
(3) Cfr. Pothier, *ibid.*, nᵒˢ 286, 287, 290.
(4) Cfr. Pothler, *ibid.*, nᵒ 337,

transmis, Il peut aussi bailler à cens ; et le domaine utile se trouve encore suffisamment représenté à l'égard du suzerain par la directe censuelle retenue. Mais il est interdit au vassal d'aller plus loin. Il ne peut pas transformer son fief en alleu : car il porterait atteinte au rapport de mouvance, qui doit demeurer intact. Il ne peut pas non plus, au moins sans le consentement du seigneur, le *démembrer*, c'est-à-dire l'aliéner partiellement aux mains d'un covassal indépendant de lui ; car là encore le rapport féodal serait altéré. Qu'on suppose en effet que l'un des vassaux encoure la saisie féodale ou la commise : le seigneur serait obligé de ne saisir qu'une portion du fief tandis qu'il eût saisi le tout sans le démembrement accompli. En un mot, le titre du fief, *feudum*, est indivisible. Mais le vassal pourrait sans inconvénient démembrer le fonds du fief, *fundus*, à la condition de ne pas toucher au lien féodal. Ce démembrement du fonds, permis en général jusqu'à concurrence des deux tiers, portait le nom de *jeu de fief*. « Le vassal, disait l'art. 51 de la nouvelle coutume de Paris, ne peut démembrer son fief au préjudice et sans le consentement de son seigneur; bien se peut jouer et disposer et faire son profit des héritages, rentes ou cens étant dudit fief, etc .. » Le jeu de fief était *parfait* et sans profit pour le seigneur, lorsque le vassal, en aliénant une portion de sa tenure, retenait par devers lui toute la foi et hommage. Il était *imparfait* et avec profit, s'il était fait avec démission de foi, c'est-à-dire si le vassal chargeait l'acquéreur des droits et devoirs seigneuriaux pour la partie aliénée (1). Mais dans les deux cas, s'il y avait lieu à saisie féodale ou à commise, le seigneur s'emparait du fief entier, dont le titre restait intact à son égard. — On voit par ces restrictions apportées aux pouvoirs des propriétaires de fiefs que la seigneurie utile qu'ils possédaient, si elle était supérieure en attributs à un simple droit de jouissance comme l'usufruit, était encore loin d'être aussi étendue que la véritable propriété.

(1) Cfr. Pothier, *ibid.*, n°ˢ 799, 800.

§ II. — DE LA DIRECTE CENSUELLE

15. — *La censive; comparaison avec le fief; caractère réco-gnitif du cens.* — Il en était de même dans la censive, mais à un moindre degré toutefois ; car la directe censuelle avait des attributs plus restreints en réalité, sinon en apparence, que la directe féodale, et par suite le domaine utile du censitaire s'en trouvait d'autant élargi. La censive avait avec le fief beaucoup de traits communs, au point que Laurière va jusqu'à l'appeler *fief roturier*, indiquant ainsi d'un mot la ressemblance et la différence (1). Cette différence, surtout sensible à l'époque du droit féodal, était caractéristique : le fief était la terre tenue à charge de services *nobles*, d'ost ou de cour; la censive était tenue à charge de services rotu-riers, et n'engendrait que des redevances en argent ou en fruits. Il résultait de là que si le domaine utile du vassal pouvait être qualifié *seigneurie* utile, celui du censitaire ne pouvait l'être en aucune façon. Il n'y avait rien de seigneu-rial dans sa jouissance, dans l'espèce de droit de propriété qu'il avait sur sa tenure. Le vassal, en outre, était lié envers son seigneur par un rapport personnel de foi; le censitaire n'était tenu vis-à-vis du seigneur censier que *propter rem detentam;* le rapport de sujétion n'existait en quelque sorte qu'entre les terres, non entre les personnes (2). Cette diffé-rence entre le fief noble et la censive roturière persista mal-gré la disparition des services féodaux, et leur remplacement par des profits pécuniaires. La foi et hommage en effet, con-tinua d'être portée par le vassal au seigneur de fief, tandis que le lien de dépendance qui existait entre le censitaire et le seigneur censier se marquait toujours par une modique redevance annuelle, récognitive de la seigneurie censuelle, et qu'on appelait le *cens* (3).

(1) Laurière, *Glossaire du droit français*, V° Fief roturier ; et encore : V° Fief noble, V° Fief noble et non restreint.

(2) Cfr. Pothier, *Des Cens*, n° 6 ; — et Lefort, *op. cit.*, p. 204.

(3) On lui donnait encore, suivant les cas ou les coutumes, les noms de : gros cens, cher cens, menu cens et enfin de *chef cens*, quand on voulait le distinguer du *surcens.* — Cfr. Pothier, *ibid.*, n° 13.

A raison de ces caractères, la censive n'occupait que le second rang dans la hiérarchie féodale ; mais si elle était inférieure au point de vue politique, elle était beaucoup plus importante au point de vue social ; car les petits propriétaires, dont le nombre très considérable en France étonnait l'anglais Arthur Young en 1788 (1), étaient en général des censitaires. Ce n'était pas seulement la facilité et les avantages résultant du bail à cens qui avaient causé ce développement des censives ; c'était aussi l'application de cette maxime si connue, qui résume en notre matière l'esprit de l'ancien droit : « Nulle terre sans seigneur », maxime en vertu de laquelle tous les héritages étaient présumés censuels ou féodaux jusqu'à preuve contraire. Il en était résulté que bon nombre de terres allodiales avaient perdu leur franchise, et s'étaient vu transformer en tenures dépendantes. Seulement comme la tenure en fief constituait une tenure privilégiée, elle demeura exceptionnelle, et le caractère censuel s'établit comme régime de droit commun. Toute terre qui n'était pas prouvée alleu ou fief était censive (2). En présence de ces censives forcées, on s'explique pourquoi le cens, qui dépassait rarement quatre deniers, était si faible : c'est qu'il était purement récognitif de la seigneurie censuelle, comme la foi et hommage de la seigneurie féodale (3). « *Cens*, dit Dumoulin, s'entend d'une modique redevance annuelle, qui est prestée en reconnaissance du domaine direct (4). » De

----

(1) Cfr. *infrà*, n° 30.

(2) Certaines coutumes, par exemple celles de Bretagne et de Poitou poussaient cette règle à l'extrême ; d'autres, au contraire, comme celles de Nivernais et de Troyes, admettaient la règle des pays de droit écrit : « Nul seigneur sans titre. »

(3) Le caractère récognitif pouvait par exception être attribué aux profits censuels ; en tout cas, lorsque le cens et les profits étaient dus simultanément, ce qui était le droit commun, une seule de ces redevances devait avoir le caractère récognitif, deux droits seigneuriaux ne pouvant concourir sur la même censive.

(4) Dumoulin, *Cout. de Paris*, *Tit. des Censives*, § 73, n° 20 : « Census sumitur pro modico canone annuo quod præstatur in recognitionem dominii directi, etc... » — Argou n'est pas de cet avis ; il donne de la modicité du cens une explication à la fois économique et historique,

ce caractère du cens, découlaient plusieurs conséquences :
D'abord, il était de l'essence du contrat d'accensement,
comme la foi était de l'essence du fief. En outre, il était en général (1) indivisible, en ce sens qu'il était dû pour le tout par
chaque portion de l'héritage accensé; il ne pouvait être sujet
à compensation; et il était irréductible, insaisissable, et imprescriptible, au moins pour le total; car on pouvait en pres-
crire les arrérages, et même la quotité, la directe censuelle
étant aussi bien reconnue par la prestation d'un denier que
par la prestation de quatre (2). — Cette directe, dont le cens
était le signe, comprenait comme attributs : 1° une redevance périodique, le surcens, des redevances casuelles appe-
lées profits censuels, et comme corollaire le droit à des
amendes et à la saisie ; 2° l'expectative de rentrer dans la
pleine propriété du fonds en cas de déguerpissement du
censitaire, ou encore, quand la coutume l'admettait, en cas de
retrait censuel ; 3° les privilèges honorifiques de la propriété.

16. — *Des divers attributs de la directe censuelle, et des droits
du censitaire.* — Le *surcens*, appelé encore *croix de cens* (3) ou
cens costier, différait profondément du cens proprement dit ou
chef cens. Il constituait une véritable rente foncière (4), et représentait le revenu du fonds. Aussi à l'inverse de ce qui avait
lieu pour le chef cens, était-il divisible entre les héritiers du
censitaire, sujet à compensation, réductible pour cause de
stérilité du fonds, saisissable par les créanciers du seigneur
censier, et enfin prescriptible. Le surcens était seigneurial
comme le cens lui-même, lorsqu'ils étaient joints l'un à l'autre,
de façon à ne pouvoir être distingués. Il suffisait même dans

qui est aujourd'hui rejetée ; cfr. Argou, *Instit. au droit français* (11ᵉ éd.
par Boucher d'Argis), Paris, Bailly, 1787, in-18, t. I, pp. 159 et 160 ; —
Lefort, *op. cit.*, p. 207 ; — Garsonnet, *op. cit.*, p. 405.

(1) Il faut excepter les cout. d'Orléans, Blois et Dunois.

(2) Cfr. Pothier, *ibid.*, nᵒˢ 7, 10, 8 et 9.

(3) *Croix* signifie augmentation cfr. Laurière, *Glossaire au droit
français*, Paris, Guignard, 1704, in-4°, Vᵒ *Rentes*, t. II, p. 306 et 307.

(4) Cfr. Pothier, *ibid.*, nᵒ 13.

les pays de droit écrit que le bail à cens fût seigneurial, pour que les deux redevances eussent ce caractère (1).

Les profits censuels étaient, comme les profits de fief, au nombre de deux. L'un dû en cas de mutation par décès, était connu, suivant les pays, sous les noms de double cens, acapte ou arrière-acapte, marciage (2), plait, plait seigneurial, mainmorte, milods, remuage, esporle, ou *relevoisons* (3) ; il correspondait au droit de relief. L'autre, appelé aussi accordemeńts, honneurs ou capsos (4), mais plus fréquemment *lods et ventes*, était, comme ce dernier mot l'indique, un profit de vente, dû dans les mêmes circonstances que le droit de quint pour les fiefs. « Il faut tenir pour règle, dit Pothier, qu'il y a lieu au profit de vente à l'égard des héritages censuels toutes les fois qu'il y a lieu au profit de vente à l'égard des héritages féodaux (5). « Le profit de lods et ventes était fixé au douzième du prix de vente dans la plupart des coutumes, notamment celles de Paris et d'Orléans (6). Dans le dernier état du droit, c'était l'acheteur qui devait le payer ; il jouissait pour cela d'un délai de 20 à 40 jours, qui courait à partir de la vente. Pendant ce temps, il pouvait *déprier* le seigneur, c'est-à-dire lui demander un terme pour le paiement du profit. Faute par lui de s'acquitter ou de déprier, il était présumé avoir voulu se soustraire à l'obligation de payer les lods et ventes, et il devenait passible de l'*amende pour ventes recélées*, qui s'élevait en général à soixante sols (7).

En cas de non-paiement du cens, le censitaire s'exposait aussi à une amende, mais moins élevée : elle était à Paris de cinq sols parisis, de cinq sols tournois à Orléans. Elle portait le nom particulier de *défaut* (8). — Le seigneur avait dans ce

---

(1) Cfr. Garsonnet, *op. cit.*, p. 409.

(2) En Bourbonnais ; cfr. Lefort, *op. cit.*, p. 213.

(3) Cfr. Garsonnet, *op. cit.*, p. 408. — Sur les relevoisons, cfr. Pothier, *ibid.*, n°⁵ 65, 68 et suiv.

(4) Cfr. Garsonnet, *ibid.*

(5) Pothier. *ibid.*, n° 30.

(6) Cfr. Pothier, *ibid.*, n° 29 ; Lefort. *op. cit.*, p. 212.

(7) Cfr. Pothier, *ibid.*, n° 34 et suiv.

(8) Cfr. Pothier, *ibid.*, n° 16, 17.

dernier cas un autre moyen de coercition : la *saisie censuelle*. Mais cette saisie n'avait rien de commun avec la saisie féodale faute d'homme, bien qu'elle eût aussi pour but d'assurer la reconnaissance de la seigneurie directe ; elle ressemblait beaucoup plus à la saisie faute de dénombrement. Le seigneur censier en effet n'exploitait pas l'immeuble saisi à son profit ; il n'en jouissait pas ; il empêchait seulement le censitaire d'en jouir. Il tenait en quelque sorte la censive *arrêtée et empêchée*, selon l'expression de Pothier ; ce qui explique pourquoi la coutume de Paris donnait à cette saisie le nom d'*arrêt*, et celle d'Orléans celui d'*empêchement* ou d'*obstacle* (1). La coutume d'Orléans d'ailleurs se montrait fort large pour admettre la saisie censuelle ; elle permettait de l'exercer même pour simple retard dans le paiement des amendes et des profits (2). La coutume de Paris se contentait au contraire d'accorder au seigneur censier les actions civiles qui lui appartenaient toujours, quelle que fût la cause de la dette, et dont nous avons déjà réservé l'étude pour la théorie de la rente foncière (*infrà*, n° 23).

Comme le seigneur de fief, le seigneur de censive pouvait parfois reprendre le domaine utile, mais non dans les mêmes circonstances. Il n'y avait pas en effet pour la censive de droits analogues à la saisie féodale faute d'homme ou à la commise, sanction du devoir de féauté, qui n'incombait pas au censitaire ; et il n'y avait de retrait censuel que dans un petit nombre de coutumes. L'une des principales était celle de Nivernais, dont l'art. 4 du chapitre des censives, était ainsi conçu: « Droit de retenue régulièrement compète, et appartient au seigneur censier, quand la chose tenue de lui à titre de cens est vendue, s'il n'a choisi de prendre les lods et ventes. » La coutume de Nivernais ajoutait encore à ce droit de retenue ou de retrait, un droit de *retour* en cas d'absence du censitaire : « Le seigneur censier peut retourner aux héritages mouvans de sa censive par faute de tenementier », dit l'art. 11 ; et Guy Coquille ajoute à titre de commentaire :

(1) Cfr. Pothier, *ibid.*, n° 52.
(2) Cfr. Pothier, *ibid.*, n° 54.

« Sera noté le mot *retourner* qui emporte comme une injection de mains que le seigneur direct faict à ses héritages par droit domanial, ainsi que fait le seigneur féodal quand il y a faute d'homme. » Au bout de trente ans, si le tenementier n'est pas revenu, « les héritages demeurent incommutablement au seigneur censier. » Mais à part ces exceptions locales, de droit commun, le seigneur censier ne peut reprendre le domaine utile qu'en cas de *déshérence* du censitaire, ou en cas de *déguerpissement*. Le censitaire en effet, n'étant tenu de la prestation du cens et des profits qu'en qualité de possesseur, *propter rem*, a toujours en principe le droit de déguerpir, en remplissant toutefois certaines conditions. Il doit s'adresser à la justice, payer le cens échu et le prochain terme à échoir, et laisser l'immeuble en bon état (1).

Enfin comme dernier attribut de la directe censuelle, le seigneur se réserve sur la censive les droits honorifiques de la propriété, et principalement le droit de chasse (2).

Il résulte de cette dernière réserve que le censitaire n'est pas seigneur de sa censive, comme le vassal l'est de son fief. Il ne peut par conséquent l'inféoder, ni même la bailler à cens : « Cens sur cens n'a lieu », disent les coutumes, ni enfin la donner à emphytéose. Il lui faudrait en effet, dans tous ces cas retenir une seigneurie directe, dont il n'a aucun des éléments entre les mains, son droit de propriété étant purement utile et nullement seigneurial (3). Mais en sa qualité de propriétaire, il peut disposer juridiquement et matériellement de sa tenure : juridiquement, en l'aliénant ou en la grevant de droits réels quelconques : hypothèques, servitudes, rentes foncières ; matériellement, en l'exploitant, la transformant, la dégradant même à son gré. Le seigneur n'avait le droit d'intervenir que si l'héritage ne conservait plus une valeur suffisante pour assurer le paiement du cens ; vu la modicité de ce cens, ce n'était pas là une restriction bien

____

(1) Cfr. Lefort, *op. cit.*, p. 215.

(2) On ajoutait autrefois une grande importance à ces droits honorifi-ques ; cfr. Loyseau, *Traité des seigneuries*, ch. XI, n° 45.

(3) Cfr. Pothier, *ibid.*, n° 3. — En d'autres termes, étaient seuls sus-ceptibles d'êtres accensés les fiefs et alleux nobles.

gênante (1). Il était plus sûr de s'en rapporter sur ce point à
l'intérêt bien entendu du censitaire ; comme il ne pouvait déguerpir qu'en laissant l'immeuble en bon état, cet intérêt
était la meilleure sauvegarde des droits du seigneur.

17. — *De la directe simplement seigneuriale ; rentes et champarts seigneuriaux.* — Tout à côté de la directe censuelle, dont
elle n'est au fond qu'une variété, il faut placer la directe que
l'on appelle *simplement seigneuriale*, et qui se retenait lors
de la première tradition d'un fonds de terre, quels que fussent le nom des redevances et la forme des aliénations (2).
C'était le plus ordinairement un bail à rente seigneuriale, ou
à champart seigneurial.

Le bail à rente seigneuriale n'était autre qu'un bail à rente
foncière, ayant pour objet un fief, et consenti sans démission
de foi. C'était une des applications de la théorie du jeu de fief
parfait. Le concédant restait le vassal du seigneur, auquel le
preneur demeurait étranger. Pour arriver à ce résultat, le
bailleur devait se réserver le domaine direct sur les portions
du fief aliéné ; et c'est cette réserve qui imprimait à l'opération un caractère féodal qu'elle n'aurait pas eu sans cela. La
rente retenue, au lieu d'être simplement foncière, était seigneuriale, et comme telle imprescriptible. — Elle pouvait
encore se rencontrer avec le même caractère dans le bail à
cens. Il suffisait pour cela de stipuler le cens et la rente simultanément, de façon qu'on ne pût les distinguer l'une de
l'autre. Ainsi quand le bail était fait moyennant « dix sous
par arpent et dix livres de cens et rente », comme il était
impossible de reconnaître dans les dix livres stipulées, quelle
partie correspondait au cens et quelle autre à la rente, on
faisait porter le caractère seigneurial sur l'ensemble, et toute
la somme était payée à titre récognitif de la directe censuelle (3). On voit que sous sa double forme, le bail à rente

(1) Dumoulin avait cherché à en établir de plus sérieuses, notamment
pour les maisons ; cfr. *loc. cit.*, § 78.

(2) Cfr. Garsonnet, *op. cit.*, p. 403.

(3) Cfr. Merlin, *Repert.*, V° Rente seigneuriale, § I. — Cette dernière
espèce de rente seigneuriale est un véritable surcens, sous un autre
nom ; cfr. *suprà*, n° 16.

seigneuriale n'était au fond qu'un bail à cens ; à peine en différait-il par la quotité de la redevance récognitive : la rente était plus élevée que le cens.

Il en était de même du *champart*, sorte de rente en nature, consistant dans une portion des fruits du sol (*campi pars*, *campi partus*). Cette portion était variable suivant les conventions et suivant les contrées. Dans la coutume de Berry, c'était la douzième gerbe (1) ; en Dauphiné, la vingtième ; ailleurs la cinquième ou même la quatrième (2). Le bail à champart seigneurial se confondait presqu'entièrement avec le bail à cens. Les différences ne portaient que sur deux points : 1° le cens était purement récognitif de la directe, et non représentatif du revenu du fonds : le champart, au contraire, de même que la rente seigneuriale, joignait au caractère récognitif, le caractère économique de loyer du sol ; 2° les arrérages du cens pouvaient être réclamés pendant trente ans par le seigneur censier : le champart, au contraire, ne s'arrérageait pas, le seigneur étant présumé en avoir été payé tous les ans (3). Mais si les arrérages du champart se prescrivaient ainsi rapidement, il n'en était pas de même du droit au champart ; en vertu de son caractère seigneurial, il était imprescriptible. Le domaine utile transmis au champartier n'était pas aussi considérable que celui qui compétait au censitaire. Le champartier, en effet, ne pouvait dégrader l'immeuble ; car toute dégradation, en diminuant le rendement, aurait par suite diminué en valeur absolue la portion des fruits à laquelle le seigneur avait droit. Bien plus, à la différence du censitaire, le champartier était tenu d'exploiter d'après la coutume du pays ou suivant le mode usité antérieurement, ce qui n'était guère favorable aux progrès de l'agriculture. Enfin il lui était interdit de changer « la forme des héritages », à moins d'indemniser le seigneur ou d'obtenir

----

(1) Cette gerbe se prélevait sur la quotité restant après le paiement de la dîme, qui se levait avant le champart, appelé en Berry *terrage* (Berry, tit. X, art. 25).

(2) Cfr. Lefort, *op. cit.*, p. 222. — Son nom n'était pas moins variable que sa quotité ; cfr., *ibid.*, p. 223, et *suprà*, n° 9.

(3) Cfr. Pothier, *Des champarts*, n° 5.

son consentement (1). — Le champart seigneurial n'était pas toujours le résultat d'une concession. Le droit de l'exiger s'acquérait par prescription, quand on l'avait exercé pendant trente ans ; et le champart légal ou coutumier, que certains seigneurs pouvaient percevoir sur toute l'étendue de leurs seigneuries, en vertu de la règle : « Nulle terre sans seigneur », avait un caractère essentiellement féodal (2).

§ III. — DE LA DIRECTE PRIVÉE

18. — *De la directe emphytéotique ; confusion de l'emphytéose perpétuelle avec le bail à cens.* — Quittons maintenant les tenures féodales pour les tenures civiles, et les directes seigneuriales pour la directe privée. Cette directe était retenue par les bailleurs dans les contrats d'emphytéose perpétuelle ou temporaire, de bail à vie et à longues années, et enfin de superficie. Le caractère commun de ces divers contrats est de constituer une location à long terme, dont le type peut être pris dans le bail à emphytéose.

Mais ici se pose une question préalable. L'*emphytéose*, qui soulève tant de discussions aujourd'hui, n'en soulevait pas moins autrefois ; et il y a lieu de se demander si elle existait réellement à l'état de contrat distinct. A première vue, se semble, on n'en saurait douter ; car à partir du xiiie siècle sous l'influence du droit romain, l'emploi du mot emphytéose peut être fréquemment constaté dans les chartes et dans les ouvrages des auteurs coutumiers. Mais un examen un peu attentif des textes démontre bientôt que personne n'était fixé sur la valeur du mot, et qu'il était pris par les uns et par les autres avec des significations très différentes. « *Verbum emphyteusis est æquivocum* », disait Dumoulin (3). Tantôt dans un sens vague, il désignait toute location perpétuelle, soit à prix d'argent comme le bail à cens, soit même à charge de

(1) Cfr. Pothier, *ibid.*, n° 11.
(2) Cfr. Garsonnet, *op. cit.*, p. 426 ; — Pothier, *ibid.*, n° 6.
(3) Dumoulin, *loc. cit.*, § 73, n° 43.

services nobles comme le fief des premiers temps (1). Tantôt
dans un sens plus précis, il s'appliquait à la véritable emphytéose romaine dénaturée par l'influence du droit féodal.
L'emphytéote, en effet, n'acquérait pas seulement comme en
droit romain un simple *jus in re* sur la terre à lui concédée ;
il en avait le domaine utile, c'est-à-dire la propriété, diminuée
par l'obligation : de payer une redevance récognitive, dite
pension ou *canon*, qui était de l'essence du contrat d'emphytéose, comme le cens l'était du contrat d'accensement ; d'acquitter en cas de mutation des lods et ventes (*laudemium*) (2),
à moins que le bailleur ne préfère user du droit de retraite
connu sous le nom de droit de *prélation* ; et enfin de subir la
commise (3). Cette doctrine n'avait pas prévalu sans discussion. Quelques auteurs voulaient s'en tenir au droit romain ;
Cujas notamment disait que l'emphytéote n'avait qu'un
« quasi-domaine. » D'autres proposaient de distinguer entre
l'emphytéose temporaire et l'emphytéose perpétuelle, et de
de ne reconnaître le démembrement de la propriété en
domaine direct et utile que dans ce dernier cas (4). Cette distinction elle-même, bien qu'assez rationnelle au fond, ne prévalut pas (5). Qu'elle fût perpétuelle ou qu'elle fût seulement
temporaire, l'emphytéose fut considérée comme transférant
toujours le domaine utile au preneur : les anciens auteurs
sont unanimes sur ce point (6).

(1) Et cependant un poème rapporté par La Thaumassière disait :
             La spurienne eemphytéose
             Que contemne la noble gent.
Cfr. La Thaum., *Assises de Jérusalem*, Paris, 1690, in-f°, p. 251.

(2) Cfr. Merlin, *Quest. de droit,* v° Rente foncière, § XIV, n° 2 ; — et
Argou, *op. cit.,* t. II, p. 302.

(3) Cfr. Garsonnet. *op. cit.,* p. 413.

(4) Cfr. Demolombe, *op. cit.,* n° 486, *in fine.*

(5) *Contrà* : Pépin le Halleur, *Hist. de l'emphytéose* ; Paris, Joubert, 1843,
in 8°, pp. 293-295.

(6) Garsonnet, *op. cit.,* pp. 415, et 404, note 4. — Cfr. en effet : Argou,
op. cit., t. II, pp. 305 et suiv ; — Sudre, sur Boutaric, *Traité des droits seigneuriaux* Toulouse, 1775, p. 428 ; — Despeisses, *des droits seigneuriaux,*
tit IV, art. 1, n° 2 ; dans ses *Œuvres complètes,* Lyon, 1750, t. III, p. 42 ;
etc ; Merlin, *Quest. de droit,* v° Emphytéose, § V, n° 1,... etc. Malgré
ces témoignages, M. Lefort (*op. cit.,* p. 289) croit que l'emphytéose même

Mais lorsque l'emphytéose était *perpétuelle,* on aperçoit combien elle se rapprochait du bail à cens ; et en fait elle s'en rapprocha si bien que les auteurs coutumiers finirent par les confondre. Dumoulin, par exemple, affirme que l'emphytéose est tombée en désuétude (1) ; Fonmaur écrit qu'il n'y a pas de véritable emphytéose dans les pays de droit écrit, « mais seument des baux à cens comme dans la France coutumière (2) » ; et Boutaric assure que les praticiens des pays de droit écrit se servaient indifféremment « de bail à cens et de bail emphytéotique comme de deux expressions synonymes (3). » Cependant il y avait entre la directe censuelle et la directe emphytéotique une grande différence : l'une, qui se rattachait au principe féodal de la hiérarchie des terres, était seigneuriale ; l'autre, qui était censée venir du droit romain, ne pouvait l'être : « c'est, dit Merlin, une simple directe, à laquelle n'est attachée aucune espèce de puissance, une directe de pur droit privé (4). » Cette différence, loin d'empêcher la confusion, comme on pourrait s'y attendre, contribua au contraire à l'augmenter. Voici comment.

Il y avait des possesseurs de fiefs ou de censives, qui donnaient leurs tenures à emphytéose, c'est-à-dire qu'ils se réservaient ou essayaient de se réserver une directe privée. Mais si l'on suit les principes du droit féodal, il est évident que ni l'un ni l'autre ne pouvait y parvenir : le vassal, en effet, en aliénant ainsi son fief avec rétention d'une simple directe privée, en dehors de la hiérarchie féodale, se serait conduit en possesseur d'alleu ; et nous avons vu (*suprá*, n° 14), qu'il devait respecter scrupuleusement la nature des rapports qui le liaient à son suzerain. Le bail à emphytéose

perpétuelle ne donnait au preneur qu'un droit réel de jouissance comme à Rome ; mais alors comment expliquer que les anciens auteurs aient pu confondre l'emphytéose avec le bail à cens ! M. Lefort ne s'appuie d'ailleurs que sur des considérations assez vagues.

(1) Dumoulin. *op. cit., Tit. des fiefs,* § 82, gl. 1, n° 10.

(2) Fonmaur, *Des droits de quint, lods et ventes,* Carcassonne, 1778, n° 120.

(3) Boutaric, *loc. cit.*

(4) Merlin, *Répertoire de jurispr.,* v° Fief, sect. II. § 7.

qu'il avait voulu consentir se changeait donc pour lui en un bail à cens ou à rente seigneuriale. Quant au censitaire, il n'a que le domaine utile de sa censive ; il lui est donc impossible de s'en réserver le domaine direct. A son égard, le bail consenti ne sera qu'un bail à rente foncière, lui conférant au lieu d'une directe un simple droit réel (1). Hervé indique très nettement cette double conséquence des principes féodaux : « L'emphytéose perpétuelle, dit-il, est un vrai bail à censive ou un vrai bail à rente, suivant que le bailleur est ou seigneur de fief ou propriétaire de rotures (2). » — Il résultait de là qu'un propriétaire d'alleu pouvait seul faire un véritable contrat d'emphytéose perpétuelle. Aussi, cette emphytéose était-elle très rare au nord de la France où le fief et la censive dominaient ; c'est ce qui explique la confusion faite par les auteurs coutumiers. Elle était plus fréquente dans les pays de droit écrit, où les alleux étaient encore nombreux (3). L'influence du droit romain, prépondérante au midi de la France, aurait suffi d'ailleurs à assurer ce résultat ; un exemple est là pour le prouver : celui de l'Église, qui selon les canonistes, aurait eu le monopole de l'emphytéose romaine (4).

19. — *Suite ; application de l'emphytéose perpétuelle aux alleux nobles et roturiers.* — Parmi les alleux, il fallait distinguer. Si l'alleu était *noble*, son propriétaire pouvait à son gré le bailler à cens ou à rente seigneuriale, ou le concéder en emphytéose suivant qu'il voulait retenir une directe seigneuriale ou une directe privée. Mais en quoi, pratiquement son choix pouvait-il influer sur l'étendue de ses attributions ? En d'autres termes, quelle différence y avait-il entre la directe censuelle et la directe emphytéotique ? Des différences existaient sans doute, mais plutôt en théorie qu'en fait. Au point de vue des redevances en

<hr>

(1) Cfr. Merlin, *loc. cit.*

(2) Hervé, *Théorie des mat. féod. et censuelles,* Paris, Knapen, 1785, in-12, t. II, p. 329.

(3) Cfr. Garsonnet, *op. cit.,* p. 416.

(4) Cfr. Garsonnet, *op. cit.,* p. 414.

effet, le canon emphytéotique, modique et irréductible (1),
s'était confondu avec le cens. L'emphytéote payait des lods
et ventes comme un censitaire. Il pouvait déguerpir comme
lui, et sous les mêmes conditions (2). De même enfin, quand
il mourait sans héritiers, sa tenure retournait au concédant.
Restaient le droit de prélation et la commise. Par le droit de
prélation, l'emphytéote était obligé, quand il voulait vendre
ses droits à un tiers, d'offrir au préalable son marché au concédant. Si ce dernier l'acceptait, il reprenait le domaine
utile ; s'il refusait, l'emphytéote devenait libre de conclure
l'aliénation projetée, sauf le paiement des lods et ventes. Ce
droit de préemption aurait pu constituer une différence importante entre l'emphytéose et la censive. Mais d'abord, il
n'était pas d'un usage général : Boucher d'Argis, rectifiant
Argou, dit qu'il n'existait qu'en Languedoc et en Guyenne et
qu'il n'était reçu ni dans la Provence, ni dans le Dauphiné,
ni dans le Lyonnais, le Forez et le Beaujolais (3). En outre,
quelques coutumes admettaient le retrait censuel ; et ce droit
de retrait ne différait du droit de prélation qu'en ceci : qu'il
s'exerçait sur la chose vendue, et non sur la chose à vendre
(*suprà*, n° 13). Quant à la commise, elle aurait été de droit
dans l'emphytéose, suivant Argou (4), à défaut de paiement
de la redevance ; mais là encore la pratique atténuait cette
différence avec le bail à cens. On sait par des témoignages
certains que la jurisprudence n'appliquait pas le droit de Justinien dans toute sa rigueur (5). Dans le nord de la France,
les tribunaux pouvaient seuls prononcer la résolution du bail
à emphytéose en vertu du principe qu'on ne peut se faire justice à soi-même ; et l'emphytéote évitait la déchéance tant

(1) Cfr. Denizart, *Collect. de décis. nouvelles,* v° Emphytéose, t. VII, p.
543.
(2) Cfr. Loyseau, *Du déguerpiss.,* liv. IV, c. 9 ; — Despeisses, *op. cit.,*
tit. IV, art. 4, n° 13.
(3) Cfr. Argou, *op. cit.,* t. II, p. 305.
(4) Argou, *op. cit.,* t. II, p. 301.
(5) Sous Justinien, la commise pour non paiement du canon était encourue au bout de trois ans de retard. — Cfr. la loi 2, Code Just., IV,
66 ; — et Pepin le Halleur, *op. cit.,* p. 84 et suiv.

qu'elle n'était pas prononcée, en payant la redevance (1). La commise de plein droit, même expressément stipulée, était tenue pour comminatoire (2).

Quand l'alleu baillé à emphytéose était *roturier*, la directe emphytéotique étant la seule que pût se réserver son propriétaire, il n'y avait pas lieu de la distinguer de la directe censuelle ou simplement seigneuriale ; aussi l'emphytéose eût-elle dans ce cas conservé son caractère propre, si la jurisprudence et les coutumes, en s'éloignant des constitutions justiniennes, ne l'avait rapprochée du bail à rente foncière. La différence était théoriquement très grande entre le domaine direct ou le droit réel retenu suivant les cas. Mais l'affaiblissement de la commise, l'usage restreint du droit de prélation, et la désuétude presque générale des lods et ventes (3) avaient presque annihilé ces différences. Si l'on ajoute, que l'obligation d'améliorer, que l'on sous-entendait dans l'emphytéose, pouvait être imposée au preneur à rente foncière sans modifier la nature du contrat (4) on voit quelle place étroite l'ancien droit avait fait à l'emphytéose perpétuelle (5).

20. — *De l'emphytéose temporaire ; des baux à vie et à longues années ; du contrat de superficie.* — Quant à l'emphytéose *temporaire*, appelée plus volontiers bail emphytéotique, malgré la diversité de règlementation qu'aurait dû entraîner la limitation mise à la durée des droits de l'emphytéote, il n'apparaît pas que l'ancien droit l'ait traitée autrement que l'emphytéose perpétuelle. Toutefois, Brodeau nous apprend qu'elle pouvait s'appliquer à des fonds non allodiaux (6), ce qui constituait une différence avec l'emphytéose perpétuelle, et permettait de l'employer plus souvent au nord de la France. Cette différence, en revanche, la rapprochait des autres loca-

(1) Cfr. Merlin, *Quest. de droit*, v° Commise emphytéotique.
(2) Cfr. Serres, *Instit. du droit fr.*, liv., III, tit. 21, § 3 ; Paris, 1778, in-4° p. 355 ; — Garsonnet, *op. cit.*, p. 417.
(3) Cfr. Merlin, *Répert.*, v° Rente seigneuriale, § II et VI bis.
(4) Cfr. Argou, *op. cit.*, t. II, p. 303.
(5) Cfr. Garsonnet, *op. cit.*, p. 418.
(6) Cfr. Brodeau, *Cout. de Paris*, Paris, 1659, in-f°, t. II, p. 309.

tions à long terme, telles que le bail à vie et le bail à longues années, qui eux aussi démembraient la propriété en domaine direct et en domaine utile.

Par le *bail à vie*, la jouissance du fonds était abandonnée pour une redevance annuelle à une ou plusieurs personnes leur vie durant; il pouvait être consenti à un nombre indéterminé de personnes. Le caractère de ce contrat n'était pas nettement défini. Sa ressemblance avec l'usufruit avait fait hésiter les auteurs. Fonmaur n'y voyait en effet qu'un usufruit (1). Pothier, de son côté, faisait observer que les baux à vie étaient présumés « baux à rente et constitution d'usufruit (2) »; mais il y a dans cette remarque quelque chose de contradictoire : en effet, le bail à rente transfère la propriété, et l'usufruit ne confère qu'un droit réel de jouissance. La vérité est entre les deux : le bail à vie transférait le domaine utile, c'est-à-dire plus que l'usufruit et moins que la propriété (3). C'est ce qu'affirme le Nouveau Denizart (4).

Il en était de même du *bail à longues années*, suivant Dumoulin, d'Argentré, Tiraqueau, Despeisses, Loyseau et Pothier (5). Et cela ne laissait pas que d'être fort important, car l'ancien droit n'était pas exigeant sur la durée. Dès qu'un bail dépassait neuf ans, il était qualifié à longues années : « En France, dit Loyseau, nous tenons que tout bail à loyer qui se fait à plus de neuf ans, transfère la seigneurie utile. » Au-dessous de neuf ans, le bail n'était qu'un simple louage (6) et ne conférait au preneur qu'un droit de créance, ce qui l'exposait à être évincé par tout acheteur du fonds loué. Le droit ancien n'avait pas pour cette hypothèse

----

(1) Fonmaur, *op. cit.*, n° 170.

(2) Pothier, *Du louage*, n° 27.

(3) Cfr Loyseau, *op. cit.*, liv. I, chap. 5, n° 8; — Merlin, *Répert.*, v° Usufruit, § 1, n° 2; — Lefort, *op. cit.*, p. 258.

(4) Denizart, *Collect. de décis. nouv.*, v° Bail à vie, n° 7.

(5) Cfr Garsonnet, *op. cit.*, p. 419, texte et note 2; — Pothier, *Des retraits*, n° 28; — *Contrà*, Merlin, *Répert.*, v° Bail, § IV.

(6) Cette distinction des durées inférieure ou supérieure à 9 ans a laissé des traces dans le Code civil; à ses yeux, le bail de plus de neuf ans perd le caractère d'un acte de simple administration. Cfr les art. 481, 595, 1429 et *infrà*, n° 51.

de disposition semblable à l'art. 1743 du Code civil ; mais « il atténuait sensiblement les conséquences fâcheuses qui pouvaient en résulter en attribuant à tout bail d'une certaine durée l'effet d'un démembrement de propriété opposable aux tiers acquéreurs (1). »

Pour en finir avec la directe privée, il faut encore citer comme lui donnant naissance le contrat de *superficie*. Par ce contrat le concessionnaire acquérait le domaine utile des édifices et superfices du sol, sur lesquels le concédant ne se réservait qu'une directe, « à raison de quoi, dit Loyseau, pendant le bail on lui payait une redevance appelée *solarium*, *quod pro solo penderetur* (2). » A Rome au contraire le concessionnaire fût devenu propriétaire prétorien des superfices. La concession superficiaire pouvait être intégrale ou partielle. Intégrale, c'est-à-dire conçue en termes généraux et sans rectrictions, elle embrassait tous les édifices et superfices du fonds : bâtiments, forêts, herbages, etc... Partielle, elle se limitait aux termes du contrat ; ainsi un propriétaire pouvait accorder la permission de couper à perpétuité le bois croissant sur le sol, en se réservant pour lui-même le droit de mener paître ses troupeaux sur le même fonds. Cette sorte de partage se produisait, paraît-il, assez fréquemment dans les pays de montagnes, où sans s'occuper de la division du sol on attribuait exclusivement à l'un de deux frères par exemple le droit de couper à perpétuité le bois croissant dans un pré-bois, · et à l'autre, celui d'y faire pâturer ses bestiaux en tout temps. Le contrat de superficie avait avec le contrat d'emphytéose d'assez grandes analogies, qui lui faisaient donner quelquefois le nom d'emphytéose urbaine. Les deux contrats différaient toutefois sur un point important ; c'est que dans le bail superficiaire la décomposition de la propriété n'affectait que la surface seule, et dans le bail emphytéotique à la fois la surface et le tréfonds (3).

Tel était dans l'ancien droit ce curieux « cizaillement de la

____

(1) Garsonnet, *op. cit.*, p. 419.
(2) Loyseau, *op. cit.*, liv. I, ch. 4, n° 31.
(3) Cfr. Lefort, *op. cit.*, p. 261-262.

dominité », qu'on appelait le domaine direct. Il était, on le voit, fort répandu, très usité, très complexe. De là de nombreuses difficultés dont cette théorie a été la source. Elle a jeté la pratique et la jurisprudence, surtout depuis 1790, dans de grands embarras, faute d'un critérium infaillible pour distinguer si dans tel contrat le concédant avait voulu se réserver la propriété sous la déduction d'une servitude d'usufruit, ou bien un domaine direct, ou enfin une simple rente foncière.

Section III. — Théorie générale de la rente foncière

21. — *Définition du bail à rente foncière; ses effets.* — Le bail à *rente foncière*, si l'on prend ces mots avec l'acception large que leur donnent le décret des 18-29 décembre 1790 et l'article 530 du Code civil, comprenait toutes les conventions où le propriétaire d'un immeuble en transférait la propriété sous la réserve d'une redevance en nature ou en fruits. Dans l'usage, on entendait par bail à rente foncière un contrat spécial, soumis à des règles déterminées, et l'on appelait autrement ses nombreuses variétés (1). Le bail à rente foncière proprement dit était dans l'ancienne France la plus généralement répandue de toutes les formes de location perpétuelle (2), si l'on peut donner ce nom à un contrat qui se rapprochait plutôt de la vente. On doit en effet le définir d'après Pothier : Un contrat, par lequel l'une des parties baille et cède un héritage, en s'obligeant à le faire avoir à l'*acheteur* à titre de propriétaire, sous la réserve d'un droit de rente annuelle, consistant en une certaine somme d'argent, qu'elle retient sur cet immeuble et que l'acquéreur s'oblige à lui payer tant qu'il possèdera le dit immeuble (3). Cet immeuble pouvait être un

(1) Cfr. Garsonnet, *op. cit.*, p. 420.
(2) Cfr. sur les causes diverses de cette fréquence, *suprà*, n° 8.
(3) Cfr. Pothier, *Du contrat de bail à rente*, n° 1.

alleu, une censive ou un fief. Dans ces deux derniers cas, la nécessité de tenir compte des règles féodales avait sensiblement compliqué la théorie du bail à rente. Aussi pour plus de simplicité, nous supposerons d'abord qn'il s'agit d'un *alleu*. Nous verrons ensuite quelles particularités comportait l'application du bail à rente aux tenures féodales (*infra, n° 24*).

De cette définition de Pothier, il résulte trois choses : 1° le bail à rente, comme la vente, entraîne une aliénation ; elle transfère au preneur la propriété, et non pas seulement le domaine utile, comme dans le bail à cens. Le bailleur ne se réserve qu'un droit de rente, et non un domaine direct. Il n'a par suite ni les privilèges honorifiques qui peuvent être attachés au fonds cédé, ni le droit de retrait ou de prélation, ni les lods et ventes, à moins de stipulation contraire formelle, ni enfin la commise qui fut toujours étrangère au bail à rente, comme elle l'était d'ailleurs au bail à cens (1).

2° La rente ainsi réservée (*census reservativus*) est un droit réel retenu sur l'immeuble. Pothier l'appelle quelque part : « une espèce de démembrement de l'héritage (2). » C'était là au XVIIIe siècle, sa principale différence avec la rente dite *constituée*, cette dernière fût-elle même assignée sur un immeuble (3). Cette différence n'avait pas toujours existé. En voici la raison : Le contrat de constitution de rente, par lequel une partie vendait à l'autre, moyennant un prix en argent, le droit d'exiger d'elle à perpétuité des arrérages, ressemblait singulièrement à un prêt à intérêt ; aussi avait-on d'abord hésité à le consacrer. Pour lever tout scrupule, on exigea dans la pratique, que le débi rentier se dessaisît au profit du créancier d'un héritage suffisant pour assurer le service de la rente, de telle sorte que la rente constituée elle-même était alors regardée comme un droit réel foncier (4) ;

---

(1) Quelques coutumes et les notaires en général qualifiaient le bailleur de *seigneur de rente foncière*; l'expression, on le voit, était impropre et abusive (Pothier, *ibid.*, n° 80).

(2) Pothier, *ibid.*, n° 107).

(3) Cfr. Pothier, *ibid.*, n° 21.

(4) En comparant la rente foncière proprement dite à cette rente foncière constituée, on peut dire, en empruntant ses termes à la théorie

on trouve jusqu'en 1569 des bulles du Pape qui lui reconnaissent ce caractère (1). Mais par la suite on considéra comme
suffisante pour empêcher de les confondre, la différence qui
existe naturellement entre la rente constituée et le prêt à intérêt, différence qui consiste en ceci : que dans le prêt à
intérêt, le capital *prêté* peut toujours être réclamé par le créancier au bout d'un certain délai, tandis que dans la rente constituée le capital *aliéné* ne peut jamais être redemandé par le
crédi rentier. L'assignation d'un immeuble comme condition
de validité de la rente n'avait donc pas de raison d'être ; cela
reconnu l'assignation ne fut plus regardée que comme une
sorte d'hypothèque spéciale garantissant un droit personnel
de rente. Il y eut là toute une évolution de doctrine, due en
grande partie à Dumoulin, dont l'influence fit consacrer ces
résultats lors de la réformation de la Coutume de Paris
en 1580. A partir de ce moment le bail à rente devint la seule
ou presque la seule source des rentes foncières (2).

3° Le preneur s'oblige à payer la rente *tant que dure sa possession* ; en d'autres termes au droit réel retenu se joint pour
le bailleur un droit de créance contre le possesseur du fonds
grevé de la rente. Ce mélange de réalité et de personnalité
n'était pas rare dans l'ancien droit : et ici il se comprenait
aisément. L'immeuble en effet est sans doute le véritable
débiteur de la rente, si l'on peut s'exprimer ainsi. Mais il ne
peut la fournir au titulaire que par l'intermédiaire d'une personne. Dans l'usufruit, c'est l'usufruitier lui-même, possesseur
de l'immeuble, qui perçoit les fruits auxquels il a droit ; mais
dans la rente foncière, le crédi rentier ne possédait pas.
Il était donc forcé de s'adresser au preneur, et ce dernier
par suite ne pouvait faire autrement que de prendre l'enga-

romaine de l'usufruit, que la première était établie par *deductio*, la seconde, par *translatio*.

(1) Cfr. Demolombe, *op. cit.*, n° 423 bis, qui cite des bulles de 1423,
1455 et 1569 (Pie V).

(2) On pouvait encore en établir à titre de soultes dans les partages,
échanges, licitations ou transactions ayant pour objet des immeubles ;
mais ce n'était là que des hypothèses secondaires (cfr. Merlin *Répert.*,
v° Rente foncière, § 1. n° 1).

gement d'acquitter la dette de l'immeuble (1). Le droit réel
du crédi rentier se résolvait à l'égard du débi rentier en une
véritable obligation *ad faciendum*, caractère tout à fait anor-
mal des démembrements de la propriété. Cet élément subsi-
diaire de personnalité, qui donnait à la rente foncière une
physionomie *sui generis*, ne fut pas sans influence sur la nature
des actions destinées à la sanctionner. Mais avant d'étudier
ces actions, voyons d'abord quels étaient les caractères et les
causes d'extinction de la rente foncière.

22. — *Caractères généraux et causes d'extinction de la rente
foncière.* — Tous les caractères de la rente découlent de cette
idée unique qu'elle est un démembrement de la propriété
retenu par le bailleur sur l'immeuble qu'il a aliéné. Ainsi
elle est immobilière comme le fonds lui-même sur lequel elle
porte. Ainsi encore elle est la représentation du revenu du fonds,
et non pas comme le cens la reconnaissance d'un domaine
direct qui n'existe pas. Elle est cependant, comme le cens,
indivisible : et ce n'était pas là le moindre de ses inconvénients. Mais la conséquence la plus importante, c'est qu'elle
est de sa nature irrachetable, nouvelle différence avec la
rente constituée (2). On ne peut racheter en effet que ce qui a
été vendu ; or le droit réel de rente n'a pas été vendu au
preneur par le bailleur. Ce dernier le possédait en puissance
avant la conclusion du contrat. Par le bail, il a bien transmis
les autres attributs de son droit de propriété, mais il a gardé celui-là ; par conséquent il est à lui, *jure proprietatis*. On
ne peut donc le forcer à souffrir le rachat, personne n'étant·
obligé d'aliéner contre son gré ce qui lui appartient (3). L'irrachetabilité toutefois n'était pas de l'essence de la rente
foncière, et les parties pouvaient par convention formelle
écarter cette conséquence du principe. Mais en dehors de
cette hypothèse peu fréquente, on a pu dire avec raison que
le rachat de la rente aurait purement et simplement cons-

(1) Cfr. Pothier, *ibid.*, n° 18.
(2) La rente constituée avait été déclarée rachetable par la bulle du
pape Pie V de 1569.
(3) Cfr Pothier, *ibid.*, n° 23.

titué une expropriation forcée pour cause d'utilité privée (1).

Il résultait de là, il faut le reconnaître, de graves inconvénients. Chaque propriétaire successif d'un immeuble pouvant l'aliéner à charge de rente, on comprend qu'en peu de temps, la superposition des rentes devait épuiser, et au-delà, sa valeur. Aussi à Paris, nombre de propriétaires laissaient tomber leurs maisons en ruines pour échapper aux charges réelles qui les grevaient. Le danger devint assez grand pour que le roi s'en émût ; et ce qu'on ne pouvait faire pour cause d'utilité privée, il l'ordonna pour cause d'utilité publique. Une première ordonnance rendue par Charles VII en 1441 soumit au rachat les rentes dues sur les maisons de la ville et des faubourgs de Paris, sur le pied du denier douze (2). En 1553, Henri II étendit ce privilège à toutes les villes du royaume et fixa le taux du rachat au denier vingt. Il n'en exemptait que les rentes dues à l'Église à cause de l'inaliénabilité de ses biens (3). Mais la pratique tendit à limiter le plus possible les effets de ces ordonnances, considérées comme contraires aux principes ; elle leur imposa un système d'interprétation rigoureuse, qui en amoindrit singulièrement la portée (4). Cette jurisprudence restrictive s'appliquait même au rachat conventionnel, qu'elle déclarait prescriptible par trente ans, et dont les parties pouvaient fixer le taux aussi haut qu'elles voulaient. Le grand reproche que l'on faisait au rachat était de dénaturer le bail à rente au point de vue du droit successoral : il pouvait en effet introduire un changement dans l'ordre des vocations héréditaires, en mettant à la place d'un immeuble qui peut-être était un propre, un capital en argent qui n'était qu'un meuble. La vente produisait le même effet ; aussi n'avait-on pas tardé à assimiler complètement le bail à rente rachetable à une vente, et par conséquent à le soumettre à l'exercice du retrait lignager pour les parents, et à l'exercice du retrait féodal

---

(1) Cfr Demolombe, *op. cit.*, n° 423 ; — et Garsonnet, *op. cit.*, p. 422.

(2) Ord. de nov. 1441, art. 16 ; dans Isambert, *op. cit.*, t. IX, p. 91.

(3) Ord. de février 1553 ; *ibid.*, t. XII, p. 645.

(4) Cfr Pothier, *ibid.*, n°* 24 et suiv.

ou censuel et des profits de mutation pour le seigneur quand le bail portait sur un fief ou une censive (1).

Le rachat, légal ou conventionnel, quand il était exercé, faisait tomber le droit à la rente. Ce n'était pas la seule cause d'extinction qui pût y mettre fin. Il faut y joindre en effet : la prescription, qui peut se produire de deux façons, soit parce que le crédi rentier néglige de se faire servir la rente pendant trente ans (2), soit parce qu'un détenteur de l'immeuble, ignorant qu'il est grevé de rente, le possède comme franc pendant dix ou vingt ans (3) ; puis la consolidation sur la tête du preneur, héritant du crédi rentier ; l'adjudication sur décret sans charge de rente ; enfin la remise ou la novation consentie par le bailleur ; enfin dans quelques coutumes du nord, le retrait de la rente par le preneur en cas d'aliénation par le bailleur (4). Dans ces divers cas, le preneur devient plein propriétaire de l'immeuble qu'il détient. Dans d'autres cas au contraire, c'est le bailleur qui réunit à son droit de rente les autres attributs de la propriété qu'il avait aliénés. C'est ce qui a lieu par exemple, lorsque dans le bail à rente a été stipulée la faculté de retrait par le bailleur en cas d'aliénation du fonds par le preneur (5), ou lorsque le bail est temporaire, ou lorsque le contrat est rescindé ou résolu pour une cause quelconque (6), et notamment par la destruction totale de l'héritage, arrivée par cas de force majeure (7), et par le *déguerpissement* du preneur.

La faculté de déguerpir fut longtemps refusée au preneur. C'est dans l'ordonnance de 1441, par laquelle Charles VII autorisait le rachat des rentes établies sur les maisons de Paris, qu'on la trouve admise pour la première fois. Depuis, elle fut généralement consacrée par les coutumes, et devint

(1) Cfr Pothier, *Des retraits*, n° 87 ; — et *Des fiefs*, n° 721 ; — et décret du 18 décembre 1790, tit. IV, art. 1.

(2) Cfr. Pothier, *Du contrat de bail à rente*, n°ˢ 211 et suiv.

(3) Cfr. Pothier, *ibid.*, n°ˢ 196 et suiv.

(4) Cfr. décret du 18 décembre, 1790, tit. V, art. 6.

(5) *Ibid.*, art. 4.

(6) Cfr. Pothier, *ibid.*, n°ˢ 116 à 122.

(7) Cfr. Pothier, *ibid.*, n°ʳ 190 et suiv.

si favorable, que Loyseau put enseigner que même dans les coutumes où il était encore défendu, le déguerpissement n'était pas interdit indistinctement à tous les preneurs, mais seulement à ceux qui par une clause particulière du contrat, s'était obligé personnellement à payer la rente *à perpétuité* (1). Le preneur, il est vrai, s'obligeait personnellement dans tous les cas à payer la rente, mais seulement, nous l'avons vu, tant que durait sa possession : il n'était donc tenu que *propter rem*, et avait toujours le droit de se soustraire au paiement de la rente en abandonnant la possession. Il devait seulement satisfaire à certaines conditions : d'abord payer tous les arrérages de la rente dus et échus jusqu'au jour du déguerpissement qui ne produisait d'effets que pour l'avenir (2); ensuite, laisser l'immeuble en aussi bon état qu'il était lors du bail. Il devait donc réparer toutes les dégradations, sauf celles provenant de force majeure, et faire disparaître toutes les servitudes passives établies de son chef sur l'héritage (3). Quant aux hypothèques qu'il aurait pu consentir, comme elles ne pouvaient frapper que sur la plus-value de l'immeuble au delà de la rente, il était inutile de les purger (4). Les héritiers du preneur étaient soumis aux mêmes conditions, ainsi que les tiers détenteurs qui avaient acquis avec charge de la rente, et s'étaient par là volontairement obligés à en continuer le service (5). Quant aux tiers détenteurs qui avaient acquis l'immeuble sans avoir connaissance de la rente, il fallait distinguer suivant que leur bonne foi avait ou non cessé avant l'action intentée contre eux. Dans le premier cas, ils étaient tenus des arrérages échus et des dégradations faites depuis qu'ils avaient

(1) Cfr. Loyseau, *Du déguerpissement*, liv. IV, ch. 10, n°ˢ 6, 7.

(2) Cfr. Pothier, *ibid*, n°ˢ 136-137. — Les coutumes de Paris et d'Orléans, exigeaient en outre du déguerpissant le paiement du *terme ensuivant*, c'est-à-dire du terme courant.

(3) Cfr. Pothier, *ibid.*, n°ˢ 140-144; — Loyseau, *ibid.*, liv. V, ch. 3, n° 6.

(4) Cfr. Pothier, *ibid*, n° 145.

(5) Cfr. Loyseau, *ibid,*, liv. V, ch. 4, n°ˢ 7 et suiv., et ch. 7, n° 4 et suiv.; — Pothier, *ibid.*, n°ˢ 147 et suiv.

connaissance de la rente (1). Dans le second cas, ils pouvaient déguerpir purement et simplement sans payer d'arrérages, ni réparer de dégradations (2). Le droit de déguerpir pouvait être enlevé par certaines clauses, insérées dans le contrat, au preneur et à ses héritiers, et même aux tiers acquéreurs, s'ils s'y soumettaient expressément : c'était entre autres les clauses de « fournir et faire valoir », de payer la rente à perpétuité, de « méliorer tellement l'héritage qu'il puisse toujours valoir la rente et plus » etc... (3), toutes clauses qui ajoutaient à l'obligation *propter rem*, une obligation personnelle et indépendante de servir la rente. Elles étaient extrêmement fréquentes ; M. Jollivet affirma même au Conseil d'État qu'elles étaient devenues de style (4).

23. — *Des actions données au bailleur : hypothécaire spéciale, personnelle, mixte.* — Le droit du crédi rentier de percevoir les arrérages de la rente était garanti entre ses mains par un grand nombre de sûretés (5), mais surtout par trois actions dont la théorie, savamment élaborée en vue de la rente foncière par les jurisconsultes coutumiers, avait été étendue par eux aux redevances féodales et censuelles. Ces trois actions portent les noms d'action hypothécaire spéciale, action personnelle, action mixte.

L'action *hypothécaire spéciale* était l'action fondamentale de la rente foncière, et tenait uniquement à son caractère réel ; aussi eût-elle été beaucoup mieux nommée *action réelle de rente* ; car elle n'avait d'hypothécaire que le nom. Pothier faisait en effet remarquer avec raison que l'action hypothécaire proprement dite ne garantissait qu'un droit accessoire, tandis que l'action hypothécaire spéciale garan-

---

(1) Cfr. Pothier *ibid.*, n° 164. — Loyseau, (*ibid.*, liv. V, ch. 10, n° 26) allait plus loin, et exigeait le paiement de tous les arrérages échus pendant la possession.

(2) Cfr. Pothier, *ibid.*, n°ˢ 153 et suiv.

(3) Cfr. Pothier, *ibid.*, n° 185.

(4) Séance du 7 pluviôse an XII ; dans Locré, t. VIII, p. 83-84.

(5) Par exemple, l'hypothèque générale attachée à l'acte notarié qui constatait le bail à rente, le droit de demander la résolution du contrat, le privilège sur les meubles du preneur.

tissait un droit principal (1). La différence n'avait pas échappé aux jurisconsultes du moyen âge ; mais ils tenaient à employer autant que possible des expressions romaines, et ne trouvant pas d'action *in rem* de rente en droit romain, ils avaient pris l'action qui s'en éloignait le moins, c'est-à-dire l'action d'hypothèque, ajoutant seulement l'épithète *spéciale* pour éviter les confusions. Cette action hypothécaire spéciale pouvait être invoquée contre tout possesseur de l'héritage, et pour tous les arrérages en souffrance, fussent-ils échus avant sa possession ; « car, dit Pothier, l'héritage sujet à la rente foncière étant proprement le débiteur de la rente dont il est chargé, c'est une suite qu'il soit affecté au paiement de tous les arrérages qui en sont dus (2). » Il résulte de là que non seulement le preneur, ses héritiers, ou les tiers acquéreurs qui ont eu connaissance de la rente, pourront être poursuivis par l'action hypothécaire ; mais encore un tiers détenteur de bonne foi. Sans doute, ce dernier n'est point tenu personnellement des arrérages de la rente, mais il détient un immeuble qui les « doit » ; il lui faut donc payer ou déguerpir (3).

L'action *personnelle* était moins large. Comme elle dérivait de cette clause du contrat de bail par laquelle le « preneur s'obligeait à payer la rente tant qu'il posséderait l'héritage », elle ne pouvait être invoquée que contre ceux qui s'étaient soumis à cette clause, c'est-à-dire le preneur, et par suite ses héritiers, continuateurs de sa personne, ou contre ceux qui étaient censés s'y être soumis, à savoir les tiers détenteurs qui ont acquis à charge de la rente, ou du moins qui en ont eu connaissance lors de l'acquisition. L'action naissait à leur égard d'une sorte quasi-contrat de détention, qui les obligeait à payer les arrérages de la rente échue pendant qu'ils possédaient l'héritage ; telle était du moins la théorie de Pothier (4). A cause de ce caractère quasi-contractuel qu'on lui reconnaissait, l'action passait contre les héritiers

---

(1) Cfr. Pothier, *ibid.*, n° 91.
(2) Pothier, *ibid.*, n° 90.
(3) Cfr. Pothier, *ibid.*, n° 92.
(4) Cfr. Pothier, *ibid.*, n° 84.

des tiers acquéreurs. Mais si nous supposons un tiers détenteur qui ignore la charge dont est grevé l'héritage, et qui par conséquent le possédera comme franc, il est impossible de faire intervenir l'idée d'un quasi-contrat de détention, et l'action personnelle ne peut être intentée contre lui.

C'est ici qu'apparaît l'utilité de la troisième action, l'action *mixte*, par laquelle le crédit rentier pouvait faire condamner le possesseur à passer titre nouvel de la rente et à la continuer à l'avenir (1). Le but même de l'action mixte montre suffisamment qu'elle ne pouvait être invoquée contre le preneur lui-même, qui s'était obligé personnellement à servir la rente et avait fourni un titre ; mais qu'elle était fort utile contre les tiers acquéreurs de bonne foi, pour les soumettre à l'action personnelle à l'égard de tous les arrérages à venir. Elle était même utile contre les héritiers du preneur ou contre des tiers détenteurs connaissant la rente : en effet le titre nouvel devant être, comme le titre primordial, passé par devant notaire, emportait hypothèque générale sur tous les biens du débi rentier. C'était une garantie de plus.

Telles étaient les trois actions données au bailleur à rente. Il est facile de voir qu'elles paraient à toutes les éventualités et prévoyaient les situations les plus diverses. Le bailleur pouvait être en présence du preneur, d'un tiers acquéreur ou des héritiers de l'un ou de l'autre. Dans tous les cas il avait une action, et jamais il n'était désarmé. — Contre le preneur en effet, le bailleur a l'action personnelle et l'action hypothécaire spéciale, pour tous les arrérages qui viennent à échéance pendant la possession du preneur ; et quand cette possession cesse, il conserve pendant trente ans l'action personnelle pour le paiement des arrérages laissés en souffrance. — Contre le tiers détenteur, qui a acheté avec connaissance de la rente, le bailleur a l'action hypothécaire spéciale et l'action personnelle, pour les arrérages non payés par les prédécesseurs de ce tiers et pour ceux échus pendant sa possession ; il a de plus l'action mixte pour l'obliger à passer titre nouvel. Si le tiers détenteur a ignoré la rente, le bailleur peut lui

____

(2) Cfr. Pothier, *ibid.*, n° 93.

réclamer les arrérages échus avant ou pendant sa possession par l'action hypothécaire spéciale. Il peut aussi intenter contre lui l'action mixte pour le soumettre personnellement au service de la rente. Mais cette action n'aura d'effet que pour les arrérages à venir. Pour tous ceux qui sont venus à échéance auparavant, le bailleur n'a point d'autre action que l'action hypothécaire spéciale, ce qui en rend manifeste le caractère fondamental et prépondérant. — Plaçons enfin le bailleur en présence de successeurs *in universum jus* du preneur ou des tiers détenteurs. Ici plusieurs hypothèses peuvent se présenter : il faut distinguer suivant qu'il n'y a qu'un héritier ou plusieurs, possédant ou non l'héritage. Prenons le cas d'un héritier unique : s'il ne possède pas, il est seulement tenu des arrérages garantis par l'action personnelle ; s'il possède, le bailleur a contre lui les trois actions, suivant des distinctions qui ressortent suffisamment de ce qui précède. Quand il y a plusieurs héritiers et qu'aucun ne possède l'immeuble grevé de la rente, soit parce que le *de cujus* l'a légué, soit pour toute autre cause, ils ne sont tenus que de la dette personnelle du défunt, qui se divise entre eux. Si l'un d'eux possède, il est en outre soumis à l'action mixte, et à l'action hypothécaire qui pourra l'obliger à payer seul tous les arrérages en souffrance, dont ses cohéritiers sont tenus pour partie. Enfin si tous possèdent, le bailleur a les trois actions, et de plus, il les a pour le tout contre chacun d'eux. Ici, en effet, il faut faire intervenir le caractère d'indivisibilité de la rente foncière. Droit réel retenu sur l'immeuble, elle en frappe toutes les parties ; comme de l'hypothèque on peut dire d'elle : *Est tota in toto, et toto in quâlibet parte.* C'était là un des inconvénients les plus graves de la rente foncière ; et ce fut un des principaux arguments que firent valoir les partisans de sa suppression, lors de la discussion de l'article 530 du Code civil.

Le système d'actions que nous venons d'étudier fut étendu, avons-nous dit, aux profits féodaux et censuels. On trouve en effet, dans les profits le caractère dominant de la rente foncière, à savoir d'être une redevance perçue sur un immeuble par l'intermédiaire d'un possesseur. Il était donc naturel de leur adapter les actions imaginées pour la rente. Seulement le caractère seigneurial du fief ou de la censive introduisait quelques différences dans le jeu de ces actions. La principale était que tout acquéreur d'une censive, eût-il ignoré en fait la qualité de censive de sa tenure, était cependant personnellement obligé au paiement du cens et des profits. Une pareille ignorance, en effet, ne pouvait être ni présumée ni excusée, en présence de la maxime : « Nulle terre sans seigneur. » A plus forte raison, en était-il ainsi du fief, où le retard à porter la foi et hommage eût promptement exposé le vassal à la saisie faute d'homme. — Une autre conséquence de la même idée c'est que l'action mixte n'avait plus de raison d'être : A quoi bon obliger un tenancier à passer titre nouvel et à promettre le paiement des redevances quand ce tenancier par le seul fait de sa détention se trouve *de plano* obligé personnellement. Il est vrai que le titre nouvel eût conféré au bailleur une hypothèque générale qui n'était pas à dédaigner. Mais il faut croire que cet avantage n'aura pas été jugé suffisant pour motiver l'action mixte; car il n'apparaît pas, d'après les anciens auteurs, qu'elle ait jamais été donnée en matière de profits féodaux ou censuels (1).

24. — *Application du bail à rente à la censive et au fief; cens et champarts non seigneuriaux.* — Jusqu'ici nous avons supposé le bail à rente appliqué à un alleu. Mais, dans les pays de droit coutumier, c'était là l'exception. Le bail à rente s'y faisait le plus ordinairement pour des fiefs ou des censives, et il était d'autant plus fréquent pour ces dernières qu'il était impossible de les accenser. Quand il s'agissait d'un immeuble ainsi engagé dans la hiérarchie féodale, le preneur à rente n'en acquérait pas, comme au cas d'un alleu, la pleine propriété sous la déduction de la rente; il n'en acquérait que le domaine utile diminué par cette rente. Ainsi le preneur à rente d'une censive se trouvait forcément soumis à deux redevances : il devait le cens au seigneur, en reconnaissance de la directe,

(1) Cfr. Pothier, *Des fiefs*, n° 525-526; il n'indique que l'action hypothécaire et l'action personnelle.

puis la rente au concédant. L'opération intervenue entre lui et ce dernier était purement civile; la rente sera donc prescriptible, à la différence du cens. Quand le bail à rente s'appliquait à un fief, il importait de distinguer suivant qu'il avait été fait avec ou sans démission de foi, c'est-à-dire suivant que le nouveau possesseur du fonds prenait ou non la qualité de *vassal* au lieu et place du bailleur. En cette dernière qualité, il devait porter la foi et hommage, et payer les profits de relief. En pareil cas, l'opération faite avec le bailleur était là encore purement civile, et la rente était prescriptible. Si le bail au contraire avait lieu sans démission de foi, hypothèse exceptionnelle, qui nécessitait une clause formelle entre les parties, on se trouvait dans un cas de jeu de fief parfait; le vassal en baillant à rente retenait en même temps une directe. L'opération perdait alors son caractère civil, et au lieu d'un bail à rente simplement foncière, constituait un bail à rente seigneuriale (*suprà*, n° 17), c'est-à-dire une des variétés du bail à cens.

Le bail à cens à l'inverse n'était qu'une variété du bail à rente foncière, toutes les fois qu'il n'avait point de caractère seigneurial. C'est ce qui arrivait fréquemment dans les provinces du nord et de l'est de la France, où le bail à cens était un contrat purement foncier et sans mélange de féodalité. Ainsi à Tournay, à Lille, à Douay, dans le Cambrésis et dans le Hainaut, on appelait censier un simple preneur à bail, et cense un bien affermé, quelqu'il fût. A Metz, *cens* était synonyme de rente ; selon Dunod, il en était de même en Franche-Comté et en Bourgogne. En Bretagne enfin, le cens était très généralement une simple rente foncière ou un prix de bail (1). — Comme le cens, et plus fréquemment, le *champart* pouvait être non seigneurial. Le bail à champart transmettait alors au preneur la propriété du fonds, sous la réserve de la redevance en fruits (2).

(1) Cfr. Garsonnet, *op. cit.*, p. 424.
(2) Cfr. Garsonnet, *op. cit.*, p. 425 ; — Pothier, *Des champarts*, n°ˢ 2 et 5 ; — et *suprà*, n°ˢ 9 et 17.

Section IV. — Démembrements de la propriété spéciaux à diverses provinces.

25. — *Le bourgage, l'échevinage, le bail héréditaire d'Alsace, et la colonge.* — Outre les démembrements de la propriété que nous avons étudiés jusqu'à présent, démembrements qu'on rencontrait par toute la France, avec plus ou moins de modifications, il convient de signaler une foule de tenures locales soit civiles soit imprégnées de féodalité, donnant naissance à des droits réels, qui se rapprochaient ou s'éloignaient des types généraux, et dont plusieurs soulevaient des controverses. Chaque province avait en général des tenures préférées, des démembrements particuliers de la propriété foncière ; et quelques-uns méritent d'autant plus d'être mentionnés qu'ils ont fait l'objet d'un grand nombre de décrets sous la Révolution, et qu'ils sont encore usités aujourd'hui, en tout ce qu'ils ont de compatible avec les règles du Code civil. Pour les passer en revue, l'ordre le plus simple à suivre est assurément l'ordre géographique. Nous parlerons donc de ces démembrements spéciaux aux diverses provinces à mesure que nous les rencontrerons dans « un rapide tour de France. »

Commençons par le Nord. En Normandie, d'où elle a passé en Angleterre, on trouvait sous le nom de *tenure en bourgage*, une espèce d'alleu dégénéré, que l'on peut regarder comme intermédiaire entre l'alleu proprement dit et le fief, et qui ne pouvait porter, au moins à l'origine, que sur des biens situés dans les *bourgs* et dans les villes. Plus tard on assimila aux tenures en bourgage les francs-alleux roturiers situés dans les campagnes. C'était une grave dérogation aux principes, puisque l'alleu était libre de toute redevance, à la différence de la tenure en bourgage qui était astreinte au paiement d'une rente fixe. C'était d'ailleurs la seule obligation du tenancier, qui n'était soumis ni

au relief, ni aux lods et ventes, ni au retrait féodal, ni
à aucun droit seigneurial (1).

La même tenure était pratiquée dans l'Artois, le Hainaut
et la Belgique, mais elle y portait le nom *d'échevinage*, et
n'offrait pas toujours les mêmes caractères. Il y avait des
échevinages tenus en bourgage, des échevinages allodiaux
qui se confondaient avec l'alleu proprement dit, et des
échevinages tenus en *mainferme* (2), qui ne différaient pas,
suivant Merlin, du bail à cens seigneurial (3). La concession
en mainferme était faite à charge de rente annuelle et sous
certaines autres conditions, pour toute la vie du preneur et
de ses héritiers. D'abord temporaires, cette tenure avait
fini par devenir perpétuelle, et s'était alors appelée « mainferme » à cause de la sécurité qu'elle procurait au preneur.
Par le même motif, on donnait ce nom dans d'autres parties
de la France à toute tenure perpétuelle, noble ou roturière
Mais le Nord était la seule région où la mainferme eût le
caractère d'un bail à cens seigneurial(4).

En Alsace, il faut s'attendre à retrouver toutes les tenures
allemandes. Les deux plus usitées étaient : 1° le bail héréditaire (*erbpacht*), véritable emphytéose perpétuelle, où le preneur acquérait le domaine utile, transmissible à ses descendants *mâles* seulement, à la charge de payer un canon modique
récognitif du domaine direct. Il pouvait aliéner en son nom
et sans le consentement du seigneur. Trois années passées
sans payer la redevance entraînaient de plein droit la commise, selon la règle donnée par Justinien pour l'emphytéose (5);
— 2° La *landsiedelei*, où le preneur n'avait qu'un droit réel ;
encore le bail devait-il être conclu pour plus de neuf ans. Il
pouvait être renouvelé par périodes, et le canon augmentait à
chaque renouvellement, à moins de stipulation contraire. Les

(1) Cfr. Merlin, *Répert.*, v° Bourgage ; — et Lefort, *op. cit.*, pp. 283-
285.

(2) Cfr. Lefort, *op. cit.*, p. 278.

(3) Cfr. Merlin, *Répert.*, V° Mainferme.

(4) Cfr. Garsonnet, *op. cit.*, p. 410 ;— et Dalloz, *Répert.*, v° Propr. féodale, n° 196.

(5) Cfr. Lefort, *op. cit.*, p. 252-253 ; — et Garsonnet, *op. cit.*, pp. 438-439.

preneurs n'avaient en principe le droit d'aliéner qu'au nom et comme mandataires des bailleurs ; mais l'usage s'était établi parmi les paysans de se passer du consentement des propriétaires, toutes les fois que le bail leur avait été consenti à perpétuité, ou toutes les fois qu'ils avaient possédé la terre pendant trente ans, en payant un canon uniforme. La jurisprudence avait fini par se fixer dans un sens favorable à cette usurpation (1). — A côté de ces tenures, il faut signaler une institution d'un caractère tout à fait singulier, et qui rappelle les plus anciennes traditions du droit germanique : la *colonge*. Le bail colonger était un contrat par lequel le propriétaire concédait pour une durée perpétuelle un corps de biens considérable, réparti entre plusieurs personnes, sous l'obligation de payer une rente et de faire juger les différends qui pouvaient s'élever à raison des fonds concédés par le bailleur assisté des autres preneurs. Ce droit de justice que le colonger devait comme détenteur de la terre, était à proprement parler le caractère distinctif de la tenure colongère, qui sans cela se serait peu éloignée du droit commun des tenures roturières. Elle avait en effet avec la censive bien des traits communs : le droit de préemption, les lods et ventes, le *mortuarium* que devaient payer les héritiers du tenancier. La commise, encourue au cas d'aliénation recélée ou de non-paiement du cens, rapprochait la colonge de l'emphytéose (2).

26. — *L'albergement, la locatairie perpétuelle, le casement, la métairie perpétuelle, et le bail à complant.* — En descendant vers le sud, on trouvait dans le Bugey, la Savoie, le Dauphiné, la Provence, et le Languedoc, un contrat assez important, dit *d'albergement* ou *albergeage*. Ce contrat n'avait pas partout les mêmes effets. En Bugey, il ne donnait au preneur qu'un droit de jouissance (3). Ailleurs il lui transférait le domaine utile, et constituait alors une variété du bail à cens. La redevance

(1) Cfr. Garsonnet, *ibid.*

(2) Pour plus de détails, cfr. Garsonnet, *op. cit.*, pp. 440-443 ; — Lefort *op. cit*, 273-277,

(3) Cass. , 11 août 1851 ; dans Sirey, 1851, 1°, p. 764.

due par le preneur s'appelait *albergue*, et était essentiellement seigneuriale, comme le cens auquel elle ressemblait. Cette
redevance ne dérivait pas toujours de la concession d'un
fonds de terre : elle était parfois constituée par abonnement
du droit primitif d'albergue, c'est-à-dire de gîte et d'héberge-
ment, dont les vassaux étaient anciennement tenus envers
leurs seigneurs. Elle se rattachait alors à la « justice », et
conservait le caractère féodal du droit qu'elle avait remplacé (1).

La Provence et le Languedoc connaissaient une autre
tenure : la *locatairie perpétuelle*, que son nom définit suffisamment, et qui se distinguait de l'emphytéose proprement
dite, en ce qu'elle pouvait porter non seulement sur des
alleux, mais encore sur des censives ou des fiefs (2). Le caractère de ce contrat n'était pas parfaitement défini ; et
après de longues discussions, la jurisprudence des parle-
ments de Provence et de Toulouse s'était fixée en sens
contraires. En Provence, la locatairie perpétuelle transférait
la propriété, et était assimilée de tous points au bail à
rente (3). En Languedoc, au contraire, le preneur n'acquérait qu'un droit d'usufruit, et le bailleur restait propriétaire.
C'est ce qu'avait toujours décidé le parlement de Toulouse (4), et ce qu'enseignait Boutaric, qui voyait dans la
locatairie perpétuelle, un « cisaillement de la dominité (5). »

Dans les pays Pyrénéens, tels que la Gascogne et le
Béarn, il arrivait fréquemment qu'un censitaire s'engageait
à cultiver un bien rural, en retour du logement que lui
offrait le bailleur. Le censitaire contractait alors la double
obligation d'exploiter lui-même l'immeuble, et d'habiter la
casa, c'est-à-dire le logis du domaine, d'où le nom de
casement donné à cette tenure. Le casement n'était au fond

---

(1) Cfr. Garsonnet, *op. cit.*, p. 410 ; — Dalloz, *ibid.*, p, 193.

(2) Cfr. Boutaric, *Des droits seigneuriaux*, ch. 14, n° 1.

(3) Cfr. Julien, *Nouv. Comment. sur les statuts de Provence* ; Aix, David,
1778, in-4°, t. I, p. 269.

(4) Arrêts de 1705, 1737, 1746, 1749, cités par Merlin, *Quest. de droit*,
v° Locatairie, perpét., § 1.

(5) Cfr. Boutaric, *ibid.* — *Adde* Fonmaur, *op. cit.*, n° 536.

qu'une modalité de la censive ; mais il offrait cette particularité d'être consenti en considération de la personne, *intuitu personæ* : aussi le preneur ne pouvait-il ni vendre, ni se substituer un tiers dans son exploitation. Il était même tenu, ainsi que ses successeurs, de faire hommage au seigneur censier. Pour ce motif, quelques auteurs considéraient la tenure en casement comme un fief d'ordre inférieur (1). — En Béarn, on retrouvait l'albergement de la Savoie, sous le nom d'*aubergada*.

Dans le Limousin et dans la Marche, le bail *à métairie perpétuelle* ou *à colonage perpétuel* ne rappelait que par la similitude des dénominations, et nullement par ses effets, le bail à locatairie perpétuelle du Languedoc. Il ne donnait, en effet, au preneur ni l'usufruit, ni le domaine utile, mais un simple droit de jouissance, qui n'eût en rien différé du droit d'un colon partiaire ordinaire, s'il n'eût été transmissible aux héritiers du métayer ; encore la transmission n'avait-elle lieu ordinairement qu'en ligne directe. Le bailleur conservait seul l'exercice des actions relatives à la propriété ou à la possession du fonds ; il était seul chargé en principe de la réparation des bâtiments, et pouvait refuser son consentement à toute cession de bail projetée par le métayer (2). La condition de ce dernier était au demeurant assez précaire. Le bailleur pouvait lui enlever sa tenure, s'il négligeait de la cultiver pendant trois ans, ou s'il commettait des dégradations (3). Il pouvait même l'expulser sans motifs, à la charge toutefois de lui laisser dans ce cas un tiers du domaine affermé en pleine propriété, ou de lui payer une indemnité égale à la valeur de ce tiers (4). Ce droit éventuel du métayer à la propriété du tiers de la tenure, lui faisait quelquefois donner le nom impropre de *foncier* (5).

(1) *Cfr.* Lefort, *op. cit.*, p. 236.

(2) Cfr. Salviat, *Jurisp. du Parlem. de Bordeaux*, v° Bail à mét. perp.

(3) *Cout. de la Marche*, art. 329.

(4) Cass., 11 août 1840, dans Sirey, 1840, 1*, p. 673 ; — 30 mars 1842, *ibid.*, 1842, 1°, p. 617.

(5) Cfr. Demolombe, *op. cit.*, t. IX, n° 507 ; — Lefort, *op. cit.*, p. 250-252.

Le contrat préféré dans l'ouest de la France était le bail à *complant*, par lequel le propriétaire d'une terre non cultivée ou même cultivée la cédait à un preneur à la charge de la complanter, c'est-à-dire de la planter d'arbres ou le plus généralement de vigne, et de lui payer une redevance annuelle qui, comme le champart, consistait en fruits, et qu'on nommait *complanterie* (1). A ces conditions s'ajoutait fréquemment cette clause, qu'après un certain temps, cinq ou sept ans, la moitié des terrains complantés reviendrait aux mains du bailleur, le preneur gardant l'autre moitié en toute propriété, sous certaines charges déterminées par l'usage des lieux : en l'absence de cette clause, le bail à complant était perpétuel. Le preneur n'avait pas le droit de changer le mode de culture, à moins que le bailleur n'eût lui-même converti les redevances en nature en une prestation pécuniaire. A part ce cas le bailleur pouvait exiger le rétablissement du fonds dans son état primitif (2). Les concessions à complant étaient habituelles dans la Saintonge, l'Aunis, le Poitou, la Bretagne-Nantaise, l'Anjou, et le Maine. Mais elles avaient suivant les contrées des conséquences différentes. Dans le ressort de la coutume de la Rochelle, elles transféraient la propriété aux preneurs (3), et ressemblaient alors tout à fait au bail à champart non seigneurial. En Poitou, il résulte d'un arrêt de la cour de Poitiers que la même règle était appliquée (4). Au contraire, à l'embouchure de la Loire, dans le pays Nantais, le preneur à complant n'acquérait qu'un droit réel de jouissance ; une sorte de commise encourue de plein droit quand le preneur laissait périr les vignes, et la défense de vendanger avant que le bailleur eût fixé le jour, étaient regardées comme des signes certains de la propriété de ce dernier (5). En Anjou et

(1) Cfr. Demolombe, *ibid.*, n° 498.

(2) Cfr. Garsonnet, *op. cit.*, p. 394 ; — Dalloz, *Répert.*, v° Louage à complant, n° 2.

(3) Valin, *Nouv. comment. sur la cout. de la Rochelle*, art. 62 ; La Rochelle, 1756, in-4°, t. III, p. 316.

(4) Arrêt du 10 oct. 1808 ; cfr. Dalloz, *ibid.*, n° 4.

(5) Avis du Conseil d'État du 4 thermidor an VIII ; dans Dalloz, *ibid.*, en note.

en Vendée, la question de savoir qui du bailleur ou du preneur était propriétaire, était fort controversée (1).

27. — *Du bail à convenant ou à domaine congéable de la Basse-Bretagne.* — Si nous passons maintenant à la Basse-Bretagne, nous trouverons sur ce sol marqué d'une si profonde originalité, une tenure d'un caractère tout particulier, qui ne ressemble à aucune des précédentes, et dont l'origine a été fort discutée (2). Elle portait le nom de *convenant, tenue convenancière,* ou *domaine congéable,* et se pratiquait exclusivement dans la Bretagne bretonnante (Morbihan, Finistère, Côtes-du-Nord), où à un certain moment elle constitua le droit commun de la propriété. Elle était régie par des coutumes locales assez nombreuses, nommées *usements.* Les principaux usements étaient ceux de Tréguier et de Goëllo, de Cornouailles, de Broërec et de Rohan. Le bail à convenant peut être défini : un contrat, par lequel le propriétaire d'un héritage transportait à un tiers moyennant redevance, à la fois la jouissance du tréfonds avec le droit d'y faire certaines améliorations et la propriété des édifices et superfices actuellemeet existants ; il ne se réservait que la propriété du tréfonds et la faculté perpétuelle de congédier le tenancier, en lui remboursant la valeur des superfices et des améliorations qu'il aurait faites (3). Un tel contrat n'était, comme le faisait remarquer Hévin, « ni vendition ni location, ni conduction ni emphytéose, ni superficie ni censive ; il tenait quelque chose de tous ces contrats, et différait de tous (4). » On y trouve en somme trois éléments essentiels ; « Sçavoir, dit encore le même auteur, d'un côté retention d'une espèce de seigneurie fonciere, ou directe, pour raison de quoy le bailleur est appelé Seigneur foncier , d'autre côté l'acquisition des édifices et superfices, avec la faculté de jouir du fonds en payant *annuum canonem,*

---

(1) Cfr. Dalloz, *ibid.,* n° 5 ; — Garsonnet, *loc. cit.*

(2) V. l'exposé des divers systèmes proposés, dans Garsonnet, *op. cit.,* pp. 397, 398 ; — et Lecerf, *Du domaine congéable* (Thèse pour le doct), Paris, 1872, in-8°, pp. 2 à 8.

(3) Cfr. Garsonnet, *op. cit.,* p. 395.

(4) Hévin, *Consult. et observ. sur la cout. de Bretagne,* consult. 104, Rennes, Valar, 1734, in-4°, p. 478.

à raison de quoy le preneur est appelé homme domanier, Seigneur superficiaire et Colon ; et enfin la faculté qu'a le Seigneur foncier d'expulser le Colon, non-obstant quelque longue suite d'années que ce soit, en le remboursant de ses superfices à dire d'experts : C'est cette dernière condition propre et speciale à ce contrat qui luy a donné le nom de Convenant, et Domaine congéable, *Domanium migratorium* (1).»

Développons ces trois idées. Le seigneur foncier, dit Hévin, retient une espèce de seigneurie directe. Cette expression eût été fort inexacte à l'origine ; car le bail à convenant n'avait par lui-même aucun caractère féodal, et il eût été plus vrai de dire que le bailleur se réservait la propriété civile du sol, abstraction faite de tout ce qui le couvrait, moins les forêts, qui dans un pays boisé comme la Bretagne ne pouvaient manquer d'être regardées comme faisant corps avec le sol. Cette propriété du tréfonds conservée par le bailleur était pleine et entière, sans aucun démembrement en domaine utile et en domaine direct. Mais l'influence de la féodalité s'était fait sentir en Bretagne comme ailleurs, et la tenue convenancière en avait ressenti les atteintes. On avait fini par la considérer comme terre noble vis-à-vis des bailleurs ; et les bailleurs, devenus seigneurs, avaient comme tels imposé aux domaniers des corvées, des banalités, même des profits de vente, toutes choses qui dénaturèrent à tel point les domaines congéables, que Girard proposa au siècle dernier de les transformer en fiefs (2), et qu'un décret de 1792 les supprima (3).

En second lieu, le domanier acquérait la propriété de la superficie et la jouissance du tréfonds. Dans la superficie étaient compris les bâtiments faits ou à faire, les arbres fruitiers, les plantes quelconques, les fossés, les puits euxmêmes, etc... Les forêts de haute futaie étaient seules exceptées. Le foncier en un mot n'avait que la propriété de la

---

(1) Hévin, *op. cit.*, p. 477.

(2) Girard, *Des usements ruraux de Basse-Bretagne*, Quimper, 1774, préface, p. xii.

(3) Décret du 27 août 1792; cfr. *infrà*, n° 42.

terre à l'état naturel ; tout ce qui pouvait se concevoir en dehors du sol considéré comme table rase, appartenait au colon, et formait ce qu'on nommait indifféremment les droits superficiaires, convenanciers ou réparatoires. Ces droits, bien qu'immobiliers, étaient au point de vue du seigneur foncier regardés comme meubles. Il pouvait les saisir comme tels pour le paiement de la rente due par le tenancier. Cette rente, peu élevée, était ordinairement payable moitié en argent et moitié en nature. Si le colon était chargé par le bail d'acquitter les rentes seigneuriales ou autres dues par le fonds, la rente convenancière était diminuée d'autant. Le domanier pouvait d'ailleurs déguerpir pour échapper au paiement de la rente. Il usait alors de ce qu'on appelait le droit d'*exponce*, droit si fort qu'il ne pouvait y renoncer et qu'une baillée d'assurance (*infrà, n° 28*) ne pouvait le lui enlever (1). Il est vrai qu'il n'avait aucun intérêt à l'exercer ; car il perdait ainsi son droit éventuel au remboursement du prix des édifices et superfices. Mieux valait attendre l'exercice du droit de congément par le bailleur. Seulement ce congément pouvait se faire long-temps attendre, car le tenancier n'avait pas le droit de le provoquer ; il n'avait pas, à moins d'une convention formelle extrêmement rare, ce qu'on pourrait appeler le droit de con-gément réciproque. On comprend qu'en effet c'eût été mettre le seigneur foncier dans une condition par trop défavorable que de l'exposer à se voir contraint du jour au lendemain à rembourser des édifices et superfices d'une valeur peut-être considérable. — En sa qualité de propriétaire des superfices, le domanier pouvait les hypothéquer ou les aliéner comme il voulait. Mais en cas d'aliénation, l'usement de Rohan per-mettait au foncier soit de réclamer les lods et ventes, fixés par la coutume au denier huit du prix de vente, soit de con-gédier le domanier, nonobstant tout terme qui lui aurait été consenti, soit enfin d'exercer le retrait en prenant le marché pour son compte et en remboursant le prix d'acquisition. Le tenancier, comme propriétaire, pouvait encore abandonner ou détruire les édifices et les clôtures, couper les arbres frui-

(1) Cfr. Lefort, *op. cit.*, pp. 265 et 269.

tiers, et laisser les champs sans culture, à lacondition pourtant que le service de la rente, assuré par une hypothèque sur les droits convenanciers, ne fût pas compromis par ces détériorations. Cette faculté par le domanier de mésuser de ses droits, cessait lorsque une instance en congément était introduite contre lui (1).

28. — *Suite; le congément et les baillées d'assurances; la tenure en quevaise.* — La faculté de congément, accordée au bailleur contre le tenancier, telle est la dernière règle spéciale au bail à convenant. Cette faculté était perpétuelle et imprescriptible : elle existait même quand le bail était temporaire; et pouvait faire l'objet d'une aliénation directe. Mais le foncier ne pouvait en user que sous la condition de rembourser intégralement au preneur les droits superficiaires, sur le pied d'une estimation faite par experts. La valeur des édifices et superfices était prisée au jour du congément et non au jour de l'entrée du colon. Si ce dernier croyait avoir à se plaindre de l'estimation faite, il pouvait demander une *revue*, c'est-à-dire une nouvelle expertise (2). Par l'effet du congément le foncier recouvrait la pleine propriété de son fonds. C'était donc un droit très important pour lui ; aussi le domanier ne devait-il rien faire qui pût en rendre l'exercice impossible ou même simplement trop difficile. C'est ainsi qu'il pouvait bien effectuer des améliorations sur le fonds, mais qu'il devait s'abstenir de toute innovation, qui eût augmenté la valeur des superfices dans de grandes proportions. L'usement de Cornouailles, par un singulier abus de mots, disait que le fonds était *grevé*, lorsque les superfices valaient plus que la foncialité. Sous l'empire de la même idée, le même usement et celui de Broërec interdisaient les défrichements permis cependant par les usements de Rohan et de Tréguier (3). Si le bailleur s'apercevait que le domanier transgressât cette règle, et fît sur son fonds des *novalités*, il n'avait qu'à pro-

(1) Cfr. Lefort, *op. cit.*, pp. 267.
(2) Cfr. Lefort, *op. cit.*, pp. 270-271.
(3) Cfr. Lefort, *op. cit.*, pp. 268-269.

tester, et cette protestation lui donnait le droit de faire détruire les constructions ou les plantations abusives, ou bien d'exercer le congément sans les rembourser.

On voit que l'exercice du congément était organisé de façon à paralyser tous les progrès de l'agriculture, comme si l'existence même de ce droit n'eût pas suffi à les entraver. Pouvait-on penser en effet qu'un tenancier toujours exposé à une éviction, pût tenter de sérieuses entreprises agricoles ? Pourquoi aurait-il commencé des travaux de longue haleine qu'il n'avait aucune certitude d'achever ? Il aurait fallu pour cela que la faculté de congédier fût restée lettre morte (1), et c'est ce qui n'eut pas lieu. Pendant longtemps, il est vrai, les colons furent rarement congédiés, et se perpétuèrent dans leurs tenures. Leur sécurité leur donna confiance, et le domaine congéable rendit alors de grands services à la Bretagne. Mais au xviie et au xviiie siècles, les domaniers furent traités avec une rigueur inusitée. La noblessse appauvrie par un luxe immodéré se créa de nouvelles ressources à leurs dépens, en les menaçant du congément, jusqu'alors si rare, pour leur faire payer d'un prix exorbitant le renouvellement de leurs baux. En Tréguier surtout, les seigneurs fonciers traitèrent véritablement leurs colons comme des tenanciers *at will*, selon l'expression anglaise. Ces derniers ne pouvaient obtenir un peu de sécurité qu'en payant fort cher des *baillées d'assurance*, c'est-à-dire des promesses formelles de les laisser en possession jusqu'à l'expiration d'un terme convenu d'avance, ordinairement six ou neuf ans (2). Lorsque les colons ne payaient pas les deniers d'assurance, les seigneurs de Cornouailles les expulsaient sans scrupule, et sans tenir compte du texte de l'usement qui défendait de congédier avant la fin du terme convenu (3). Si quelques-uns respectaient les droits établis, les commentateurs diront qu'ils le faisaient « par délicatesse de conscience ou générosité de sentiments (4) ». Les seigneurs

(1) Cfr. Garsonnet, *op. cit.*, p. 401.

(2) Cfr. Garsonnet, *op. cit.*, p. 399 ; — Lefort, *op. cit.*, p. 273.

(3) Art. 3 ; dans Bordot de Richebourg, *Coutumier général*, t. IV p. 409.

(4) Girard, *op. cit.*, p. 97, note 1.

de Rohan, mieux avisés ou plus humains, laissaient généralement la jouissance des domaniers se perpétuer (1). En 1776, Girard signale encore avec indignation les abus du congément ; mais vers cette époque les praticiens inventèrent, pour remédier au mal, une clause qui devint bientôt de style : elle donnait aux colons une assurance perpétuelle contre le congément, à la condition par eux de payer, chaque neuvième année, un droit de commission, fixé une fois pour toutes par la convention primitive. C'était une sorte de baillée d'assurances à renouvellements. La faculté de congédier était ainsi indéfiniment ajournée, et les conditions du contrat profondément modifiées (2).

Une autre tenure bretonne, beaucoup moins usitée que le domaine congéable, était la tenure en *quevaise*, qui différait du convenant surtout par sa plus grande fixité : le quevaisier ne pouvait pas déguerpir, et son seigneur ne pouvait pas l'expulser. Ce double résultat s'explique, quand on sait que le quevaisier était lié à son seigneur par des liens personnels. Il était dans une sorte de vassalité très inférieure, voisine du servage. Il devait la foi et hommage, le dénombrement, des profits de mutation du tiers du prix de vente, et une redevance annuelle, fixée, suivant la nature des terrains, à la cinquième ou à la septième gerbe de blé. Il ne pouvait ni aliéner, ni échanger, ni louer sa tenure, sans la permission du seigneur, et encourait la commise, s'il cessait de cultiver pendant un an et un jour, ou s'il prenait en quevaise un deuxième fonds de terre dans la même seigneurie. Les concessions en quevaise étaient faites au preneur et à ses descendants (3); si le preneur mourait « sans hoirs de son corps », le tréfoncier reprenait le fonds sans indemnité. La quevaise, tombée en

______

(1) Le Guevel, *Comment. sur l'usement. de Rohan*, Rennes, 1786, n° 74.

(2) Garsonnet, *op. cit.*, p. 400.

(3) Il faut signaler à ce propos une bizarre coutume de l'usement de Rohan, qu'on a voulu rattacher au droit celtique, le privilège du *juveigneur*, en vertu duquel l'héritier unique de la quevaise était toujours le plus jeune des enfants, le juveigneur. C'était un véritable droit d'aînesse... au profit du dernier-né.

D. F.   6

désuétude était devenue très rare à la veille de la Révolution (1).

29. — *Le bordelage du Nivernais et du Bourbonnais; les tailles
réelles*. — La tenure en quevaise nous fournit une preuve
que des traces de servage et de mainmorte réelle subsistaient
encore dans quelques parties de la France à la fin du
XVIIIe siècle. Une autre preuve, plus probante peut-être,
nous est fourniepar l'usage de la tenure en *bourdelage* ou *bordelage*, pratiquée dans l'Auxerrois, le Nivernais, le Bourbonnais, et les parties avoisinantes du Bas-Berry (2); un chapitre entier de la coutume de Nivernais lui était consacrée
(ch. VI). Suivant l'illustre commentateur de cette dernière
coutume, Guy Coquille, *bordelage* venait des mots *borda*
ou borde, qui, dans la basse latinité et dans le vieux français, désignaient « un domaine aux champs destiné pour le
ménage, labourage et culture (3). » Cette étymologie
est en parfaite harmonie avec les règles primitives du
contrat. A l'origine, en effet, les héritages ruraux pouvaient seuls être tenus en bordelage; mais, par la suite,
ce contrat fut appliqué aux maisons (4). Il devint même
si fréquent, qu'au XVIe siècle il existait, à Nevers et dans
les autres villes du duché, un grand nombre de maisons
bordelières. Il arriva alors ce qui s'était produit à Paris pour

(1) Cfr. Lefort, *op. cit.*, pp. 263-264. — La tenure en *mote,* qui ressemblait à la quevaise, avait disparu avant elle. En 1580, la compilation de
l'usement de Cornouailles constate « qu'elle était dès lors comme abolie
par la commutation universelle de ce titre en celui de domaine
congéable » (cfr. *ibid.*, p. 264, note 2).

(2) On la retrouvait encore dans l'ancienne coutume d'Auvergne.

(3) Guy Coquille, *Cout. de Nivernais*, ch. VI, art. 1. — Un très grand
nombre de *locatures* (petites fermes) du Bas-Berry et du Bourbonnais
portent aujourd'hui le nom de *Bord*, et l'on trouve souvent dans les titres
anciens ce nom accolé à celui de la seigneurie voisine, dont la locature
dépendait. Le lien de dépendance a disparu, le nom est resté. Le mot
bordelage lui-même s'est maintenu çà et là. Ainsi on dit encore le
champ des Bordelages de la Pajarderie, dans la commune de Cuffy
(Cher); cfr. Cte Jaubert, *Glossaire du centre de la France*, v° Bordelage.

(4) Guy Coquille, *ibid.*, art. 1 et 3.

les rentes foncières : les propriétaires de ces maisons, grevées de charges trop lourdes, les laissaient tomber en ruines. Le duc de Nivernais, Lodovico de Gonzague, voyant ainsi la ville de Nevers « toute oppressée et foulée de bordelages », demanda et obtint du conseil privé du roi trois arrêts, convertissant les rentes bordelières actuellement existantes en censives, ou rentes foncières, et défendant de donner désormais les maisons de ville en bordelage ; la prohibition fut insérée dans la coutume (art. 30).

Le bordelage, dit la coutume de Nivernais, « emporte directe seigneurie, et à cause d'icelle seigneurie, tiers denier, retenue et retour ès cas échéans et dessous déclarés (art. 2). » La rétention de la directe a fait considérer par Argou et Merlin (1) la tenure en bordelage comme une tenure en censive ; mais l'assimilation n'est pas exacte, et ce n'est pas sans raison que la coutume de Nivernais consacrait à ces deux formes de la propriété deux chapitres distincts : les conditions du bordelage étaient, en effet, beaucoup plus nombreuses et plus dures que celles de la censive. Par certains côtés, elles rappelaient les obligations de l'emphytéote combinées avec celles du censitaire. C'est ainsi que le bordier devait payer une redevance assez forte, partie en argent, partie en blé ou en *plume* (volailles) (art. 3). S'il cessait de payer cette rente pendant trois ans consécutifs, « il commettait la chose bordelière au profit du seigneur bordelier (art. 4). » Cette commise, étrangère au bail à cens, appliquée rarement en fait à l'emphytéote, était exercée contre le bordier avec une extrême rigueur. Toutefois, il pouvait encore l'éviter en payant les arrérages en souffrance, avant la reprise du fonds par le seigneur (art. 8). Le tenancier, qui trouvait les conditions du contrat trop onéreuses, pouvait déguerpir ; mais il devait payer la rente échue, et laisser le fonds en bon état (art. 16).

Il n'avait pas, en effet, le droit de le détériorer, comme un censitaire aurait pu le faire ; il devait l'entretenir, voire l'améliorer ; mais, dit à ce propos Guy Coquille : « Cet

____

(1) Argou, *op. cit.*. t. II, p. 179 ; et Merlin, *Répert.*, v° Bordelage.

article, selon mon avis, doit être entendu avec tempéra-
ment, autrement cette nature de redevance bordelière serait
réputée une misérable et tyrannique servitude (1). » De fait
c'était bien son caractère. Un preneur à cens ordinaire aurait
pu démembrer le fonds, c'est-à-dire l'aliéner en partie, ou
le bailler à rente foncière : le bordier, bien que propriétaire
en principe, ne le pouvait pas, à moins d'avoir l'exprès consentement du seigneur bordelier (2). Et la sanction était
énergique : c'était la nullité *eo ipso* de l'opération tentée,
l'obligation de rétablir les choses en l'état, dans l'an et jour
à dater du commandement du bailleur ; et enfin, si le bordier
ne s'exécutait pas, la commise (3). Si l'aliénation partielle
lui était défendue, au moins le tenancier pouvait-il faire une
aliénation totale ? Là encore nous trouvons des restrictions
tenant au caractère servile de la tenure. En Bourbonnais, le
bordier devait à peine de commise, demander le consentement
du seigneur. La coutume de Nivernais, moins exigeante (4),
se contentait de donner à ce dernier le choix entre la *retenue*
et le *tiers denier*, c'est-à-dire que le seigneur pouvait ou garder
le fonds, comme dans l'emphytéose, en payant le sort principal
de la vente, avec les loyaux coûts et frais raisonnables (5) ;
ou réclamer, sous le nom de tiers denier, un droit de mutation
énorme : il était, dit Guy Coquille, « de la moitié de ce que le
bordelier reçoit en vendant, que l'on appelle tiers en montant.
Car les deniers que le vendeur reçoit, et la part que le seigneur
prend, tout cela assemblé, c'est le vrai prix de l'héritage
et le seigneur en prend le tiers : Ce qui est bien rude, mais
la loi est telle (6). » Jamais les lods et ventes dans la censive
n'ont atteint un pareil chiffre ! — Chose singulière, malgré leur
caractère seigneurial, les rentes bordelières, le tiers denier,

(1) Guy Coquille, *ibid.*, art. 15.
(2) *Cout. de Nivernais*, art. 11.
(3) *Cout. de Niv.*, art. 11, 12, 13.
(4) « Nos ancestres, dit Guy Coquille, par composition general ont
arbitré le prix selon lequel le Seigneur devroit vendre son consentement. » (Sur l'art. 23).
(5) *Cout. de Niv.*, art. 23-24.
(6) Guy Coquille, *ibid.*, art. 23.

le droit de retenue, et les autres droits du seigneur bordelier étaient déclarés prescriptibles par la coutume de Nivernais (art. 28) ; la prescription s'opérait par trente ans à l'encontre des seigneurs laïques, par quarante ans à l'encontre de l'Église. Il est vrai que dans la coutume de Nivernais la même prescription s'appliquait en matière de censive contrairement au droit commun (1). Telles étaient les principales règles de cette sorte d'emphytéose servile qu'on appelait le bordelage.

En Bourbonnais, cette tenure existait comme en Nivernais, et sous le même nom ; mais la coutume n'en traçait pas les règles. Elle se contentait de renvoyer à celles toutes semblables des tenures soumises aux *tailles réelles*. L'art. 498 était formel sur ce point : « Il y a plusieurs héritages baillés à bourdelage, lequel droit de bourdelage est de pareilles condition et qualité que tailles ; et si gouverne-t-on par ladite coutume, tout ainsi en la forme et manière qu'un héritage taillable. » La taille réelle était une rente seigneuriale, emportant droit de directe seigneurie (art. 489) ; elle était due « sur, pour raison, et à cause des terres et héritages (art. 488). » C'était, dit Auroux des Pommiers (2) « une charge extraordinaire, et une servitude très rude et très fâcheuse pour le propriétaire de l'héritage taillable ; » et un autre commentateur, Jean Decullant, ajoute : « La condition des fonds taillables est une *durissima conditio*. » Mais l'heure de la Révolution est proche : cette condition si dure va changer.

(1) *Cout. de Niv.*, ch. V, art. 22.
(2) Auroux des Pommiers, *Cout. du Bourbonnais*, sur l'art. 489.

CHAPITRE II

DROIT MODERNE

Section I. — Préliminaires des réformes de la Révolution

30. — *Aversion profonde du* XVIIIe *siècle pour la féodalité.* — Si l'on ouvre le Code civil, après avoir constaté la multiplicité des démembrements de la propriété dans l'ancien droit, on est frappé de la simplicité des lois modernes sur cette matière. La directe féodale, [la directe censuelle, la directe privée, les rentes foncières, les démembrements particuliers aux provinces, tout cela a disparu. Dans ce pays de France où la propriété pleine et libre était l'exception et la propriété démembrée la règle, une transformation complète a eu lieu : la propriété libre est la règle, la propriété démembrée l'exception. Ce changement remarquable s'est opéré dans l'espace de quinze années, qui s'est écoulé depuis le 5 mai 1789, date de l'ouverture des États généraux, jusqu'au 30 ventôse an XII, date de la promulgation de la dernière des lois qui composent le Code Napoléon. C'est à la Révolution qu'il est dû en grande partie. La Révolution, en effet, n'a pas seulement affranchi la personne et détruit les privi-

lèges ; elle a affranchi aussi la propriété, et c'est par là surtout qu'elle a gagné à sa cause la masse des petits propriétaires, fort nombreux en 1789 (1), et qu'elle s'est ainsi assuré un ferme point d'appui pour achever une œuvre qu'elle aurait dû accomplir par d'autres moyens que ceux qu'elle a employés.

C'était presque uniquement sur ces petits propriétaires que pesait ce qui restait de la féodalité. Depuis longtemps, le servage avait à peu près complètement disparu. Si on le retrouvait encore dans quelques cantons écartés des pays montagneux : Basse-Bretagne, Morvan, Jura, Haute-Marche et Auvergne, ce n'était plus qu'une douloureuse exception. Au contraire, l'assujettissement des terres avait plutôt augmenté que diminué, par une conséquence naturelle de la transformation de la féodalité politique en féodalité civile. En effet, tous les anciens droits féodaux dont jouissaient les seigneurs, autant comme souverains que comme propriétaires, avaient bien été dépouillés par la royauté de leur caractère politique ; mais ils n'avaient pas été abolis. Ils subsistaient aux mains de leurs titulaires comme droits pécuniaires, grevant les héritages compris dans leurs seigneuries. Ces droits avaient pu, à l'origine, être légitimes quand ils représentaient le prix d'une protection accordée par le seigneur à ses sujets ; mais ils étaient sans raison d'être, du moment que les services qui les justifiaient n'étaient plus rendus. Les paysans, obligés de payer des droits qu'ils regardaient comme des impôts, car ils ressemblaient fort à ceux que le roi prélevait sur eux, forcés d'accomplir des corvées qu'ils considéraient comme des exactions et qui venaient s'ajouter aux corvées royales, contraints de subir les banalités et une multitude de privilèges devenus inexplicables, se prirent à détester le seigneur. Celui-ci, réduit à n'être plus que le premier habitant de sa paroisse, et se sentant haï, s'en alla vivre à la cour, et ne se souvint plus qu'il avait des terres que pour en réclamer les revenus à

____

(1) Cfr. sur ce point : Tocqueville, *op. cit.*, pp. 33-38 ; — Taine, *Les orig. de la France comtempor.*, Paris, Hachette, in-8°, t. I (1877), p. 453 et suiv.

ses intendants. Le luxe était grand à la cour ; les demandes
d'argent se faisaient nombreuses : les intendants pressurèrent
les tenanciers (1). Quand le seigneur ne fuyait pas sa terre,
c'est qu'il était pauvre. La pauvreté le forçait à être dur, et
à ne laisser échapper aucun de ces droits exécrés qui le faisaient vivre. Dans ces conditions, la sympathie que la vie
commune aurait pu établir entre lui et ses tenanciers, devenait impossible.

L'aversion de la féodalité grandissait donc chaque jour au
cœur des paysans ; elle fut intolérable le jour où ils devinrent
propriétaires. Tant qu'ils n'avaient été que de simples possesseurs de la terre d'autrui, ils ne s'étaient pas irrités de
voir le seigneur prendre pour lui la plus grande part des profits de la culture. Ce qui leur restait, c'était leur salaire.
Mais, avec le temps, les tenanciers s'habituèrent à considérer
comme leur appartenant, cette terre qu'ils cultivaient de
père en fils, et dont le véritable propriétaire, habitant la
cour ou les camps, leur était souvent inconnu. Ils n'aspiraient
qu'à consolider leur possession, à transformer des tenures
précaires en tenures perpétuelles (2) ; et il arriva qu'un beau
jour, favorisée par la jurisprudence, l'expropriation, qui
s'était effectuée lentement, mais sûrement, se trouva accomplie. Vassaux, censitaires, champartiers, emphytéotes, fermiers à vie ou à longues années, colongers d'Alsace, preneurs à albergement de la Savoie et du Dauphiné, tenanciers
en casement du Béarn, complantiers de l'Aunis et du Poitou,
bordiers du Nivernais, etc..., tous, nous l'avons vu, étaient,
au xviiie siècle, regardés comme propriétaires ; les preneurs

(1) C'est là un des résultats habituels de l'absence continuelle des
propriétaires, ou *absentéisme*. Il a été maintes fois signalé. D'ailleurs la
triste expérience de l'Irlande ne laisse sous ce rapport rien à désirer.

(2) Cfr. ce que dit M. Lefort (*op. cit.*, pp. 254 et suiv.) du droit de *marché*, usage en vertu duquel les paysans du Santerre (Picardie) déte-
naient à perpétuité des terres qu'ils avaient louées pour un temps,
résistant à la procédure d'expulsion, et recourant, au besoin, contre le
propriétaire et le nouveau fermier, à la menace, à l'incendie et au
meurtre. C'est par les mêmes moyens que, depuis deux siècles, les
Irlandais poursuivent la fixité de leurs tenures. — *Adde* Glasson,
Elém. du droit français, Paris, Durand, 1875, in-12, t. I., pp. 312-313.

à rente foncière, et en Provence, les locataires perpétuels l'étaient depuis longtemps. Seulement, cette propriété qu'ils avaient conquise n'était pas entière. Dans bien des cas, la commise pouvait la leur enlever; presque toujours des restrictions étaient mises à leur jouissance, ils avaient enfin, sous une sanction énergique, des redevances à payer. Ces redevances qui s'attachaient à leur terre, à leur terre *à eux*, sans qu'ils pussent parvenir à en secouer le joug, leur étaient odieuses. Il leur semblait que le seigneur direct ou le crédirentier les volait, quand il réclamait son dû (1).

Ce sentiment, qui est de tous les temps, rend manifestes les inconvénients sociaux des démembrements de la propriété foncière et les avantages de la propriété libre et individuelle. Aussi, comprend-on sans peine qu'avec les institutions féodales proprement dites, tout l'ancien régime foncier ait été, en 1789, enveloppé dans la même réprobation. Les esprits étaient portés vers l'émancipation de la propriété par un mouvement si vif, que la simple abrogation des droits féodaux n'aurait pas suffi (2). Il fallait davantage : il fallait un renouvellement du régime de la propriété. Ce fut, dans l'histoire de la Révolution, un fait capital. Pendant longtemps, les historiens ont tenu trop peu de compte de son influence ; mais aujourd'hui, ils l'ont aperçue et signalée (3). Ils l'ont même exagérée ; car M. Taine va jusqu'à dire : « Quels que soient les grands noms : liberté, égalité, fraternité, dont la Révolution se décore, elle est par essence une translation de la propriété : en cela consistent son support intime, sa force permanente, son moteur premier et son sens historique (4). » Il y a évidemment de l'exagération dans une telle affirmation ; car elle méconnaît l'importance également considérable des réformes constitutionnelles. Mais nous reconnaissons volontiers qu'en s'attaquant

(1) Cfr. à cet égard : Tocqueville, *op. cit.*, pp. 44-47.

(2) Cfr. Garsonnet, *op. cit.*, p. 536.

(3) Notamment : Tocqueville, *op cit.* ; — Taine, *op. cit.* ; — Doniol, *La Révolution française et la féodalité*, 2ᵉ éd., Paris, Guillaumin, 1876, in-8º.

(4) Taine, *op. cit.*, t. II, (1878), p. 386.

aux débris de la féodalité, la Révolution ne pouvait manquer d'acquérir une grande force, parce qu'elle acquérait en même temps sa raison d'être (1).

31. — *La question des droits féodaux se révèle en* 1789; *la Nuit du 4 août.* — La question des droits féodaux en prenant ce mot dans un sens large, était donc grosse de menaces dans la seconde moitié du XVIIIe siècle, et cependant personne ne semblait s'en apercevoir. Emportés par d'autres idées, les philosophes, les économistes, Turgot, même dans une certaine mesure, ne la soupçonnaient pas. Necker, qui aurait pu conquérir à jamais, en se faisant le promoteur de la réforme, cette popularité qu'il poursuivit toute sa vie, disait, à la fin de 1788, dans un rapport au roi : « Il n'entrera jamais dans l'esprit du Tiers État de chercher à diminuer les prérogatives seigneuriales ou honorifiques qui distinguent les deux premiers ordres dans leurs *propriétés* ou dans leurs personnes (2). » Un seul homme avait conscience de la situation, et c'était un Anglais, Arthur Young, qui avait commencé ses voyages agronomiques en France en 1787 : « Quel vice, s'écriait-il, que les seigneurs, au lieu d'être les bienfaiteurs de leurs pauvres voisins, n'en soient que les tyrans par leurs abominables droits féodaux ! » Et il ajoutait en voyant la résistance des privilégiés à abandonner ces droits : « Ah ! si j'étais pour un jour le législateur de la France, je ferais bien danser tous ces grands seigneurs ! » Parole brutale, qui s'est brutalement réalisée (3).

Cependant, le roi ayant convoqué les États Généraux, les paroisses et les bailliages furent appelés à rédiger des cahiers de demandes. Les cahiers des paroisses furent une révélation. Rédigés en présence des paysans, le plus souvent par les curés, tous contenaient des protestations ardentes contre la féodalité. Les cahiers des bailliages, qui devaient résumer

(1) Cfr. Tocqueville, *op. cit.*, p. 350 : «... En achevant d'abattre la féodalité, la Révolution s'est fait apercevoir : elle a touché, pour ainsi dire, à tous les points sensibles de l'intérêt particulier. »

(2) Cité par Laferrière, *Essai sur l'hist. du droit français*, 2e édit., Paris, Guillaumin, 1859, in-12°, t. II, p. 84.

(3) Cfr. Doniol, *op. cit.*, p. 24.

ceux des paroisses, et qui furent rédigés par des bourgeois presque tous possesseurs de fiefs, étaient plus modérés dans l'expression ; mais ils ne pouvaient travestir complètement les doléances des paroisses, et l'aversion de la féodalité s'y faisait encore vivement sentir (1). Il faut constater toutefois que ces cahiers demandaient avant tout des réformes constitutionnelles (2). — A peine les États Généraux furent-ils réunis, que la question des droits féodaux se posa. Elle eut une grande influence sur la lutte des trois ordres, les deux ordres privilégiés ne comprenant que trop que le jour où ils se réuniraient au Tiers État, les propriétés féodales seraient fortement menacées. A la séance royale du 23 juin, le roi essaya de les mettre hors d'atteinte en interdisant de les discuter : « Toutes les propriétés, sans exception, disait-il dans sa déclaration (3), seront constamment respectées ; et Sa Majesté comprend expressément sous le nom de propriété, les dîmes, cens, rentes, droits et devoirs féodaux et seigneu_ riaux, et généralement tous les droits et prérogatives utiles ou honorifiques attachés aux terres et aux fiefs, ou appartenant aux personnes. » Et ceci se passait trois jours après le serment du Jeu-de-Paume ! Chose singulière, l'Assemblée elle-même semblait aussi partager l'aveuglement du roi : elle mettait une imprudente lenteur à entamer le problème de la féodalité.

Le 14 juillet survint. Ce premier acte sanglant de la Révolution détermina une *jacquerie* dans les départements. Les paysans coururent sus aux châteaux, les incendièrent, et surtout détruisirent partout les archives et les anciens titres féodaux. Le Dauphiné, le Beaujolais, le Mâconnais, la Bourgogne, furent ravagés par les bandes révoltées: le Lyonnais était menacé. L'Assemblée Constituante, effrayée de ces désordres, s'inquiétait de l'impuissance de la force publique (4). Le 3 août, elle avait reçu des nouvelles graves. Le 4,

(1) Cfr. Doniol, *op. cit.*, pp. 35-46.
(2) Cfr. le discours du vicomte de Noailles, *infrà hoc n°*.
(3) *Déclaration des intentions du roi*, art. 12 ; dans Laferrière, *loc cit.*
(4) Cfr. Laferrière, *op. cit* ; p. 85 ; — et Doniol, *op. cit.* ; pp. 47-55.

au soir, au nom d'un comité saisi la veille de la question, Target proposa de prendre des mesures énergiques pour réprimer l'insurrection. C'est alors qu'un député de la noblesse, le vicomte de Noailles, qui avait combattu sous Washington, monta à la tribune, et mit courageusement le doigt sur la plaie : « Le but de l'Assemblée, dit-il, est d'arrêter l'effervescence des provinces, d'assurer les libertés publiques, et de confirmer les propriétaires dans leurs véritables droits : mais comment peut-on espérer y parvenir sans connaître quelle est la cause de l'insurrection qui se manifeste dans le royaume, et comment y remédier sans appliquer le remède au mal qui l'agite ? Les communautés ont fait des demandes ; ce n'est pas une constitution qu'elles ont désirée. Elles n'ont formé ce vœu que dans les bailliages. Qu'ont-elles donc demandé ? Que les droits d'aide fussent supprimés, qu'il n'y eût plus de subdélégués, que les droits seigneuriaux fussent allégés ou échangés... » Le vicomte de Noailles termina son discours en demandant que *tous* les droits féodaux fussent déclarés rachetables en argent par les communautés.

L'Assemblée restait silencieuse. Le duc d'Aiguillon (1) prit la parole à son tour, et accentua les déclarations du vicomte de Noailles : « Dans plusieurs provinces, s'écria-t-il, le peuple tout entier forme une espèce de ligue pour détruire les châteaux, pour ravager les terres, et surtout pour s'emparer des chartriers où les titres des propriétés féodales sont en dépôt. Il cherche à secouer un joug qui depuis tant de siècles, pèse sur sa tête. Il faut l'avouer, Messieurs, cette insurrection, quoique coupable (car toute aggression violente l'est) peut trouver son excuse dans les vexations dont il est la victime. Les propriétaires des fiefs, des terres seigneuriales, ne sont que bien rarement coupables des excès dont se plaignent leurs vassaux. Mais leurs gens d'affaires sont souvent sans pitié, et le malheureux cultivateur, soumis au reste barbare des lois féodales qui subsistent encore en

______

(1) Le duc d'Aiguillon faisait partie du club Breton, qui devint successivement le club des Amis de la Constitution et le club des Jacobins.

France, gémit de la contrainte dont il est la victime. Ces droits, on ne peut se le dissimuler, sont une propriété, et toute propriété est sacrée ; mais ils sont onéreux au peuple, et tout le monde convient de la gêne continuelle qu'ils lui causent... » Le duc d'Aiguillon proposa, en terminant, un projet de décret reproduisant, avec les mêmes termes, les conclusions de son discours.

L'Assemblée l'accueillit « avec joie »; mais Dupont de Nemours ayant de nouveau réclamé des mesures d'ordre, un député de la Basse-Bretagne, Le Guen de Kerengal, qui n'a fait à la tribune que cette unique apparition, reprit avec une grande insistance : « Messieurs, vous eussiez prévenu l'incendie des châteaux, si vous aviez été plus prompts à déclarer que les armes terribles qu'ils contenaient et qui tourmentent le peuple depuis des siècles, allaient être anéanties par le rachat forcé que vous alliez en ordonner... Dites à ce peuple que les lois que vous allez promulguer anéantiront jusqu'aux moindres traces des droits de servitude dont il se plaint justement ; dites-lui que vous reconnaissez l'injustice de ces droits acquis dans des temps d'ignorance et de ténèbres. Pour le bien de la paix, hâtez-vous de donner ces promesses à la France. Un cri général s'est fait entendre ! Vous n'avez pas un moment à perdre. Un jour de délai occasionne de nouveaux embrasements. La chute des empires est annoncée avec moins de fracas : ne voulez-vous donner des lois qu'à la France dévastée ?... (1). »

Des applaudissements universels accueillent le discours de Kerengal, qui n'était pas trop emphatique pour l'époque. Un enthousiasme sans précédent s'empare de l'Assemblée. Les nobles, les évêques, les représentants des corporations ou des villes privilégiées se succèdent à la tribune, et chacun fait à l'envi le sacrifice de ses propres droits, et de ceux de sa corporation ou de sa ville. Les députés liés par des mandats impératifs se portent forts de l'adhésion de leurs commettants. Les secrétaires de l'Assemblée ont à peine le temps de prendre les discours et même les noms. Le *Moniteur* ne

____

(1) Séance de nuit du mardi 4 août ; *Monit. Univ.*, 1789, p. 140.

donne de la séance, à dater de ce moment, qu'une relation
confuse. Vers la fin, l'archevêque de Paris fit décider qu'un
Te Deum solennel serait chanté dans la chapelle du roi, pour
remercier Dieu de l'abolition des privilèges ; et Lally-Tollen-
dal qu'on donnerait à Louis XVI le titre de « Restaurateur
de la liberté française ». On adopta ensuite à la hâte, et sauf
rédaction, un projet de décret, résumant les diverses motions
proposées ; puis l'Assemblée se sépara. Il était deux heures
du matin (1).

32. — *Décret du 11 août* 1789 ; *il distingue entre les droits abolis et les droits rachetables.* — Telle fut la nuit du 4 août, qui
marqua le point de départ de l'abolition de la féodalité. Il ne
faut pas s'y tromper : le principe de l'abolition était posé,
l'abolition elle-même était loin d'être faite (2). Le décret
n'indiquait même pas les moyens d'y arriver. La Constituante,
avec une grande imprudence, avait promis, sans savoir
comment elle tiendrait ; et il faudra quatre années d'efforts
et de travaux législatifs considérables pour arriver à compléter une œuvre qui avait un si brillant commencement (3).
Encore ces efforts et ces travaux seront presque inutiles :
c'est par les événements, plus forts que les lois, que seront
véritablement emportées les dernières traces du régime féodal.

Après la déclaration solennelle qu'elle avait faite, la Constituante ne pouvait s'arrêter. Dès le 6 août, elle commença à
discuter cette rédaction qu'elle avait réservée la veille ; et
après cinq jours de débats souvent confus, où les discours
sont remplis de réticences et comme de regrets, où l'élan du
4 août est déjà bien affaibli, elle adopta définitivement, dans
la séance du 11, un décret général, qui posait, en matière
d'abolition ou de rachat, des charges réelles grevant la
propriété, les principes qui devaient inspirer toutes les lois de
la Révolution (4). Le roi refusa longtemps de le sanction-

(1) Monit. Univ., 1789, pp. 142-144.
(2) C'est une vérité qui a été souvent méconnue, notamment par
Edgar Quinet, dans son livre : *La Révolution.*
(3) Cfr. Doniol, *op. cit.*, p. 57.
(4) Cfr. Doniol, *ibid.*

ner (1). Le 18 septembre, il écrivait encore à l'Assemblée :
« J'invite l'Assemblée Nationale à réfléchir si l'extinction des
cens et des droits de *lods et ventes* convient véritablement au
bien de l'État ; » et, dans une lettre confidentielle à l'archevêque d'Arles, il ajoutait : « Jamais je ne consentirai à dépouiller *mon* clergé, ma noblesse... » Il fallut cependant
céder. La sanction fut donnée le 21 septembre ; mais la promulgation fut encore retardée jusqu'au 3 novembre. C'est
donc de ce jour seulement que le régime féodal a légalement
cessé d'exister (2).

Dans le décret du 11 août, deux articles seulement concernent notre sujet, c'est d'abord l'article 1 : « L'Assemblée
nationale *détruit entièrement le régime féodal*, et décrète, que
dans les droits et devoirs, tant féodaux que censuels, ceux
qui tiennent à la main morte réelle ou personnelle, et à la
servitude personnelle, et ceux qui les représentent, sont
abolis sans indemnité ; tous les autres sont déclarés rachetables, et le prix et le mode du rachat seront fixés par
l'Assemblée Nationale. Ceux desdits droits qui ne sont pas
supprimés par ce décret, continueront néanmoins à être perçus jusqu'au remboursement. » C'est ensuite l'article 6 :
« Toutes les rentes foncières perpétuelles, soit en nature, soit
en argent, de quelque espèce qu'elles soient, quelle que soit
leur origine, à quelques personnes qu'elles soient dues...
seront rachetables ; les champarts de toutes espèces, et sous
toutes dénominations, le seront pareillement au taux qui sera
fixé par l'Assemblée. Défenses sont faites de plus, à l'avenir,
créer aucune redevance non remboursable (3). » On voit,
d'après ces deux articles, que la Constituante classait en trois
catégories les démembrements de la propriété alors reconnus : 1° les droits féodaux qui tenaient à la main morte ou au
servage ; 2° les droits féodaux fonciers ; 3° les droits pure-

(1) V. l'historique de cette résistance dans un réquisitoire de Merlin,
Quest. de droit, V° Féodalité, § 1.

(2) Cfr. Laferrière, *op. cit.*, pp. 89-90 ; — *adde* Doniol. *op. cit.* ; pp. 65-66.

(3) *Lois civiles ou Code civil intermédaire*, par J.-B.-S. et G.-S.-L.,
2° éd., Paris, Clament, 1810, in-8°, t. I, p. 2 à 4.

ment fonciers. La première catégorie est abolie sans indemnité, les deux autres sont déclarées rachetables en principe, sauf à l'Assemblée à fixer ultérieurement les conditions respectives de leur rachat. Cette classification n'était pas heureuse. Elle avait plusieurs torts : — elle était injuste, imprévoyante et contradictoire.

33. — *Critique de la distinction précédente*; *conséquences qu'elle devait avoir.* — Il y avait de l'injustice en effet à supprimer en bloc sans indemnité toute une catégorie de droits féodaux. Sans doute, le principe de ces droits était odieux; mais enfin, comme l'avait fait observer le duc d'Aiguillon, ils étaient une véritable propriété. Bien des possesseurs actuels les avaient achetés et payés à beaux deniers comptants, se fiant sur la législation qui les garantissait. Il était inique de faire retomber sur eux une faute qu'on ne pouvait raisonnablement leur imputer. Sans doute aussi, leur expropriation était « évidemment exigée par la nécessité publique »; mais encore eût-il fallu, selon le principe posé quelques jours plus tard par la Constituante elle-même, la soumettre « à la condition d'une juste et préalable indemnité (1). » On appliquait cette règle d'équité aux droits de la seconde catégorie; pourquoi s'en écarter pour ceux de la première ? On peut excuser l'Assemblée en faisant remarquer que les droits qu'elle supprimait avaient été en grande partie abandonnés spontanément devant elle dans la nuit du 4 août. Mais il n'en était pas moins vrai que l'abolition sans indemnité allait causer une grande perturbation dans les fortunes privées .Sieyès n'eut pas de peine à le démontrer, dans une brochure qu'il écrivit sur-le-champ, et où il blâme comme irréfléchi le décret du 4 août (2). — Et puis, quel fatal précédent que la suppression érigée en règle ! La Constituante devait mettre tous ses soins à respecter autant que possible les droits de chacun;

(1) Décret du 26 août 1789, art. 17 : « Les propriétés étant un droit inviolable et sacré, nul ne peut en être privé, si ce n'est lorsque la nécessité publique, légalement constatée, l'exige évidemment, et sous la condition d'une juste et préalable indemnité. »

(2) Dans les *Archives parlementaires*, à la date du 27 août 1789.

D. F.   7

mais les ʿAssemblées qui suivront, et qui n'auront pas les mêmes scrupules, ne se feront pas faute de déplacer la limite posée entre les droits abolis et les droits rachetables, de manière à augmenter les premiers et à diminuer les seconds (1).

Au surplus, rien n'était plus facile, car cette limite, où était-elle ? Le décret indiquait sur quel principe il fallait se baser pour l'établir ; mais ce principe était mal défini, et dans le chaos des lois féodales, il était fort difficile de distinguer ce qui était aboli définitivement de ce qui devait subsister jusqu'au rachat. L'Assemblée nomma dès le 12 août un comité de féodalité pour faire cette distinction ; dans ce comité figuraient Merlin et Tronchet qui en furent l'âme. C'est à Merlin qu'échut la délicate mission d'opérer le triage nécessité par les décrets. Les difficultés qu'il rencontra et qu'il signala dans un premier rapport à l'Assemblée, le 4 septembre 1789 (2), furent si nombreuses, qu'il lui fallut six mois d'un travail acharné pour arriver à un résultat. De pareilles lenteurs n'étaient guère en situation, devant l'effervescence des esprits. On commençait à accuser tout haut l'Assemblée Constituante, qui ne les avait pas prévues, de vouloir revenir en arrière ; et cela avec d'autant plus de force que ses décrets avaient causé de grandes déceptions.

En entendant l'Assemblée déclarer « qu'elle détruisait entièrement le régime féodal, » les paysans s'étaient cru désormais à l'abri de toute poursuite de la part du seigneur, et se considéraient comme n'ayant plus rien à payer. Ce n'était pas ce que disait le décret ! Non seulement beaucoup de droits étaient simplement rachetables ; mais encore ils devaient être payés exactement jusqu'à parfait remboursement. Les seigneurs se hâtèrent de faire remettre leurs terriers au complet, pour tirer du rachat le plus grand profit possible ; et ils réclamèrent le paiement des rentes arriérées. De leur côté les paysans résistèrent. Ils envoyèrent pétitions sur pétitions à l'Assemblée ; mais celle-ci, marchant systématique-

____

(1) Cfr. Doniol, *op. cit.*, pp. 61-62.
(2) Cfr. Dalloz, *Répert.*, V° Propriété féod., n° 8.

ment dans la voie qu'elle s'était tracée, ne répondit pas (1).
Les troubles recommencèrent. En février 1790, ils devinrent
alarmants dans le Quercy, le Rouergue, le Périgord, le Bas-
Limousin, et la Basse-Bretagne. La guerre aux châteaux se
ralluma et devint plus furieuse qu'au mois d'août. Les paysans
faisaient des feux de joie avec les titres seigneuriaux, et ils
élevaient au-dessus cette fausse légende : « De par le roi et
l'Assemblée nationale, quittance finale des rentes ! » L'Assemblée ne se dissimulait pas que « la cause de toutes ces insur-
rections était la féodalité ; » ses orateurs le lui disaient nettement (2). C'est dans ces circonstances que Merlin déposa
son rapport, le 8 février 1790.

———

Section II. — Commencement des réformes ; l'Assemblée constituante

34. — *Critérium de Merlin: la féodalité dominante, et la féoda-
contractante.* — Le décret du 11 août déclarait abolis sans
indemnité tous les droits féodaux « qui tiennent à la mainmorte réelle ou personnelle, et à la servitude personnelle, et
ceux qui les représentent. » C'était là un principe très vague,
et à l'aide duquel on aurait pu frapper tous les droits seigneuriaux ; car il en était bien peu qui à l'origine n'eussent
pas été une conséquence directe ou indirecte du servage, et
qu'on n'eût pu regarder comme représentant la mainmorte.
Aussi Merlin, sous prétexte d'interpréter le décret, et sans
changer d'ailleurs le cadre qu'il établissait, abandonna ce critérium pour en chercher un autre. « Après un examen très
réfléchi, il nous a paru, dit-il, qu'on devait comprendre dans
la liste des droits abolis tous ceux qui ne dérivent ni d'un
contrat d'inféodation, ni d'un contrat d'accensement, qui ne
sont dus que par les personnes, indépendamment de toute

(1) Cfr. Doniol, *op. cit.*, p. 67.
(2) Cfr. Laferrière, *op. cit.*, p. 90-91.

possession du fonds, et qui n'ont pour cause qu'une occupation enhardie par la féodalité, soutenue par la puissance seigneuriale, et légitimée par la loi du plus fort (1). » En d'autres termes, Merlin distinguait deux sortes de droits féodaux : les uns censés provenir d'usurpations ou d'exactions seigneuriales, qui n'avaient pu fonder un droit, étaient déclarés nuls *ab initio*, inexistants, et par suite abolis sans indemnité ; les autres censés consentis dans des contrats de concessions de terres, étaient respectés. Comme l'a dit Laferrière, Merlin, qni ne faisait en cela que suivre les doctrines des publicistes des derniers siècles, reconnaissait dans la féodalité deux caractères distincts : la féodalité *dominante* et la féodalité *contractante ;* tout ce qui venait de la première était supprimé, tout ce qui venait de la seconde était conservé (2). La plupart des Constituants étaient familiers avec cette distinction entre les droits usurpés et les droits consentis. Il y avait de plus dans les formules de Merlin une apparence de rigoureuse justice bien faite pour séduire. Aussi le critérium posé par le rapporteur du comité féodal fut-il accepté, comme le plus conforme à l'équité, dont l'Assemblée constituante en cette matière ne s'est jamais départie *sciemment* (3).

Cependant sous le rapport historique et sous le rapport pratique, la distinction de Merlin n'était pas à l'abri des reproches. Nombre de droits qu'elle allait conduire à supprimer sans indemnité comme exactions, avaient pu être en fait consentis dans des contrats. D'autres conservés comme dérivant d'une convention, avaient pu être imposés par la violence. Pour être sûr de ne pas commettre d'injustices, il aurait fallu pouvoir remonter à l'origine de tous ces droits, avoir sous les yeux les titres primitifs de concession. Mais ces titres où étaient-ils ? Le plus grand nombre étaient perdus. Beaucoup venaient d'être brûlés par les paysans. Beaucoup aussi n'avaient jamais existé ; la possession immémoriale, la coutume

(1) Dans Dalloz, *loc. cit.*
(2) Cfr. Laferrière, *op. cit.*, p. 93.
(3) Cfr. le préambule de l'instruction législat. du 15 juin 1791; *Code interméd.*, t. I, p. 176.

suffisaient à prouver le droit. Dans ces conditions, il était impossible de demander aux seigneurs de montrer leurs titres, à moins de vouloir les exproprier. C'était une vérité de notoriété publique ; car depuis longtemps dans les procès, la jurisprudence avait dû suppléer par d'autres moyens de preuve au défaut de représentation des titres primitifs. L'Assemblée constituante se trouva donc logiquement amenée à établir des présomptions, et à séparer les droits seigneuriaux en deux groupes. Les uns furent présumés d'une façon absolue dériver de la féodalité dominante, et supprimés comme tels sans indemnité. D'autres furent au contraire présumés dériver de la féodalité contractante, et seulement déclarés rachetables, à moins que celui qui les subissait ne prouvât qu'ils devaient être rangés dans la première catégorie. — Quels étaient les droits abolis, quels étaient les droits rachetables ? C'est le décret du 15 mars 1790, rendu sur le rapport de Merlin, qui répondit à cette question (1).

35. — *Décret du 15 mars 1790, déterminant les droits abolis et les droits rachetables.* — Le décret du 15 mars est divisé en trois titres. Le premier titre règle les effets généraux *in futurum* de l'abolition du régime féodal. Il commence par abolir « toutes les distinctions honorifiques, supériorité, et puissance qui en résultaient » et comme conséquence la foi et hommage (art. 1, 2). Il abolit également, à la fois dans le fief et dans la censive, l'aveu et dénombrement, la saisie, la commise, le retrait, le droit de prélation, et le droit de retenue seigneuriale (art. 5, 7, 10). Il ne restait donc plus des attributs de la directe féodale et censuelle que les droits utiles : redevances et profits. Encore ces droits sont-ils modifiés dans leur caractère ; car ils sont assimilés aux simples rentes et charges foncières, ne peuvent plus être réclamés que par les actions civiles du droit commun, et se trouvent soumis, pour le *principal*, à la prescription admise pour les immeubles dans les différentes

(1) Ce décret comprenait dans son texte des décisions prises successivement les 24, 25, 26, 27 février, et les 1, 2, 3, 4, 5, 9, 10, 11 et 15 mars. — V. les discussions au *Monit. univ.*, 1790, pp. 225-308 ; — et le texte au *Code interméd.*; t. I, pp. 7-21.

coutumes ; il n'était rien innové quant à la prescription [des arrérages (art. 1, 7, 8). Ces dernières dispositions, conséquences de la formule : « L'Assemblée détruit *entièrement* le régime féodal. » consommaient la disparition du fief et de la censive. Désormais plus de terres nobles et de terres roturières ; plus de vassaux ni de censitaires. La propriété privée est *une* (1), et elle est allodiale. Mais elle n'est pas encore libre ; car elle reste grevée de charges réelles, qui pour être civiles et non seigneuriales, n'en sont pas moins lourdes.

Le titre II détermine avec détail les droits seigneuriaux actuellement existants, qui sont supprimés sans indemnité. Il efface d'abord des héritages toutes les traces de la servitude, en détruisant la mainmorte réelle qui représentait l'héritage servile ; mais il laisse subsister, sur les fonds originairement concédés en mainmorte réelle, les droits qui n'avaient rien de servile en eux-mêmes : c'est ainsi que les charges, redevances, tailles et corvées réelles, les droits de cens et de lods et ventes, etc... qui pouvaient grever l'héritage tenu en mainmorte comme l'héritage tenu en censive, sont maintenus ; ils étaient censés l'expression d'une convention libre (art. 1 à 5) (2). L'art. 7 applique expressément ces dispositions concernant la mainmorte aux tenures en *bordelage* du Bourbonnais et du Nivernais, et aux tenures en *mote* et en *quevaise* de la Bretagne. Enfin les articles suivants suppriment nominativement une soixantaine de droits seigneuriaux *stricto sensu*, qui ne se rattachent pas aux démembrements de la propriété (3). Les seigneurs étaient admis pour quelques-uns des droits abolis à faire la preuve qu'ils dérivaient d'une concession de fonds ; mais ils devaient alors rapporter le titre primitif, ou au moins deux reconnaissances conformes, données par les intéressés, énonciatives d'une plus ancienne, non contredites par des reconnaissances antérieures, et soutenues d'une possession non interrompue de quarante ans (art. 29).

---

(1) Cfr. Laferrière, *op. cit.*, p. 115.

(2) Cfr. Laferrière, *op cit.*, pp. 112-113.

(3) Le tit. I du décret des 13-20 avril 1791 en supprime une quarantaine d'autres (*Code interm.* t. I, p. 114-122).

Le titre III est consacré aux droits seigneuriaux rachetables. L'art. 1 pose le principe : « Seront simplement rachetables, et continueront d'être payés jusqu'au rachat effectué,
tous les droits et devoirs féodaux ou censuels, qui sont le
prix et la condition d'une concession primitive du fonds. »
L'art. 2 ajoute : « Sont présumés tels, sauf la preuve contraire : — 1° toutes les redevances seigneuriales annuelles
en argent, grains, volailles, cire, denrées ou fruits de la terre,
servies sous la dénomination de cens, censives, surcens,
capsacal, rentes féodales, seigneuriales et emphytéotiques,
champart, tasque, terrage, arage, agrier, complant, soëté,
dîmes inféodées, ou sous toute autre dénomination quelconque,
qui ne se payent et ne sont dus que par le propriétaire ou possesseur d'un fonds, tant qu'il est propriétaire ou possesseur, et
à raison de la durée de sa possession ; — 2° tous les droits casuels qui, sous les noms de quint, requint, treizième, lods et treizains, lods et ventes, ventes et issues, mi-lods, rachats, venterolles, reliefs, relevoisons, plaids et autres dénominations
quelconques, sont dus à cause des mutations survenues dans
la propriété ou la possession d'un fonds, par le vendeur,
l'acheteur, les donataires, les héritiers, et tous autres ayant
cause du précédent propriétaire ou possesseur ; — 3° les
droits d'*acapte*, d'*arrière-acapte*, et autres semblables, dus,
tant à la mutation des ci-devant seigneurs, qu'à celle des propriétaires ou possesseurs. » — On voit par là que si la Constituante changeait la nature des biens et des droits, elle ne
détruisait pas les rapports *intéressés* entre le seigneur féodal
et le vassal, le seigneur censier et le censitaire. Elle ne dépouillait pas les contrats seigneuriaux des profits pécuniaires
et des prestations en fruits qui s'y trouvaient stipulés, et se
bornait à leur enlever leur caractère seigneurial, sans toucher à leur caractère de droits réels. « L'objet du décret du
4 août, disait le rapport de Merlin, a été d'adoucir le sort des
censitaires ; mais on ne doit pas à l'amélioration de leur sort
le sacrifice des principes de la justice et de l'équité (1). »

Le seigneur qui prétendait avoir un droit rachetable devait

______

(1) Cfr. Laferrière, *op. cit.*, p. 113-114.

en prouver l'existence et la quotité. L'art. 3 maintient comme
moyens de preuve, tous ceux qui sont « autorisés par les
statuts, coutumes et règles observés jusqu'à présent. » Il
permet même, dans les coutumes qui l'admettaient formellement, d'invoquer la règle de *l'enclave,* qui faisait présumer
qu'un fonds était grevé de redevance, par le fait seul qu'il
était compris dans le périmètre de la seigneurie, en vertu
de la maxime : Nulle terre sans seigneur. Les propriétaires
de fiefs dont les archives et les titres auraient été brûlés
ou pillés à l'occasion des troubles survenus depuis le commencement de l'année 1789, pourront, dit l'article 6, « en faisant
preuve du fait, tant par titres que par témoins, dans les trois
années de la publication des présentes, être admis à établir,
soit par actes, soit par la preuve testimoniale d'une possession de trente ans, antérieure à l'incendie ou pillage, la nature
et la quotité de ceux des droits non supprimés sans indemnité,
qui leur appartenaient. » La preuve testimoniale ne pourra
toutefois être acquise que par dix témoins s'il s'agit d'un droit
général, et par six témoins dans les autres cas (art. 7). Les
tenanciers avaient toujours la ressource de la preuve contraire,
qu'ils pouvaient faire en principe par tous les moyens; et
dans le cas où pour un même héritage, on trouverait plusieurs
titres ou reconnaissances, le moins onéreux, quelle que soit
sa date, sera toujours préféré (art. 4). Enfin l'Assemblée
défend aux municipalités, et aux administrations de district
ou de département, de mettre obstacle à la perception des
droits seigneuriaux dont le paiement sera réclamé, sous prétexte qu'ils sont abolis sans indemnité, sauf aux parties
intéressées à se pourvoir par les voies de droit devant les
tribunaux compétents (art. 5). Les injonctions de l'Assemblée
ne furent pas toujours obéies. Un arrêt du Conseil d'État, du
11 juillet 1790 (1), dut annuler les délibérations prises par
plusieurs communes de l'Yonne et de la Nièvre, faisant
sommation aux seigneurs d'exhiber sous quinzaine les titres
en vertu desquels ils prétendaient percevoir des droits de
cens et de champart. La Constituante elle-même fut obligée

(1) Dans Dalloz, *loc. cit.*, p. 337.

de s'occuper de ces résistances, et de les briser par des décrets (1).

36.—*Décret du 3 mai 1790, réglant les conditions du rachat des droits seigneuriaux.* — De la division faite par la Constituante entre l'aboli et le rachetable, il résultait pour elle l'obligation de s'occuper des conditions du rachat. Mais à cet égard le travail était tout prêt. Tronchet qui en avait été chargé, avait déposé son rapport le 12 décembre 1789. Il fut rapidement discuté du 23 au 27 avril 1790, et donna lieu au décret du 3 mai (2). Ce décret comprend quatre titres, qui portent le nom, peu habituel dans la langue législative, de *Divisions*; il ressemble d'ailleurs plus à un traité qu'à une loi (3).

Les deux premières divisions posent des règles générales. En principe, le rachat doit être fait par le propriétaire du fonds grevé, c'est-à-dire par l'intéressé. S'il peut traiter de gré à gré avec le seigneur direct, rien de mieux; les conventions ainsi faites seront exécutées (art. 6) Ce n'est qu'à défaut d'entente amiable que le décret règle les conditions du rachat forcé (art. 12). Même dans ce cas le principe persiste : ni la nation, ni les communes ne doivent intervenir pour faciliter ou activer ce rachat. Ce fut là peut-être la plus grande imprudence de l'Assemblée. Elle aurait dû prévoir que l'opération du rachat retardée par toutes sortes de causes, et souvent au-dessus des ressources des tenanciers, serait difficile à effectuer. Les charges réelles qu'on voulait voir disparaître, pouvaient ainsi s'éterniser sur des propriétés incomplètement affranchies. Il eût fallu (c'était un moyen héroïque, désespéré, mais qui eût coupé court à bien des désordres) déclarer sans distinction tous les droits féodaux rachetables, comme le voulait le duc d'Aiguillon, et les faire racheter en bloc et de suite, soit par les communautés comme l'avait proposé le

______

(1) Décrets des 13-16 et 18 juillet, et des 3-5 août 1790, contre ceux qui s'opposent au paiement des dîmes, champarts, et autres droits fonciers, ci-devant seigneuriaux; dans Dalloz, *loc. cit.*, p. 338.

(2) **V.** les discussions au *Monit univ.*, 1790, p. 466 à 481 ; — et le texte au *Code interm.* t. I, p. 24 à 37.

(3) Cfr. Doniol, *op. cit.*, pp. 80-81.

vicomte de Noailles, soit mieux encore par l'État (1). Il eût fallu en un mot que la Constituante entreprît elle-même de liquider l'ancien régime. On le proposa par la suite, mais trop tard ; le pli était pris.

Encore, si l'Assemblée, en décrétant le rachat par l'intéressé, eût pris quelques mesures pour en assurer la réalisation, et la rendre prompte et facile ! Mais non seulement elle manqua de hardiesse ; elle manqua même de bonne volonté. Au lieu d'organiser le rachat d'une manière large, elle laissa subsister les entraves résultant de l'indivisibilité des tenures féodales et censuelles. Il était, bien entendu, permis à chaque tenancier de racheter les droits grevant sa tenure, sans être obligé de s'entendre avec les autres tenanciers de la même seigneurie pour opérer un rachat collectif (art. 1). S'il avait plusieurs tenures, il pouvait encore racheter séparément les droits qui grevaient chacune d'elles (art. 2). Sur ces points, le décret donnait satisfaction aux intérêts des paysans. Mais voici les restrictions, et elles sont nombreuses : 1° si plusieurs fiefs ou censives, appartenant ou non au même propriétaire, sont chargés de cens ou redevances solidaires, le rachat ne peut être fait que pour toutes les tenures simultanément (art. 1, 2) ; 2° aucun propriétaire ne peut racheter les redevances annuelles dont son fonds est grevé sans racheter en même temps les droits casuels (art. 3) ; 3° si un même fonds appartient à plusieurs copropriétaires, l'un d'eux ne peut libérer sa part dans l'héritage qu'en rachetant les droits fixes pour le tout, sauf à être subrogé aux droits du seigneur contre ses codébiteurs ; mais il peut racheter divisément les droits casuels (art. 4, 5) ; 4° enfin pour tenir compte du préjudice causé au suzerain par le rachat de la directe, qui représentait à son égard le domaine utile sous-inféodé ou baillé à cens par le seigneur son vassal, il fut décidé que les seigneurs qui auraient reçu le prix de rachat de leurs droits, seraient tenus d'en remettre à leurs suzerains une partie proportionnée à l'étendue des droits de ces derniers ; le

____

(1) Le principe de l'indemnité publique fut appliqué à la dîme, et donna de bons résultats ; cfr. Doniol, *op. cit.*, p. 72.

rachat devait ainsi être exécuté progressivement dans tous les degrés de l'échelle féodale (art. 44).

Ces principes posés, la troisième division règle le mode et le taux du rachat pour les redevances *annuelles*. On commence par évaluer le produit total des charges qui grèvent le fonds chaque année, à l'aide d'estimations réglementées de façons différentes suivant la nature de la redevance : argent, grains, volailles, denrées ou fruits de la récolte (art. 13 à 17). Les redevances en argent sont rachetées sur le pied du denier 20, les autres sur le pied du denier 25 (art. 21). En remboursant le capital ainsi formé, le redevable doit en outre acquitter les arrérages dus pour les années antérieures, et pour l'année courante du jour de la dernière échéance au jour du rachat (art. 22). — Pour les droits *casuels*, l'estimation était beaucoup plus difficile à faire, à cause de leur caractère aléatoire ; aussi la Constituante ne put mieux faire que d'adopter un système arbitraire. D'abord pour les lods et ventes, suivant qu'ils étaient fixés à la moitié, au tiers, au quart, au quint, au sixième, au huitième, ou au douzième du prix de vente, le redevable devait payer pour leur rachat cinq fois leur seizième, quinzième, quatorzième, treizième, douzième, onzième ou dixième partie (art. 25). Pour les profits dus en cas de mutations autres que par vente ou par contrats équipollents, le décret distinguait cinq hypothèses : 1° le profit n'est dû qu'en cas de succession collatérale ; 2° il est dû pour toute mutation de vassal, sauf les successions ou donations en ligne directe ; 3° il est dû même en cas de succession ou donation directe, mais seulement quand l'héritier succède par moyen ou quand il est mineur ; 4° il est dû pour toutes mutations de vassal sans exception ; 5° il est dû même pour les mutations de seigneur. Le rachat était alors respectivement fixé à cinq fois le dix-huitième, douzième, huitième, sixième ou cinquième du montant du droit (art. 27-32). Dans les pays où, comme en Berry, il n'y avait qu'un seul profit pour la vente et pour les autres mutations, le redevable le rachetait en payant les cinq sixièmes (art. 35). L'évaluation du montant des lods et ventes devait se faire sur le prix d'acquisition, si le rachat était offert par un nouvel acquéreur ; sinon, sur le prix de la dernière des ventes faites dans le cours des dix années antérieures (art. 37). Si pendant ces dix années, il n'y avait pas eu de vente, le redevable devait s'entendre avec le seigneur, ou lui faire offre d'une somme ; et si cette somme n'était pas acceptée, faire procéder à une expertise.

Telles étaient les conditions du rachat des droits seigneuriaux, établies par le décret du 3 mai 1790. Ce décret, quoique très détaillé, n'avait pas prévu toutes les hypothèses plus ou moins compliquées qui pouvaient résulter de l'enchevêtrement de droits, causé par la hiérarchie féodale. Il fut complété sous ce rapport par un décret du 23 février 1791, que reproduisit avec quelques additions le titre II du décret du 13 avril suivant (1).

37. — *Décret du* 18 *décembre* 1790, *sur le rachat des rentes foncières, et la locatairie perpétuelle.* — Il n'a été question jusqu'ici que des droits seigneuriaux, c'est-à-dire, à notre point de vue restreint, des attributs de la directe féodale et censuelle. L'Assemblée s'occupa aussi de la directe privée, des rentes foncières, de la locatairie perpétuelle, et du domaine congéable. L'ensemble de sa législation sous ce rapport est renfermé dans les décrets des 18-29 décembre 1790, et des 7 juin-6 août 1791 (2).

Le décret du 11 août avait déclaré rachetables toutes les rentes foncières perpétuelles de quelque nature qu'elles fussent, et défendu d'en créer d'irrachetables à l'avenir (*suprà,* nᵒ 32). C'était porter du premier coup une grave atteinte à la théorie des rentes foncières. Sans doute on pouvait jadis sans modifier leur nature les stipuler rachetables ; et des ordonnances royales avaient même appliqué ce caractère aux rentes grevant les maisons de ville (*suprà,* nᵒ 22). Mais aussi, on a vu que le bail à rente rachetable avait été assimilé par les jurisconsultes à une vente véritable, scindée en deux parties: vente immédiate du fonds, vente conditionnelle du droit réel

(1) *Code interm.,* t. I, pp. 103-107: et 122-131.
(2) *Code interméd.,* t. I, pp. 75-89; et pp. 169-175. — *Adde* Décret des 15 sept.-16 oct. 1791 ; *ibid.,* pp. 227 et suiv.

de rente. En imposant le rachat, la Constituante forçait les bailleurs à consentir à l'aliénation d'un démembrement de la propriété qu'ils avaient retenu. C'était donc encore une expropriation, motivée par plusieurs causes : d'abord par les inconvénients qu'offrent au point de vue de la circulation des biens tous les droits réels en général, et principalement les droits perpétuels ; ensuite par l'indivisibilité de la rente foncière qui nuisait au morcellement de la propriété, poursuivi avec plus d'ardeur encore que son affranchissement, par les Assemblées de la Révolution ; enfin par l'alliance étroite qui s'était établie entre les rentes foncières et la féodalité ; car, bien que la rente foncière fût par elle-même et en principe pure de tout alliage féodal, dans beaucoup de cas cependant elle avait un caractère seigneurial. Pour l'emphytéose surtout, les apparences étaient frappantes : comme dans le fief et la censive, il y avait un domaine direct et un domaine utile, des droits de retrait, des profits de mutation, etc.... Cette tendance à se rapprocher des tenures abolies eut une grande influence sur les décisions de l'Assemblée, que les raisons économiques, cependant péremptoires, n'auraient peut-être pas déterminée. Il se produisit en effet dans le cours de l'année 1790 d'assez vives réclamations. On rappela les services rendus jadis à l'agriculture par le bail à rente. Mais la Constituante opposa cette fin de non-recevoir, qu'ayant décrété la rachetabilité, elle ne pouvait pas se déjuger. Le 18 décembre, elle rendit un décret pour régler les conditions du rachat.

Ce sont les titres II et III de ce décret qui indiquent ces conditions. Ils ne font guère que reproduire les dispositions du décret du 3 mai sur le rachat des droits féodaux (1) ; nous nous y référons (*suprà*, nᵒ 36). Le titre IV résout les difficultés que pouvait soulever le rachat des droits seigneuriaux, fixes ou casuels, grevant le fonds baillé à rente, lorsque ce fonds

____

(1). Les art. 1, 2, 3 du titre II, et 1, 2, 6, 7, 8, 9, 10, 11, 14, 15 du titre III sont notamment copiés sur les art. 2, 4, 6, 12, 20, 13, 14, 15, 16, 17, 19, 22, 23 du décret du 3 mai.

est un fief ou une censive (1). Le titre V contient des déclarations importantes sur « l'effet de la faculté de rachat vis-à-vis du propriétaire de la rente et du débiteur. » On peut les résumer d'un mot : la rente foncière perd seulement ses caractères d'irrachetabilité et de perpétuité ; pour le reste, elle demeure soumise aux anciennes règles. C'est ainsi que le bailleur garde les trois actions hypothécaire, personnelle et mixte, pour se faire payer les arrérages par les preneurs et les tiers détenteurs du fonds (art. 1) ; et que la rente foncière conserve sa nature immobilière, inhérente à sa qualité de démembrement de la propriété (art. 3).

Revenons au titre I, qui détermine quelles sont les rentes assujetties au rachat : Après avoir rappelé les principes décrétés le 11 août, c'est-à-dire la rachetabilité de toutes les rentes foncières *perpétuelles* quelconques, et des champarts de toutes espèces, l'art. 1 ajoute : « Il est défendu de plus à l'avenir créer aucune redevance foncière non remboursable, sans préjudice des baux à rente ou emphytéose, et non perpétuels, qui seront exécutés pour toute leur durée, et pourront être fait, à l'avenir, pour quatre-vingt-dix-neuf ans et au-dessous, ainsi que les baux à vie, même sur plusieurs têtes, à la charge qu'elles n'excèderont pas le nombre de trois. » — Cet article est fort important. Il consacre l'abolition, réclamée par les économistes, de toutes les tenures perpétuelles ; et par *perpétuelles*, il faut entendre : consenties pour plus de 99 ans. Les effets de l'article ont lieu à la fois pour le présent et pour l'avenir. Pour le présent, les emphytéotes perpétuels, titulaires du domaine utile, sont déclarés propriétaires incommutables, comme les vassaux et les censitaires, et admis à racheter la redevance emphytéotique (2). Pour l'avenir, si quelque propriétaire prétend donner son fonds à emphytéose perpétuelle, le bail n'opérera plus démembrement de la propriété en domaine utile et direct; mais, comme dans le bail à rente la propriété sera

____

(1) Le décret du 15 sept. 1791 résout les mêmes difficultés pour le cas où le bail à rente ou à emphytéose est temporaire.

(2) Cfr. Merlin, *Quest. de droit*, V° Emphytéose, § V, n° 5.

transférée au preneur, et la redevance emphytéotique considérée comme une rente foncière rachetable(1). C'est là le sens naturel de notre article, et c'est ainsi que l'a interprété la Cour de cassation (2). La même solution doit être donnée pour le bail à vie, fait au delà des limites fixées. Au contraire le bail emphytéotique temporaire ne dépassant pas 99 ans, et le bail à vie établi sur trois têtes au plus, seront, dit l'article, *exécutés* : la Constituante n'avait pas voulu dépouiller le titulaire de la directe, en attribuant une propriété perpétuelle à celui qui ne l'avait reçue que pour un temps (3).

Notre titre I s'occupe aussi (art. 2) du bail à *locatairie perpétuelle* qu'il assimile entièrement au bail à rente foncière (4). Il soumet les droits du bailleur au rachat, sans distinguer entre la Provence et le Languedoc; cependant la justice commandait cette distinction. En Provence, nous l'avons vu (*suprà*, n° 26), la locatairie perpétuelle transférait la propriété au preneur, mais en Languedoc, ne lui donnait qu'un droit d'usufruit. Le reconnaître dans cette dernière province propriétaire, c'était donc purement et simplement spolier le bailleur. Ce n'était plus un affranchissement, c'était une translation de la propriété qu'effectuait la Constituante. Il y eut là de sa part une erreur déplorable, dont la responsabilité remonte à Tronchet. Tronchet n'admettait pas qu'un bail à durée illimité ne transmît qu'un droit réel de jouissance, surtout lorsque d'après la convention ou la coutume (ce sont les arguments sur lesquels il insista) le preneur avait à la fois et l'obligation de payer les impôts, et la faculté d'hypothéquer. Dans ces conditions, le preneur était pour lui le propriétaire. Il alla jusqu'à dire qu'un usufruit perpétuel serait un droit *sauvage* (5). — En vertu de ce principe sou-

---

(1) A moins toutefois qu'il ne soit évident que les parties n'ont pas voulu déplacer la propriété; on réduirait alors le bail à 99 ans. Cfr. Demolombe, *op. cit.*, n° 531.

(2) Cfr. arrêt du 15 déc. 1824, dans Dalloz, 1825, 1° p. 96 ; — et Merlin *ibid.*, n° 7.

(3) Cfr, Merlin, *ibid.*, n° 8.

(4) Cfr. un décret du 15 brumaire an II (5 nov. 1793); t. II, p. 17.

(5) Dans Merlin, *Répert.*, V° Locat. perpét., § 1.

tenu également par Merlin, il fallait traiter comme la locatairie perpétuelle, toutes les autres tenures à durée illimitée que le décret ne visait pas expressément. C'est ainsi qu'un décret de la Convention, du 2 prairial an II, provoqué par une question posée par le tribunal du district de *Commune franche* (Lyon), déclara « que d'après les dispositions de la loi du 18 décembre 1790... sur les baux à locatairie perpétuelle, il était impossible de ne pas regarder les baux à *culture perpétuelle* comme soumis au rachat (1). » Ces baux à culture perpétuelle n'étaient usités que dans le Lyonnais. C'est ainsi encore, que trompée sans doute par la ressemblance des dénominations, la Cour de cassation avait d'abord déclaré propriétaires les *métayers perpétuels* de la Marche et du Limousin, qui cependant n'étaient que des colons partiaires (2). La théorie de Tronchet et de Merlin conduisait directement, on le voit, à modifier dans l'application les principes auxquels voulait obéir la Constituante ; car après avoir admis le rachat dans les baux translatifs de domaine utile ou de propriété seulement, on arrivait par un détour à l'imposer dans tous les baux perpétuels par cette raison qu'ils transféraient la propriété (3).

38. — *Décret du 7 juin* 1791 *sur le bail à domaine congéable de la Basse-Bretagne.* — Le bail à convenant ou à *domaine congéable* de la Bretagne fut l'objet d'une loi spéciale, annoncée par cet art. 7 du décret du 15 mars 1790, qui s'occupait du bordelage Nivernais et des tenures Bretonnes en mote et en quevaise (*suprà* n° 35). De nombreuses pétitions étaient venues de la Bretagne. Les unes réclamaient la suppression du bail à convenant comme entaché de règles féodales. Les autres en plus grand nombre demandaient seulement la suppression de ces règles, étrangères à l'essence du domaine congéable. Ces pétitions furent renvoyées aux comités réunis de féodalité, de constitution, des domaines et du commerce. Un avis fut

(1) Décret du 2 prairial an II, ou 21 mai 1794 ; au *Code interm.* t. II, p. 139.

(2) Arrêt du 2 mars 1835 ; — Cfr. Demolombe, *op. cit.*, n° 507 ; — et *suprà* n° 26.

(3) Cfr. Garsonnet, *op. cit*, p. 541 ; — et *infrà* n° 47.

demandé à la Société royale d'agriculture, qui conclut au maintien du bail à convenant (1) ; et sur le rapport conforme de Baudoin de Maisonblanche, jurisconsulte breton qui avait écrit un traité sur les *Institutions convenancières*, le décret du 7 juin 1791 fut rendu.

Il y a dans ce décret deux parties à considérer : l'une concerne les baux présents, l'autre les baux à venir. — Les baux présents sont maintenus, mais avec des modifications (art. 1). Les fonciers ne peuvent plus exiger des domaniers de droits ou redevances de même nature que les droits féodaux supprimés sans indemnité (art. 2). Les domaniers peuvent au contraire, aliéner les édifices et les superfices de leurs tenues, pendant la durée du bail, sans le consentement des propriétaires, et sans être sujets aux lods et ventes (art. 3). Ils peuvent se retirer à l'expiration de leurs baux, en exigeant le remboursement de leurs superfices, pourvu néanmoins que les baux aient encore deux années complètes à courir à compter de la Saint-Michel, 29 septembre 1791 (art. 11). Enfin les usements de Rohan, Cornouailles, Broërec, Tréguier et Goëllo, et autres, sont abolis, en tant qu'ayant force législative ; ils ne sont plus considérés que comme des usages locaux que les tribunaux pourront consulter à défaut de conventions expresses dans les contrats (art. 7).

Pour l'avenir, les baux à domaine congéable sont toujours permis ; mais ils doivent être rédigés par écrit (art. 14) ; et les conventions des parties textuellement exprimées sont les seules règles qui détermineront leurs droits respectifs, subordonnés d'ailleurs aux lois générales du royaume, établies ou à établir dans l'intérêt de l'agriculture (art. 13, 16). Le droit de congément est conservé au bailleur ; mais il ne peut plus être exercé qu'à la Saint-Michel, et les estimations doivent être demandées six mois avant l'expiration de la jouissance (art. 22, 21). Enfin le domanier acquiert le droit de congément réciproque, c'est-à-dire qu'il peut forcer le foncier à le congédier en lui remboursant la valeur des superfices, suivant estimation. A défaut de remboursement

____

(1) Garsonnet, *op. cit.*, p. 542-543,

effectif de la somme fixée par l'expertise, le domanier peut faire vendre aux enchères les superfices d'abord, et, en cas d'insuffisance, le fonds lui-même. Le foncier peut se libérer en abandonnant au colon la propriété du fonds et la rente convenancière (art. 23).

39.— *Comment furent accueillis les décrets de la Constituante ; instruction du 15 juin* 1791. — La nouvelle règlementation du bail à convenant était tout à l'avantage des domaniers ; et cependant, ils ne tardèrent pas à l'attaquer. Ce fut là, il faut bien le dire, le sort commun de toutes les réformes de la Constituante. Aucune ne fut trouvée assez radicale ; et, en effet, en y regardant de près, il est facile de se convaincre que la Constituante n'avait pas rempli sa promesse. Sans doute, « elle avait aboli les droits de servitude personnelle et réelle, et les droits honorifiques ; mais elle avait transformé et non anéanti les autres droits féodaux. Les habitants des campagnes, qui s'étaient levés contre la féodalité, se virent obligés d'acquitter comme simples droits *fonciers* des droits et des rentes qu'ils payaient auparavant comme *féodaux et censuels*. Cette transformation, qui laissait subsister en partie les liens du passé et le fardeau des rentes et des champarts, ne leur parut pas, dans l'ordre réel, une révolution suffisante (1). » Déclarer ces droits rachetables, ce n'était pas assez, quand on ne prenait aucune mesure pour précipiter le rachat. En réalité, il ne s'accomplit pas, et lorsque la Constituante disait pompeusement, au début de son décret du 5 juin 1791, que « le territoire de la France, dans toute son étendue, était libre comme les personnes qui l'habitent (2) », elle posait un principe, elle n'exprimait pas un fait. Tous les droits féodaux et toutes les rentes foncières subsistaient encore. Ni le seigneur, ni le tenancier ne s'étaient prêtés au rachat, le premier faute de confiance, le second faute d'argent, et tous les deux parce qu'ils ne voyaient dans les

(1) Laferrière, *op. cit.*, p. 121.

(2) Décret des 5-12 juin 1791, reproduit dans le tit. I du décret des 28 sept.-6 oct. 1791 ; au *Code interm.*, t. I, pp. 165 et suiv., 245 et suiv.

décrets de l'Assemblée Constituante qu'une législation transitoire, qu'une autre loi viendrait remplacer, loi abrogatoire :
le seigneur l'espérait, ou loi extensive : le tenancier y comptait (1).

Cette situation ne pouvait durer ; il y avait comme un
malaise général dont il fallait sortir. Les distinctions théoriques de la Constituante, et sa modération trop timide ne
suffisaient pas aux esprits excités par ses imprudentes promesses, et par l'espoir d'un renouvellement qui tardait. Libres
de leurs personnes, les anciens censitaires auraient voulu
voir libres comme eux la terre qu'ils possédaient. Poussés par
des agitateurs, encouragés par la faiblesse des corps administratifs, qui « propageait chez eux l'esprit d'insubordination, de cupidité et d'injustice (2) » , ils commencèrent à
appliquer les décrets de la Constituante, non comme ils étaient,
mais comme ils auraient voulu qu'ils fussent. L'Assemblée
gémit de se voir si mal comprise, et par son instruction
du 15 juin 1791, tenta de ramener les esprits égarés. Après
avoir constaté avec un certain découragement les désordres
qui se produisaient, elle semble chercher à se faire illusion
à elle-même : « Il est temps que les citoyens dont l'industrie
féconde les champs et nourrit l'empire, rentrent dans le
devoir, et rendent à la propriété l'hommage qu'ils lui doivent.
L'Assemblée nationale *aime à croire* qu'ils n'ont besoin pour
cela que d'être éclairés sur le véritable sens des lois, dont
ils ont jusqu'à présent abusé. » L'Assemblée entre alors dans
de grands détails sur la portée de ses décrets, édicte quelques
mesures d'ordre, plus comminatoires qu'efficaces, et termine
en disant : « Sans doute ces mesures seront rarement nécessaires ; et l'Assemblée nationale a droit d'espérer que les
citoyens des campagnes, sachant apprécier ce qu'elle a fait
pour leur bonheur, s'empresseront partout d'acquitter les
droits dont il n'a pas été en son pouvoir de les affranchir...
Ils ne la feront pas repentir de ses bienfaits, en violant des

____

(1) Cfr. Doniol, *op. cit.*, p. 87-88 ; — et Dalloz, *Répert.*, Vᵒ Propr. féod.,
nᵒ 39.

(2) Expression employée par la Constituante dans son *Instruction* du
15 juin 1791.

droits que la justice la plus impérieuse l'a forcée de maintenir jusqu'au rachat ; et ils sentiront tous que, puisqu'ils sont devenus égaux en droit à leurs ci-devant seigneurs, ceux-ci doivent, par cela seul, jouir paisiblement, comme chacun d'eux, de leurs propriétés (1). »

Ces supplications, on ne s'en étonnera pas, devaient être impuissantes. « Vainement, dit Laferrière, la Constituante proclamait que la Révolution, dans l'ordre de la propriété féodale, devait s'arrêter à la borne qu'elle avait posée comme immuable, que cette borne était celle de la *Justice* (2) : la logique des masses tirait d'autres corollaires du principe anti-féodal. En temps de révolution, cette logique inflexible ne s'arrête que quand la dernière de toutes les conséquences a été réalisée par les faits extérieurs : la dernière conséquence était la libération absolue de tous les droits qui tenaient directement ou indirectement aux concessions féodales (3). » Alors seulement, « le territoire de la France sera libre comme les personnes qui l'habitent. »

Section III. — Suite des réformes ; l'Assemblée législative et la Convention

40. — *La question des droits féodaux entre dans une phase nouvelle.* — Cependant la Constituante s'était séparée, le 30 septembre 1791, en déclarant ses membres incapables d'être réélus. Ce fut sa dernière imprudence. Elle abdiquait ainsi devant l'Assemblée législative (4), et livrait son œuvre sans défenseurs autorisés à des hommes nouveaux, élus au milieu des troubles, et qui devaient la continuer avec un esprit bien différent. Jusqu'alors, en effet, la question de

(1) Instruct. législat. des 15-19 juin 1791 ; au *Code interméd.*, t. I, p. 175-188.
(2) Expression du rapport de Merlin.
(3) Cfr. Laferrière, *op. cit.*, pp. 121-122.
(4) Cfr. Laferrière, *op. cit.*, p. 203.

l'abolition ou de la féodalité n'était pas sortie du domaine du droit. « Malgré les soulèvements qui l'avaient fait ouvrir, le débat était resté un débat juridique, une transaction librement discutée en vue de régler un détail de la législation du pays. Les dissidences, les hésitations n'avaient pas réflété ostensiblement les luttes ni les menaces des partis. Désormais on quitte cette atmosphère sereine ; le souffle des passions va faire irruption dans le travail des juristes (1) .» Le problème féodal se posait d'ailleurs devant eux dans des conditions nouvelles. Depuis longtemps « les droits seigneuriaux n'étaient plus payés ; malgré toutes les poursuites, les redevables en avaient suspendu le service. La disparition en fait de ces droits plaçait les possessions dans un état qui semblait d'autant plus naturel qu'on l'avait ardemment désiré. Ils revêtaient dès lors l'apparence de droits litigieux plutôt que de choses légitimes ; et qui plus est, de droits litigieux déjà difficiles à reconnaître sous leur vétusté, ce qui les rendait plus contestables (2). »

A peine réunie, l'Assemblée législative reconstitua dans son sein le comité de féodalité (24 octobre). Les premiers travaux de ce comité furent lents, mais la politique vint les activer. Ce fut l'empereur d'Allemagne qui réengaga le débat. Il avait dès l'abord encouragé la résistance qu'opposaient aux décrets d'août, ses vassaux possesseurs de droits féodaux en Alsace et en Lorraine. Il s'en était suivi un long conflit sur la souveraineté, qu'il avait soutenue avec la mauvaise foi de ceux qui veulent provoquer. Le 3 décembre 1791, il se dévoila, et par une déclaration datée de Vienne demanda : « la cessation de toutes les innovations introduites depuis le courant d'août 1789, et le rétablissement des intéressés dans la jouissance de tous les revenus qui leur avaient été enlevés (3). » Cette déclaration hautaine fit passer la question à l'état aigu (4) ; l'initiative de quelques députés fit le reste. Un

(1) Doniol, *op. cit.*, p. 91.
(2) Doniol, *ibid.*
(3) Cfr. Doniol, *op. cit.*, p. 93, texte et note 1.
(4) Cfr. not. le discours de Pastoret à la séance du jeudi 1er mars. *Monit. Univ.*, 1792, pp. 256-257.

représentant inconnu de la Haute-Saône, Crestin, s'attaqua
le premier avec une timidité affectée aux décrets de la Constituante (1) ; puis le 12 février, un autre député, dont le
procès-verbal n'a pas conservé le nom, mit en demeure le
comité féodal de rompre le silence qu'il gardait malgré
l'attente publique. Enfin le 29 février, Couthon débuta à la
tribune par un discours qui eut une grande portée ; chose
singulière, il ne la soupçonna pas lui-même (2). Il demandait
qu'il n'y eût plus de droits rachetables, hormis ceux dont
l'origine serait établie par des actes de concession positifs ou
par des reconnaissances équivalentes, plus de rachat forcé
des droits casuels en même temps que des droits fixes, plus
d'obligation pour le débiteur de rentes solidaires de racheter
la totalité, s'il voulait libérer sa part. A la suite de ce discours de Couthon, l'Assemblée législative rompit brusque-
ment avec les traditions de sa devancière, et sur la proposition du député Mouysset, elle invita son comité féodal « à
revoir tous les décrets rendus sur le rachat des droits ci-
devant seigneuriaux utiles par l'Assemblée constituante, et à
présenter incessamment ses vues à cet égard (3). »

Le comité féodal, ainsi pressé par l'Assemblée et par des
pétitions chaque jour plus nombreuses et plus acerbes contre
les droits féodaux (4), se hâta de déposer le 11 avril un premier projet de décret, qui transportait les lods et ventes et
tous les droits casuels dans la catégorie des droits abolis sans
indemnité, et mettait à la charge des seigneurs la preuve de
la légitimité de leurs redevances.

41. — *Discussions du 11 avril et des 9, 12 et 14 juin 1792 sur
les droits casuels ; décret du 18 juin.* — Le rapport du comité,

(1) Cfr. Doniol, *op. cit.*, pp. 94-95.

(2) Il écrivait le lendemain à ses amis : « J'ai prononcé hier un *petit
discours* populaire qui a été accueilli avec la plus flatteuse indul-
gence ; etc.... »

(3) Cfr. Doniol, *op. cit.*, p. 97-99 ; — et *Monit. Univ.*, 1792, p. 249-250.

(4) Cfr. Doniol, *op. cit.*, p. 101-106. Il faut joindre à ces pétitions celles
où les seigneurs exposent la situation gênée où les a mis la suspension
des paiements de leurs droits par leurs tenanciers. Pour quelques-uns
c'était la misère (*ibid.* p. 132).

rédigé par Latour-Duchâtel, montre bien quel va être l'esprit des lois nouvelles (1). « Peut-on sans injustice, demande Duchâtel, ou *pour mieux dire*, n'est-il pas de toute justice d'abolir les droits féodaux sans indemnité? » Plus loin, il s'en prend à l'Assemblée Constituante elle-même : « La féodalité n'était qu'un effet de la tyrannie ; voilà pourquoi l'Assemblée Constituante a aboli le régime féodal. Comment se fait-il donc que par une inconséquence monstrueuse, après avoir détruit la cause, elle en ait laissé subsister un des effets les plus aggravants et les plus iniques? » — En réponse à ce rapport, un député de la Haute-Garonne, Dorliac, feudiste de mérite, lut un assez long discours, où il traita la question pour ainsi dire *ex professo* (2). Il le fit avec une grande indépendance, tantôt louant, tantôt blâmant les décrets de la Constituante, sans se laisser influencer par les réclamations passionnées qui s'étaient produites. Deux points principaux sont à relever dans ce discours. Dorliac voulait que la dette des redevables fût clairement établie aux yeux de tous : il demanda en conséquence qu'on exigeât du seigneur une preuve sérieuse des droits qu'il prétendait avoir. Il voulait ensuite que la dette prouvée fût promptement éteinte ; et pour y parvenir sûrement, il s'attacha à démontrer que la nation devait être mise « à la place du seigneur et du censitaire ; elle recevrait du dernier tout ce qu'il doit, tant pour les droits fixes et annuels que pour les droits casuels, et paierait au premier ce qu'il a droit de prétendre. La nation se trouverait ainsi créancière de l'un et débitrice de l'autre. » L'opportunité de ce mode d'extinction aurait dû frapper tous les yeux, après l'insuccès de l'Assemblée Constituante. Les pétitions les plus récentes des villages en réclamaient l'essai (3). « Si l'Assemblée nationale prend ce parti, ajoutait encore Dorliac, comme tout paraît l'y inviter, elle trouvera dans l'exécution du plan que je lui propose un moyen assuré

(1) V. le texte dans Le Hodey; *Journal de l'Ass. nat. ou journal logograph.* Paris, Baudouin, 1792, t. XV, in-18, p. 431-438.

(2) Dans Le Hodey, *ibid.*, p. 439-457.

(3) Notamment celles de deux municipalités de Lot-et-Garonne, Fumel et la Chapelle-Biron, des 22 février et 28 mars 1792.

d'atteindre son but sans s'écarter des principes de la plus sévère équité. » Ce discours arrivait trop tard. On ne craignait plus en 1792 de s'écarter de la justice; on craignait bien davantage de voir les seigneurs obtenir une indemnité, qui eût pu alimenter l'émigration. On préférait laisser aller les choses, comprenant bien que le rachat ne s'opérerait pas, et que les droits féodaux disparaîtraient tout de même. Un membre du comité, Dumolard, député de l'Isère, expliqua qu'il ne s'agissait pas, comme Dorliac semblait le croire, de chercher un mode général d'extinction, et que son discours était plutôt un traité de féodalité que la discussion du projet présenté par le comité. Il proposa de l'imprimer et de renvoyer à plus tard l'examen des vues qu'il contenait. Cela suffit; le discours du député Toulousain fut imprimé, et demeura non avenu (1).

La discussion fut reprise le 9 juin avec beaucoup de vivacité. Goujon venait de proposer la question préalable sur le projet du comité, lorsqu'un compatriote de Dorliac, Mailhe, monta à la tribune, et poussa aussitôt l'Assemblée dans les voies extrêmes. Avec une parfaite connaissance des conséquences de sa motion, il demanda qu'on obligeât les seigneurs à représenter leurs titres primitifs, et qu'on supprimât toute redevance qui ne pourrait être constatée de cette manière. Retourner ainsi la présomption contre les seigneurs, c'était réduire à peu de chose la possession féodale (2). Mailhe le savait ; c'était son but. Il alla jusqu'à dire : « Sans doute les seigneurs se plaindront ; de quoi ne se plaignent-ils pas ? Mais vous serez absous par les bénédictions des quatre-vingt-dix-neuf centièmes de la génération présente, et celles des générations futures (3) ! » — Le 12 juin, Ducy, avocat d'Arras, et député du Pas-de-Calais, vint atténuer les effets du discours de Mailhe. Avec sa froideur d'homme du Nord, faisant contraste avec l'exaltation méridionale de son prédécesseur,

(1) Cfr. Doniol, *op. cit.*, p. 110-116 ; — et *Monit. Univ.* 1792, p. 425.
(2) Cfr. Championnière, *op. cit.*, n° 382 — Dalloz, *op. cit.*, n° 41 ; — Doniol, *op. cit.*, p. 119-120 ; — et *suprà* n° 34.
(3) Séance du 9 juin ; *Monit Univ.*, 1792, p. 674.

il montra l'injustice du mode de preuve exigé, parla de la légitimation par la prescription des droits seigneuriaux utiles, et aboutit en somme aux mêmes conclusions que la Constituante. Il proposa seulement de faire une loi pour faciliter le rachat. L'Assemblée, dès lors très partagée, applaudit Ducy et vota l'impression de son discours (1).

Ce résultat encouragea Prouveur à demander de nouveau la question préalable à la séance du 14 juin. Goyet s'y opposa avec une certaine énergie, qui fit impression sur l'Assemblée. Henrys qui lui succéda à la tribune, appuya au contraire la motion de Prouveur. Il apparut alors à quelques membres du comité qu'il fallait transiger ; et Dumolard déposa un amendement aux termes duquel la représentation du titre primitif pouvait être suppléée par trois reconnaissances énonciatives, appuyées par une possession conforme de quarante ans. Cet amendement atténuait sensiblement les injustices du projet. Malgré les efforts de Mailhe, l'Assemblée par 274 voix contre 240 le prit en considération, et déclara qu'il y avait lieu à délibérer. Malheureusement l'heure était avancée (5 h. 1/2). Beaucoup de députés du côté droit sortirent de la salle, qui se vida presque entièrement. Seule, « l'extrémité du ci-devant côté gauche », comme dit le *Moniteur*, restait en place. Elle demanda à aller de suite aux voix sur le fond de l'amendement. Cette proposition souleva de violents murmures, mais l'extrême gauche insista. Le président eut la faiblesse de consentir ; quand il leva la séance à six heures un quart, l'amendement de Dumolard était rejeté (2) !

La défaite des partisans du *statu quo* était dès lors inévitable. En effet le 18 juin, après la troisième lecture, « l'Assemblée Nationale, dérogeant aux art. 1, 2 du titre III du décret du 15 mars 1790, et à toutes les lois à ce relatives, décrète que tous les droits casuels, soit censuels, soit féodaux, et tous ceux qui en sont représentatifs... sont et demeurent supprimés sans indemnité, à moins que les dits droits ne soient justifiés par le titre *primitif* d'inféodation, d'accensement ou

(1) Séance du mardi 12 juin ; *ibid.*, p. 688.
(2) Séance du jeudi 14 juin ; *ibid.*, p. 695-696.

de bail à cens, être le prix et la condition d'une concession
des fonds pour lesquels ils étaient perçus, auquel cas lesdits
droits continueront d'être perçus, et d'être rachetables (1). »
La Législative, on le voit, ne changeait pas la forme du cadre
adopté par la Constituante ; elle se contentait d'en changer
les dimensions. L'imprudence de cette dernière Assemblée
portait ses fruits (2).

42.—*Décrets des* 20, 25 *et* 27 *août, sur le rachat, les droits fixes,
et le domaine congéable.* — Pour les droits fixes, rien n'était
modifié. Il y avait donc lieu de s'occuper de leur rachat. Un
projet de décret, destiné à le rendre facile pour les redevables,
fut déposé au nom du Comité féodal par Lemaillant, député
du Morbihan, et vice-président de l'Assemblée. Mais la discussion ne put être achevée avant l'émeute du 10 août, et à
dater de ce jour, la Législative, subissant l'influence des
événements, vota, mais ne discuta plus. Le 20 août, le projet
de décret sur les conditions du rachat fut adopté sans débats,
tel que Lemaillant le lut ; au surplus les occasions de rachat
allaient devenir si rares qu'il n'était guère important de s'y
arrêter (3). On peut le résumer en quelques mots (4) :
— 1° Le rachat peut être fait séparément pour les droits fixes
et casuels, et même pour chaque droit casuel (tit. I, art. 1) ;
il n'a plus lieu que sur le pied de la valeur du sol inculte, à
moins d'indications contraires contenues dans le titre primordial (art 2.) ; il peut être effectué par paiements partiels
(art. 6) ; — 2° Les redevables de champart, terrage, complant,
et autres redevances en nature, peuvent exiger la conversion
en une rente ou redevance annuelle d'une quotité *fixe* de
grains, payable aux termes ordinaires jusqu'au rachat (art.
13 et suiv.) ; — 3° Toute solidarité pour le paiement des cens,
rentes, prestations et redevances de toute nature, est abolie

/1) Décret des 18 juin-16 juillet 1792, art. 1 ; au *Code interm.*, t. I,
p. 271 et suiv. — L'art. 2 décide qu'on ne pourra répéter ce qui aurait
été déjà payé pour le rachat des droits nouvellement supprimés.

(2) Cfr. Doniol, *op. cit.*, p. 117-127 ; et *suprà* n° 33.

(3) Cfr. Doniol, *op. cit.*, p. 133.

(4) *Code interméd.*, t. I, p. 275-282.

sans indemnité, même pour les arrérages échus ; chaque débiteur peut donc servir ou racheter à son gré sa portion de rente sans avoir à payer en même temps celle de ses codébiteurs (tit. II, art. 1, 2) ; — 4° Enfin les arrérages à échoir des cens, des redevances, et même des rentes foncières ci-devant perpétuelles, sont prescriptibles à l'avenir par cinq ans au lieu de trente (tit. III, art. 1).

Ce décret du 20 août ne devait guère avoir d'application que pour les droits purement fonciers. Cinq jours plus tard en effet, dans une séance de nuit, l'Assemblée, « considérant que le régime féodal était aboli, que néanmoins il subsistait dans ses effets, et que rien n'était plus instant que de faire disparaître du territoire français ces décombres de la servitude qui couvrent et dévorent les propriétés », rendit un décret d'urgence (1), qui appliqua au droit fixe le principe de la preuve par le titre primitif déjà inauguré pour les droits casuels. C'était décidément le procédé favori de l'Assemblée pour soustraire le plus grand nombre possible de droits au rachat. Ce décret du 25 août et celui du 18 juin furent décisifs en matière de droits féodaux. Plus efficaces que les violences dont la Convention se rendra coupable, c'est par eux que la propriété foncière en France a été vraiment dégrevée des droits seigneuriaux ; mais, hélas, au prix de quelles injustices ! — Malgré cela, il s'en fallait de beaucoup que la propriété fût complètement débarrassée de ces droits réels qu'avait accumulés sur elle l'esprit de l'ancien droit. Les rentes foncières subsistaient. « Ne sont point compris dans le présent décret, disait en effet l'art. 17, les rentes, champarts, et autres redevances qui ne tiennent pas à la féodalité. » Le même article, il est vrai, y met une condition : il faut que ces rentes soient « dues par des particuliers à des particuliers *non seigneurs ni possesseurs de fiefs* » ; sinon, elles sont abolies comme les droits féodaux. Cette fois, ce n'est plus la nature du droit en lui-même que l'Assemblée considère ; c'est la qualité du possesseur. Les citoyens conservent leurs droits, les « ci-devant » en sont dépouillés.

(1) Décret des 25-28 août 1792, au *Code interméd.*, t. I. p. 283 et suiv.

Au lendemain du 10 août et à la veille de la Convention, cette distinction doit sembler toute naturelle.

Un dernier décret, constituant une dernière injustice, fut rendu d'urgence le 27 août relativement au domaine congéable. On a vu (*suprà* n° 38) que l'Assemblée Constituante avait maintenu ce contrat, en l'expurgeant seulement de ce qui tenait à la féodalité. Mais les domaniers firent auprès de l'Assemblée des démarches secrètes, et avant que les propriétaires fonciers pussent se défendre, le député Allain Bohan (du Finistère) fit rendre le décret du 27 août, qui supprimait le domaine congéable, le prohibait pour l'avenir, et déclarait le domanier propriétaire du fonds, lui qui n'en avait jamais eu que la jouissance (1) ! Le préambule de ce décret donne comme motif que « le convenant et domaine congéable participe de la nature des fiefs, et qu'il est instant de faire jouir les domaniers des avantages de l'abolition du régime féodal. » Viennent ensuite les articles, dont les trois premiers, qui contiennent les nouveaux principes, sont rédigés avec une éloquente précision : « *Art.* 1 : La tenue convenancière ou à domaine congéable est abolie ; les coutumes locales qui régissent cette tenure, sous le nom d'*usement,* sont abrogées ; en conséquence, les ci-devant domaniers sont et demeurent propriétaires incommutables du fonds comme des édifices et superfices de leurs tenues. — *Art.* 2 : Il ne sera fait à l'avenir aucune concession à pareil titre ; celles qui seraient faites ne vaudraient que comme simples arrentements. L'entière propriété des terres ainsi concédées appartiendra aux concessionnaires, avec la faculté perpétuelle de racheter les rentes. — *Art.* 3 : Dans les concessions précédemment faites, les droits de congément, baillées, commission et nouveautés, et le droit de lods et ventes qui ne serait point expressément stipulé dans le contrat primitif de concession, sont abolis sans indemnité (2). » Enfin l'art. 11 autorise « les ci-

_____

(1) Cfr. Garsonnet, *op. cit,* p. 543 ; — Dalloz, *Répert.,* V° Louage à dom. congéable, n° 4 ; et Demolombe, *op, cit.,* n° 502.

(2) Décret du 27 août-7 sept. 1792 ; au *Code interm.,* t. I, p. 292 et suiv.

devant domaniers à racheter leurs rentes ci-devant convenancières. »

43.—*Décret radical du 17 juillet 1793; le brûlement des titres féodaux; cas des titres mixtes.* — La Législative n'avait pas laissé grand chose à faire à la Convention ; et cependant dès que cette dernière Assemblée fut réunie, les décrets sur les droits féodaux reparurent plus nombreux que jamais. La plupart, il est vrai, ne font qu'interpréter des décrets antérieurs, ou répondre à des questions toutes personnelles posées par des pétitionnaires ; mais il en est d'autres fort importants, qui marquent un pas de plus dans la voie des spoliations. Le décret du 17 juillet 1793 est un de ceux-là. Il a sur ceux qui le précèdent un avantage, c'est qu'il est net. Désormais, plus de distinction entre la féodalité contractante et la féodalité dominante, entre des droits maintenus et des droits abolis. La Convention n'admet pas qu'on ait pu consentir des redevances seigneuriales comme condition d'une concession de fonds : elle le nie même en présence du titre primitif (1). En conséquence, elle décrète (2) : « — *Art.* 1 : Toutes redevances ci-devant seigneuriales, droits féodaux, censuels, fixes et casuels, même ceux conservés par le décret du 25 août dernier, sont supprimés sans indemnité. — 'Art. 2] : Sont exceptées des dispositions de l'article précédent, les rentes ou prestations purement foncières et non féodales. »

La Convention va plus loin. Craignant une réaction qui pourrait rendre aux titres de concession cette valeur qu'elle ne leur reconnaît plus, elle ajoute : « *Art.* 6 : Les ci-devant seigneurs, les feudistes, commissaires à terrier, notaires et autres dépositaires de titres constitutifs ou récognitifs de droits supprimés par le présent décret et par les décrets antérieurs rendus par les Assemblées précédentes, seront tenus de les déposer, dans les trois mois de la publication du présent décret, au greffe des municipalités des lieux. Ceux qui seront déposés avant le 10 août prochain, seront *brûlés* ledit

(1) Cfr. Laferrière, *op. cit.*, p. 214 ; — et Doniol, *op. cit.*, p. 149.
(2) *Code interméd.*, t. I, p. 372-374.

jour en présence du conseil général de la commune et des
citoyens : le surplus sera brûlé à l'expiration des trois mois.
— *Art.* 7 : Ceux qui seront convaincus d'avoir caché, soustrait ou récélé des minutes ou expéditions des actes qui
doivent être brûlés, aux termes de l'article précédent, seront
condamnés à *cinq années de fers.* » En exécution de ce décret,
des titres nombreux furent tirés des archives publiques et
privées ; des chartes précieuses pour l'histoire furent jetées
dans les flammes, aux acclamations publiques (1) ! Le 7 septembre, la Convention prit un autre décret, également muni
d'une sanction pénale : « La Convention nationale décrète
qu'aucun Français ne pourra percevoir des droits féodaux et
des redevances de servitudes, en quelque lieu de la terre que
ce puisse être, sous peine de dégradation civique (2). »

Tout excès porte en lui un germe de mort : les impossibi-
lités pratiques du brûlement des titres ne tardèrent pas à se
révéler. Beaucoup de titres, en effet, étaient mixtes, c'est-à-
dire qu'ils constataient à la fois des charges foncières et des
redevances féodales. Qu'en devait-on faire ? Les brûler ?
Mais alors on violait l'article 2 du décret de la Convention
qui maintenait les rentes foncières. Les conserver ? Mais
alors on violait l'article 6. Pour résoudre cette difficulté, le
comité de législation de la Convention lui présenta dès le
2 octobre un projet de déclaration tendant à séparer dans
les contrats d'inféodation ou d'accensement ce qui était
purement foncier de ce qui rappelait « le régime tyrannique
aboli » ; pour laisser le temps de faire cette séparation, on
devait proroger à six mois le brûlement des titres mixtes.
Bien que cette proposition fût faite avant tout dans l'intérêt
de l'État, qui se voyait menacé par le brûlement de ses titres
de perdre non seulement les droits féodaux dont il avait
été propriétaire, mais encore ses droits fonciers (3), la Convention, vu le décret du 17 juillet, passa à l'ordre du jour (4).

(1) Cfr. Laferrière, *op, cit.,* p. 215.
(2) *Code interm.,* supplément, t. IV, p. 21.
(3) Cfr. Doniol, *op. cit.,* p. 152.
(4) *Code interméd.,* t. I, p. 391-392.

Quelque temps après, une seconde tentative du comité de législation eut plus de succès : un décret du 8 pluviôse an II (27 janvier 1794) ordonna aux municipalités de conserver jusqu'à nouvel ordre les titres qui leur avaient été remis. Le même décret défendait aux notaires, à peine de cinq ans de fers, d'insérer dans les actes qu'ils recevraient à l'avenir aucune expression ou qualification nobiliaire. S'ils délivraient des expéditions des anciens titres, ils devaient les purger de toute qualification semblable (1). Mais un titre qu'on sait expurgé, alors même que la correction ne porte que sur des points très secondaires, n'en devient pas moins suspect et perd toute valeur probante, surtout pour ceux qui ont intérêt à le contester. Le commissaire des revenus nationaux s'en aperçut bientôt ; et sur sa demande, un nouveau décret fut rendu le 11 messidor an II, qui permettait aux notaires de délivrer les expéditions des anciens titres, sans les purger, lorsque la demande leur en serait faite par écrit par les communes, les autorités constituées et les agents nationaux. Le principe du brûlement était maintenu ; mais son exécution était renvoyée à une époque indéterminée, qui heureusement ne fut jamais désignée (2). — Ainsi disparurent définitivement du droit français la directe féodale et la directe censuelle, qui depuis plusieurs siècles y tenaient une si grande place (3).

44. — *A quelles conditions une rente est purement foncière ; système de la Convention, appliqué jusqu'en 1830.* — Le régime féodal n'était plus qu'un souvenir ; c'était encore trop pour la Convention. Elle poursuivit les signes de la féodalité jusque dans la rente foncière, qu'elle avait cependant formellement exceptée de la suppression dans le décret du 17 juillet. Mais cette exception soulevait une question grave qui jusqu'alors n'avait pas eu d'importance, la question de savoir à quel critérium on devait s'attacher pour distinguer

(1) *Code interméd.*, t. II, p. 72-73.

(2) Décret du 11 mess. an II (29 juin 1794) ; *Code interméd.* t. II, p. 150-151.

(3) Cfr. Garsonnet, *op. cit.*, p. 540 ; — et Doniol, *op. cit.*, p. 153.

dans les cas douteux, la redevance seigneuriale de la redevance foncière ? C'est sur cette distinction que repose à dater du 17 juillet 1793, tout le droit révolutionnaire sur l'abolition de la féodalité. Fallait-il considérer la nature intrinsèque des redevances ? La justice la plus élémentaire l'exigeait, mais la Convention préféra un autre moyen.

Par un premier décret du 2 octobre 1793, elle avait refusé, nous l'avons vu, de faire surseoir au brûlement des titres mixtes. Le 7 ventôse an II (25 février 1794), sur une question posée par l'administrateur des domaines nationaux, elle vint donner à ce décret une signification que ses termes ne comportaient pas. Elle décida qu'il avait interprété la loi du 17 juillet en ce sens, « qu'elle supprimait sans indemnité les rentes foncières qui avaient été créées, même pour concession de fonds, avec mélange de cens ou autre signe de seigneurie ou féodalité (1). » Le 29 floréal an II (18 mai 1794), la Convention accentua encore cette décision. Le tribunal de Pontrieux (Côtes-du-Nord) avait demandé si le décret du 17 juillet s'appliquait aux rentes convenancières : la Convention répond « que par l'art. 1 de la loi du 17 juillet 1793 (vieux style) [toute redevance ou rente entachée originairement de la *plus légère* marque de féodalité est supprimée sans indemnité, quelle que soit sa dénomination, quand même elle aurait été déclarée rachetable par les lois antérieures, et qu'ainsi il ne peut y avoir de conservées que les rentes convenancières qui ont été créées originairement, sans aucun mélange ni *signe* de féodalité (2). » De cette interprétation donnée par la Convention à la loi du 17 juillet, il résultait que la rente foncière elle-même, qu'elle avait déclaré conserver, n'était pas à l'abri de la suppression sans indemnité. Il suffisait que le contrat qui la constatait contînt quelques expressions proscrites pour que le crédirentier perdît ses droits. Qu'un notaire imprudent pour flatter un propriétaire vaniteux l'ait qualifié dans l'acte « seigneur de rente », c'est assez : la rente tombe.

(1) *Code interméd.*, t. II., p. 76-77.
(2) *Code interméd.*, t. II, p. 137.

La forme emporte le fond (1). Ajoutons qu'en vertu du décret du 25 août 1792 (art. 17), on ne pouvait réclamer de rente foncière qu'à la condition de n'avoir été ni seigneur, ni possesseur de fief (2).

Chose triste à constater, ces deux critériums furent trouvés trop commodes pour qu'on osât y toucher. Sous le Directoire, la jurisprudence essaya bien d'atténuer autant que possible la portée des décrets de la Convention. Elle s'attacha plus au fond des contrats qu'à leur forme ; mais les termes précis des décrets et les rancunes populaires, très susceptibles sous ce rapport, lui laissaient peu de latitude. Sous le Consulat, il en fut de même. Le premier consul chercha à diverses reprises à engager le Conseil d'État dans la voie des distinctions commandées par l'équité. Il échoua. Le Conseil d'État lui répondit en 1803 par un avis résolu, qui manifestait de sa part l'intention arrêtée de laisser appliquer dans toute leur étendue les décrets de 1793. Cet avis, rédigé par Treilhard, visait tous ces décrets et concluait « qu'il était impossible de méconnaître des intentions aussi évidentes » que celles de la Convention, « que toutes prestations, de quelque nature qu'elles pussent être, établies par des titres constitutifs de redevances seigneuriales... étaient supprimées, et qu'on ne pouvait admettre les demandes en paiement de ces prestations sans changer la législation (3). » En 1805, nouvelle tentative de Napoléon ; nouveau refus du Conseil d'État, qui se contente cette fois de viser son précédent avis. L'empereur se résigna ; en 1807, il se référa lui-même dans un décret aux décisions du Conseil.

(1) Un décret du 11 floréal an III (30 avril 1795) sur le mode de liquider les rentes foncières dues par la République, contient cet article : « *Art 4* : Lorsqu'il ne sera pas évident qu'une rente à liquider est d'une origine purement foncière, le liquidateur exigera le rapport du titre constitutif, conformément aux lois du 25 août 1792 et 17 juillet 1793, à défaut de quoi *la rente sera rejetée de la liquidation* » (*Code interméd.*, t. II, p. 268-269).

(2) V. une application de ce principe dans un décret du 6 messidor an II ; *Code interméd.* t. II, pp. 146-147.

(3) Avis du 30 pluviôse an XI (19 fév. 1803) ; *Code interméd.*, t. III, p. 320-321.

En 1809, un dernier avis affirma encore la même doctrine. A partir de ce moment il fut avéré que l'esprit de la législation devait rester inflexible comme au premier jour (1) ; et en effet pendant toute la Restauration la Cour de cassation l'appliqua rigoureusement. Mais après les événements de 1830, un revirement soudain de jurisprudence s'opéra. Commencé par un arrêt de la Cour de cassation du 31 décembre 1833, il fut accentué plus tard par deux arrêts du 16 avril 1838 et du 5 mars 1839. Les avis du Conseil d'État furent restreints aux espèces pour lesquelles ils avaient été rendus. Les tribunaux se replacèrent sur le terrain du droit, et réédifièrent ce qu'ils avaient pendant vingt ans frappé de déchéance. Malheureusement il ne restait plus que des occasions très rares pour ces décisions réparatrices (2).

Section IV. — Transition au Code civil ; le Directoire et le Consulat.

45. — *Disparition de la directe privée à la suite des lois du 9 messidor an III et 11 brumaire an VII.* — La Convention, qui avait effacé les derniers vestiges de la directe féodale et censuelle, devait consommer également l'abolition de la directe privée. On a vu précédemment que le décret du 18 décembre 1790, en supprimant l'emphytéose perpétuelle, avait laissé au contraire toute leur force aux baux emphytéotiques temporaires d'une durée inférieure à 99 ans (*suprà*, n° 37). Seulement le texte du décret ne tranchait pas la question de savoir sous quel régime se trouvaient désormais placés ces baux temporaires. Transféraient-ils toujours, selon la doctrine dominante de l'ancien droit, le domaine utile au preneur; ou bien cette décomposition de la propriété était-elle à jamais écartée, comme se rapprochant trop intimement de la féodali-

______

(1) Cfr. Doniol, *op. cit.*, pp. 158-162.

(2) Cfr. Doniol, *op. cit.*, p. 169, texte et note 1.

té ? Il apparut tout d'abord que rien n'était changé aux règles anciennes. Mais plusieurs décrets, et notamment celui du 15 septembre 1791, contenaient des expressions telles que celles-ci : « fonds *aliénés* à bail emphytéotique ou à rente non-perpétuelle, » ou « bailleur, propriétaire de la rente et ayant droit à la *propriété* réversible, » qui semblaient bien indiquer que le preneur à emphytéose était, comme le preneur à rente, propriétaire du fonds pour la durée de la concession, et que la Constituante avait voulu repousser la théorie du domaine utile, et traiter l'emphytéose temporaire comme l'emphytéose perpétuelle (1).

La question ne resta pas longtemps douteuse. Il se produisit en effet un courant de doctrine très remarquable qui tendit à rapprocher l'emphytéose temporaire du type romain, c'est-à-dire à ne reconnaître à l'emphytéote qu'un droit réel de jouissance sur la chose d'autrui, un *jus in re alienâ*, analogue à l'usufruit. La doctrine écartait ainsi la théorie du domaine utile , ce qui était conforme à l'esprit des lois de la Constituante, mais elle écartait aussi l'idée d'une translation temporaire de la propriété, ce qui n'était pas tout à fait conforme à leur texte. Quoi qu'il en soit, cette opinion prévalut, et elle fut consacrée législativement par le décret sur le régime hypothécaire, du 9 messidor an III. L'art. 5-2° de ce décret est ainsi conçu : « Sont susceptibles d'hypothèque : 1° la propriété, etc.., ; 2° l'*usufruit* des mêmes biens, résultant seulement des baux *emphytéotiques*, lorsqu'il reste encore vingt-cinq années de *jouissance* (2). » Ces termes formels ne laissaient pas place au doute : en se servant des mots usufruit et jouissance, les rédacteurs du décret ont manifestement entendu rompre avec la donnée de l'ancien droit (3). Plus tard, quand la loi du 11 brumaire an VII (1er nov. 1798) vint remplacer le décret de messidor, elle employa encore des expressions presque semblables, mais théoriquement plus exactes : « Sont seuls susceptibles d'hypothèque : 1° les biens

(1) C'est ce que soutient Merlin, *Quest. de droit*, V°, Emphytéose, § V, n° 2.
(2) Décret du 9 mess. an III (27 juin 1795) ; *Code interméd.*, t. II, p. 286.
(3) Cfr. Pepin le Halleur, *op. cit.*, p. 333-334 ; — Lefort, *op. cit.*, p. 315.

territoriaux transmissibles, ensemble leurs accessoires inhérens ; 2° l'*usufruit*, ainsi que la *jouissance* à titre d'emphytéose, des mêmes biens, pour le temps de leur durée (1). » Ainsi la loi de brumaire qualifie encore le droit de l'emphytéote de droit de *jouissance* et le place sur la même ligne que l'usufruit·

Il s'est trouvé des auteurs cependant, pour enseigner que la loi de brumaire modifiait le système du décret de messidor, et rétablissait au profit de l'emphytéote le domaine utile. Merlin en effet écrit ceci : « Il est clair qu'en disposant ainsi, en rétablissant entre l'usufruit et la jouissance à titre d'emphytéose non perpétuelle, la ligne de démarcation que la loi du 9 messidor an III avait mal à propos effacée, et en rendant à l'emphytéote temporaire le droit d'hypothéquer l'immeuble dont il jouissait à ce titre, pendant et pour tout le temps que durait sa jouissance, la loi du 11 brumaire an VII a reconnu que l'emphytéote temporaire jouissant comme tel, participait à la *propriété*, en d'autres termes qu'il était investi du domaine utile (2). » Cette conclusion est inadmissible : d'abord, parce que la différence de rédaction qui existe entre le décret de messidor et la loi de brumaire, est trop faible pour l'autoriser ; ensuite, parce que le mot *jouissance* qui se trouve dans les deux lois, ne convient pas au domaine utile, c'est-à-dire à la propriété, et convient fort bien au contraire aux droits semblables à l'usufruit : s'il en eût été autrement la loi de brumaire n'aurait pas placé l'emphytéose dans l'alinéa consacré à l'usufruit, mais. dans l'alinéa consacré à la propriété ; enfin, parce que la notion des domaines direct et utile est une notion que la Révolution a effacée : la directe privée était trop compromise par sa ressemblance avec les directes seigneuriales pour pouvoir subsister. La loi du 11 brumaire an VII n'a donc rien changé, suivant nous, au système du décret du 9 messidor an III ; et il faut dater de ce dernier jour la disparition de la directe emphytéotique et la transformation du droit de l'emphytéote en un *jus servitutis* (3).

---

(1) *Code interméd.*, t. III, p. 217.
(2) Merlin. *ibid.*, n° 4.
(3) Cfr. Aubry et Rau. *op. cit.*, t. II, p. 453.

Par suite du même décret, une transformation plus profonde encore attteignit le bail à longues années. Ce bail avait certainement pour effet dans l'ancien droit de transférer le domaine utile ; mais reprenant une théorie de Vinnius, Merlin soutint que le bail à longues années ne devait pas être confondu avec un bail emphytéotique, et qu'il ne démembrait pas la propriété (1). L'autorité que cette opinion empruntait à la position de son principal défenseur la fit triompher dans la doctrine. Le décret de messidor la consacra implicitement. En effet, en déclarant seuls susceptibles d'hypothèque la propriété et l'usufruit résultant des baux emphytéotiques, ce décret écartait par là-même la jouissance des preneurs à longues années. Cette jouissance avait donc dès lors perdu son caractère réel, et le bail à longues années devenait semblable au bail à court terme, c'est-à-dire au bail consenti pour neuf ans au plus. L'un et l'autre ne donnait plus au preneur qu'un droit de créance contre le bailleur. C'était la doctrine romaine ; c'est aussi la doctrine du Code civil (2).

Les mêmes changements, révélés par les mêmes circonstances, ont affecté aussi le bail à vie, contrat d'ailleurs tombé en désuétude (3). Quelle que soit sa durée, à moins qu'il ne soit établi sur plus de trois têtes (4), ce bail n'est plus translatif de propriété. Il ne confère même pas un droit réel au preneur, et ne deviendrait un usufruit qu'autant qu'il serait clairement démontré par les termes du contrat que telle est en effet l'espèce de droit que les parties ont voulu créer sous la dénomination inexacte de bail (5).

(1) Cfr, Merlin, *Répert.*, V° Bail, § IV.

(2) Ce dernier point n'avait jamais été contesté, lorsqu'en 1840, M. Troplong, s'appuyant sur l'art. 1743 du Code civil, entreprit de démontrer que le preneur à bail a un droit réel, d'une nature particulière qu'il ne définit pas d'une façon précise. L'autorité de son nom a donné quelques partisans à sa doctrine, et forcé les interprètes du Code à la discuter. Ainsi s'est introduite dans la science une controverse nouvelle dont le besoin ne se faisait certes pas sentir. V. dans Demolombe, *op. cit.*, nᵒˢ 492-493, une réfutation en règle de Troplong.

(3) Cfr. Troplong, *Du louage*, t. I, n° 25.

(4) Cfr. Décret du 18 déc. 1790. art. 1.

(5) Cfr. Troplong, *ibid*, n° 26 ; — Demolombe. *op. cit.*, n° 510 ; — Lefort, *op. cit.*, pp. 331-332.

Quant au contrat de superficie, également attributif de directe privée dans l'ancien droit, il a suivi au contraire une marche inverse. Nous verrons en effet d'après quelques textes du Code, que le superficiaire doit être considéré comme propriétaire des superfices. Telle est la manière dont la directe privée a disparu du droit français, emportée par un mouvement de jurisprudence plutôt que par un mouvement de législation.

46. — *Rétablissement du décret du 7 juin 1791 sur le domaine congéable (loi du 9 brumaire an VI).* — A l'époque où nous en sommes arrivés, c'est-à-dire sous le Directoire, il y a en effet comme un temps d'arrêt dans la confection des lois sur notre sujet. Le législateur cesse de démolir, et l'on assiste à une sorte de tassement dans les ruines qu'il a faites. Dans ces ruines, il y a des parties qui restent debout : la jurisprudence affermit les unes qui peuvent durer encore ; elle achève d'abattre les autres qui manquent de solidité. A cet égard, il se produit soit des retours en arrière, soit des marches en avant ; mais on a la satisfaction, en constatant les uns et les autres, de voir qu'on revient peu à peu aux principes du droit ou de l'économie sociale, et qu'on est enfin sorti du régime des décrets inspirés par la politique.

La première réaction à signaler est celle qui se produisit en l'an VI, à propos du domaine congéable. Le décret du 27 août 1792, qui supprimait cette tenure en déclarant les domaniers propriétaires contrairement à toutes les règles de la matière, n'avait pas tardé à soulever les plaintes des tréfonciers. Quelques propriétaires des environs de Lorient protestèrent auprès de la Convention ; mais le décret du 17 juillet, interprété par celui du 29 floréal an II (*suprà* n° 44) était encore venu aggraver leur situation, en supprimant sans indemnité les rentes convenancières mélangées, si peu que ce soit, de féodalité. Il résulta de là que parmi les domaniers, les uns devinrent propriétaires sans bourse délier, les autres en rachetant la rente en assignats. Les domaniers de l'État se montrèrent surtout fort récalcitrants ; et les représentants du peuple en mission dans l'Ouest eurent beaucoup

de peine à leur faire payer les rentes convenancières dues au
Trésor. De nouvelles protestations furent adressées au Directoire après la dissolution de la Convention. Le ministre des
finances se joignit aux réclamants en accusant une perte de
cent millions pour le Trésor sur le prix des domaines congéables qui auraient pu être vendus. Aussi un message du
Directoire, en date du 14 thermidor an IV (1er août 1796),
soumit-il la question au Corps législatif. Après avoir entendu l'ancien rapporteur du décret de 1792, Allain Bohan, qui
combattit le projet, et Tronchet qui au contraire le soutint,
le Corps législatif donna gain de cause à Tronchet. L'abrogation du décret du 27 août 1792 fut prononcée par la loi du
9 brumaire an VI (30 oct. 1797), qui remit en vigueur le
décret du 7 juin 1791, et déclara en conséquence « tous les
propriétaires fonciers de domaines congéables maintenus
dans la propriété de leurs tenures, conformément aux dispositions dudit décret (1). » Les tenanciers revinrent à la
charge l'année suivante, mais inutilement. Le Conseil des
Cinq cents rejeta leur pétition les 21 et 23 ventôse an VI ; et
par un arrêté du 13 germinal an VII, le gouvernement invita
le ministre de la justice à veiller à l'application de la loi du
9 brumaire (2).

Les termes dont se sert cette loi : « Sont *maintenus* dans la
propriété de leurs tenures », ont laissé indécise la question de
savoir si cette loi devait avoir ou non un effet rétroactif. Si
oui, les fonciers dont les rentes convenancières avaient été
rachetées ou supprimées sans indemnité devaient être réinté-
grés dans leurs propriétés. Si non, la loi n'avait pour résultat que d'empêcher les domaniers qui n'avaient pas encore
usé de la faculté de rachat, d'en user désormais. La première
opinion, soutenue par Carré (3), a été adoptée par la
Cour de Rennes. Elle est inspirée par un sentiment d'équité
facile à comprendre, mais qui ne saurait prévaloir contre le
droit. C'est un principe de droit naturel en effet, constaté par

(1) *Code interméd.*, t. III, p. 121.
(2) Garsonnet, *op. cit.*, pp. 543-544 ; — Le Cerf, *op. cit.*, p. 13 et suiv.
(3) Cfr. Demolombe, *op. cit.*, n° 503.

le Code civil (art. 2), qu'aucune loi ne peut rétroagir, si cette rétroactivité doit blesser des droits acquis. Or il est difficile de soutenir qu'à dater du décret de 1792 les domaniers n'aient pas acquis des droits à la propriété incommutable, l'injustice évidente de ce décret ne lui enlevant pas sa force légale. La loi de brumaire an VI, en se bornant sans autre indication à l'abroger, doit donc être regardée comme ne l'ayant abrogé que pour l'avenir. C'est ce qu'a toujours décidé la Cour de cassation (1).

Ces variations de la législation sur les baux à convenant, en affaiblissant le respect d'un contrat où la bonne foi était une tradition séculaire, n'ont pas peu contribué à en diminuer le nombre. Quoique encore fréquents aujourd'hui en Basse-Bretagne, ils tendent à disparaître. Le taux trop peu élevé de la rente pousse le propriétaire au congément. Chaque année, d'après les calculs de M. du Châtellier, il se consolide environ une tenue sur 144, en sorte que dans un siècle, le bail à convenant sera sans doute inconnu (2). Aujourd'hui du reste, sous l'empire du Code civil, il n'a plus qu'une individualité indécise, combinaison compliquée d'une vente de la superficie et du bail à ferme. La vente de la superficie en rend le domanier propriétaire ; le bail à ferme ne lui donne qu'une jouissance personnelle du tréfonds (3), moins assurée même que celle du preneur à bail ordinaire ; car la faculté imprescriptible de congément, qu'à moins de convention contraire le décret de 1791 a conservée au tréfoncier, le laisse toujours sous le coup d'une éviction qu'il ne peut éviter. Il est vrai que de son côté, il peut obliger quand il le veut le propriétaire à lui rembourser les superfices et à le congédier. Mais la menace ne garantit pas de la menace. Aussi le domanier cherche-t-il bien plutôt à racheter les droits fonciers, de manière à n'être plus tenu que de la rente. Quand il est ainsi parvenu, à force

(1) Arrêts des 16 juillet 1828, 18 nov. 1846, 3 mai 1848. — *Adde* Cour d'Angers, arrêts des 7 juillet 1847, et 23 août 1848.

(2) Cfr. Garsonnet. *op. cit.*, p. 552 ;—Du Châtellier, *De quelques modes de la propr. en Bret;* dans les *Comptes rendus de l'Acad. des sc. morales,* t. LVII, 1861, pp. 48 et suiv.

(3) Cfr. Lecerf, *op. cit.*, p. 190 ; — et Demolombe, *op. cit.*, n° 504.

d'épargne, à s'assurer une possession non précaire, il entreprend des améliorations plus considérables et des cultures plus coûteuses, dont les résultats sont assez sensibles, pour que « beaucoup de cantons maritimes, dit M. du Châtellier, puissent soutenir la comparaison avec les pays de France les plus avancés dans la science agricole (1) ».

47. — *Avis du Conseil d'État du 4 thermidor an VIII, sur le bail à complant.* — Si du domaine congéable de la Bretagne, nous portons nos regards sur le bail à complant, usité dans les provinces voisines (*suprà* n° 26), là encore nous trouverons des modifications introduites par la jurisprudence, vers la même époque. — On se souvient que d'après une théorie inexacte, accréditée par Tronchet et Merlin (*suprà,* n° 37), les baux perpétuels avaient été considérés comme transférant toujours la propriété aux preneurs. Une réaction partielle contre cette idée se produisit en l'an VIII. Les Consuls firent poser au Conseil d'État la question de savoir s'il était nécessaire de proposer au Corps Législatif, une loi tendant à déclarer que les décrets des 18 décembre 1790 et 17 juillet 1793, qui autorisaient le rachat des rentes foncières n'étaient pas applicables aux baux à complant, dits « baux à devoir de tiers et de quart », usités dans le département de la Loire Inférieure. Le Conseil d'État examine plusieurs contrats anciens ; et le 4 thermidor, il répond : « D'après ces actes, il est évident que le bail à complant ne transfère au preneur aucun droit sur la propriété des biens qui en sont l'objet ; que celui-ci, ses héritiers ou représentants, ne possèdent qu'au même titre et de la même manière que les fermiers ordinaires, sauf la durée de la jouissance... qu'ainsi la portion des fruits que se sont réservée les bailleurs doit leur être payée sans difficultés par les preneurs, lesquels ne peuvent forcer les bailleurs d'en recevoir le rachat... » Le Conseil d'État ajoutait, mais en commettant une erreur qui n'a pas besoin d'être démontrée, que « la tenure à complant

____

(1) Cfr. Du Châtellier, *loc. cit,* ; — Garsonnet, *loc. cit.* ; — Le fort, *op. cit.,* p. 336-342 ; — et *suprà* n° 28.

rentrait dans l'espèce de celles connues sous le nom de tenures convenancières ou à domaine congéable », et qu'il fallait par suite lui appliquer la loi du 9 brumaire an VI ,qui avait maintenu les bailleurs dans leurs propriétés (1).

En laissant de côté cet argument, il ressort de cet avis du Conseil d'État, inséré au Bulletin des lois, que les décrets de la Révolution ne sont pas applicables aux baux à complant, lorsque ceux-ci, comme dans le pays Nantais, ne transféraient pas la propriété. Cependant le décret du 15 mars 1790 soumettait au rachat « les champarts de toute espèce et de toute nature » ; or le complant n'est en somme qu'un champart. En outre, la théorie de Merlin voulait que tout bail illimité, ne fût-il pas translatif de propriété par sa nature, le devînt par sa perpétuité ; or le bail à complant était un bail perpétuel (2). L'avis du 4 thermidor an VIII s'écartait donc à la fois du texte et de l'esprit des lois de la Révolution ; aussi peut-on s'étonner de le voir rédigé en termes aussi absolus. Mais il suffit de lire un rapport que M. Boulay-Paty présenta au Conseil des Cinq cents sur la même question (3), pour comprendre le véritable sens de la décision du Conseil d'État. M. Boulay-Paty posait le principe d'une distinction entre les baux translatifs et les baux non translatifs de propriété, les premiers seuls devant être soumis au rachat ; et pour arriver à caractériser chaque bail en particulier, il abandonnait le critérium de la durée, poussé à l'extrême par Merlin (4), et s'attachait de préférence à la circonstance que le preneur payait ou ne payait pas l'impôt en son nom propre (5). Évidemment l'avis du Conseil d'État, désireux de dissiper les doutes qui s'étaient élevés, a voulu consacrer purement et simplement ces conclusions que les événements politiques

---

(1) Avis du 4 thermidor an VIII (23 juillet 1800) ; *Code interméd.*, t. III, p. 284-285. — Il y en eut un autre le 21 ventôse an X.

(2) Cfr. Aubry et Rau, *op. cit.*, t. II, p. 450.

(3) Dans Duvergier, t. I, n° 190.

(4) Cfr. Merlin, *Répert.*, V° Vignes, § 1.

(5) Trouchet avait déjà invoqué la même idée à l'appui de sa thèse (*supra* n° 37).

n'avaient pas laissé le temps de convertir en loi. Or il ne résulte pas du rapport de M. Boulay-Paty, que les baux à complant perpétuels ne transfèrent jamais la propriété, mais seulement qu'ils ne la transfèrent pas toujours, et que particulièrement ils n'avaient pas, au moins en général, cet effet dans le pays Nantais et dans la Vendée (1). Au contraire, la jurisprudence a pu valablement déclarer le complantier propriétaire dans l'étendue du territoire autrefois soumis à la coutume de la Rochelle (2). Le bail à complant doit donc être aujourd'hui considéré, tantôt comme un bail à colonage partiaire, ne conférant au preneur qu'un droit personnel de jouissance, suivant la doctrine du Code civil (3), tantôt comme une vente à rente rachetable (4).

Une fois la réaction contre l'idée fausse de Merlin commencée par le Conseil d'État, la doctrine et la jurisprudence la continuèrent et l'étendirent à tous les baux perpétuels, en sorte que l'avis du 4 thermidor an VIII est devenu le droit commun sur cette matière (5). C'est ainsi que la Cour de cassation, revenant avec raison sur une jurisprudence antérieure (6), a déclaré non translatifs de propriété et par conséquent non soumis au rachat les baux à *métairie perpétuelle* ou colonage perpétuel, usités dans la Marche et le Limousin (7). Ces baux ne sauraient être établis aujourd'hui sur plus de trois têtes, ou pour plus de 99 ans, et ne donnent en tous cas au preneur qu'un droit de créance comme à un colon partiaire ordinaire. — Sous l'influence du procureur

(1) Cfr. Demolombe, *op. cit.*, n° 500 ; — Cassation, 7 août 1837 ; dans Dalloz, *Répert.*, V° Louage à complant, n° 4.

(2) Req., 10 oct. 1808; dans Dalloz, *Répert.*, V° *Propr. féod.*, n° 227.

(3) Aucun bail ne transfère plus aujourd'hui de droit réel au preneur ; cfr. *suprà* , p. 133, note 2.

(4) Cfr. Troplong, *op. cit.*, n° 59; — Dalloz, *Répert.*, V° Louage à complant, n° 5 ; — Lefort, *op. cit.*, p. 311 ; — Garsonnet, *op. cit.*, p. 541.

(5) Cfr. Demolombe, *ibid.*

(6) Arrêt du 2 mars 1835 ; dans Dalloz. 1835, 1°, p. 433. — Cfr. Troplong, *op. cit.*, n° 56 ; — et Demolombe, *op. cit.*, n° 507.

(7) Cassat., 11 août 1840 ; dans Sirey; 1840, 1°, p. 673 ; — et 30 mars 1842, dans Sirey, 1842, 1°, p. 617.

général Dupin (1), la Cour de cassation avait en 1837 appliqué la même règle à l'*erbpacht* ou bail héréditaire d'Alsace (2) ; mais elle est revenue en 1852 à une doctrine historiquement plus exacte, en maintenant la propriété au preneur qui dans l'ancien droit avait le domaine utile (*suprà*, n° 25) à la charge par lui de racheter la redevance (3). L'*erbpacht* était au fond une véritable emphytéose perpétuelle ; on doit donc le regarder comme supprimé en principe, à moins qu'il ne se restreigne aux proportions d'une emphytéose temporaire, auquel cas il doit en suivre les règles (4).

48. — *Mobilisation des rentes foncières par la loi du 11 brumaire an VII ; conséquences.* — Une dernière réforme de la Révolution, d'une importance capitale, fut la transformation du droit réel de rente foncière en un simple droit de créance. C'était encore un démembrement de la propriété, et l'un des plus importants de l'ancien droit, qui disparaissait. C'est en l'an VII que s'opéra cette transformation. Jusqu'alors, la rente foncière, maintenue par le décret du 17 juillet 1793, avait conservé, quoique rachetable, les trois caractères de droit réel, de droit immobilier, et de droit susceptible d'hypothèque, ce dernier caractère dérivant du second, le second dérivant du premier, et le premier dérivant de la qualité de « démembrement de l'héritage (5) », qui avait appartenu de tout temps à la rente foncière. Tout se tenait, comme on le voit, mais la loi sur le régime hypothécaire du 11 brumaire an VII (1er novembre 98) vint désorganiser tout ce système. Il lui suffit pour cela de disposer « que les rentes constituées, les rentes *foncières*, et les autres prestations que la loi a déclarées rachetables, ne pourraient plus être à l'avenir frap-

---

(1) Cfr. Dupin, *Réquisit, plaidoyers, disc. de rentrée,* in-8°, t. VI, p. 71.

(2) Arrêt des ch. réunies, du 24 nov. 1837 ; dans Dalloz, 1838, 1°, p. 134 ; — cfr. Troplong *op. cit.,* n° 56 ; — Demolombe, *op. cit.,* n° 508.

(3) Ch. civ., 15 juin 1852 ; dans Dalloz, 1852, 1°, p. 284.

(4) Quelles règles ? Nous le verrons *infrà* n° 57. M. Lefort, qui admet que l'emphytéote a un droit réel, ne reconnaît au preneur à bail héréditaire qu'un droit personnel (*op. cit.,* p. 329-330).

(5) Pothier, *Du contrat de bail à rente,* n° 107.

pées d'hypothèques (art. 7). » Déclarer la rente foncière non susceptible d'hypothèque, c'était implicitement la déclarer meuble (1). Et, en effet, un mois plus tard, on peut lire dans l'article 27 de la loi sur l'enregistrement du 22 frimaire an VII, ces mots significatifs : « Les rentes et autres biens *meubles...* » Une fois mobilisée, il était impossible de prétendre que la rente foncière devait encore être regardée comme un démembrement de la propriété foncière ; elle n'était plus qu'une créance d'arrérages. Entre autres conséquences remarquables, il résulta de là que les débirentiers, qui jusqu'alors pouvaient déguerpir, n'étant tenus que *propter rem*, furent désormais débiteurs personnels de la rente, sans déguerpissement possible (2). Telle est la doctrine que consacra le Code Napoléon, dont l'article 529 maintint la mobilisation des rentes.

Il semblait donc que tout fût fini, et qu'il ne dût plus être question de la rente foncière, telle que l'entendait l'ancien droit. Mais lors de la discussion de l'article 529, des hésitations, des réclamations s'étaient produites, et la question s'était posée de savoir si le législateur ne reviendrait point sur ses pas, et s'il ne permettrait pas d'établir comme par le passé, des redevances perpétuelles purement foncières, sans mélange de féodalité, mais aussi sans faculté de rachat, ou si au contraire, il maintiendrait les principes du décret du 18 décembre 1790 et de la loi de brumaire an VII. La Commission s'étant partagée, la question ne put être résolue. On vota cependant l'article 529 qui la préjugeait (3), et on remit à plus tard le soin de décider si l'on *rétablirait* les rentes foncières ; c'est ce qu'annonçait le *Discours préliminaire* sur le projet de Code civil, où Portalis faisait connaître en ces termes les perplexités de la Commission : « Nous avons pensé, dit-il, qu'on avait été trop loin, quand sous prétexte

____

(1) Aubry et Rau, *op. cit.*, t. II, p. 456 ; — *Contrà :* Merlin, *Répert.*, V°
Rentes foncières, § IV. n° 4.

(2) Aubry et Rau, *op. cit.*, t. II, p. 457, texte et note 1.

(3) Cfr. l'exposé des motifs de Treilhard, sur le livre II du Code civil ;
il y appelle les rentes : des objets purement personnels (Locré, t. VIII,
p. 57).

d'effacer jusqu'aux moindres traces de la féodalité, on avait
proscrit le bail emphytéotique et le bail à rente foncière, qui
n'ont jamais été un contrat féodal, qui encourageaient les
défrichements, qui engageaient les grands propriétaires à
vendre les fonds qu'ils ne pouvaient cultiver avec soin, et qui
donnaient à des cultivateurs laborieux, dont les bras faisaient
toute la richesse, les moyens faciles de devenir propriétaires.
Cependant, nous n'avons pu nous dissimuler les grands inconvénients qui seraient attachés à une législation toute particulière et très compliquée qu'ont toujours exigée ces sortes
de contrats, et nous avons abandonné à la sagesse du gouvernement la question de savoir s'il est convenable d'en provoquer le *rétablissement* (1). » La question fut posée après l'achè-
vement du Code civil, à la section de législation du Conseil
d'État dans la séance du 7 pluviôse an XII (28 janvier 1804)
et discutée dans celle du 15 ventôse (6 mars).

49. — *Discussion et rejet en 1804 de la proposition de rétablir
les rentes foncières.*— De la discussion qui s'ouvrit alors au sujet
de la rente foncière, il ressort pour nous que son utilité a surtout été démontrée pour le passé, et qu'en demandant un
revirement de législation, ses partisans prouvaient bien
qu'elle avait rendu des services, mais ne prouvaient pas
qu'elle dût en rendre encore. Ces services, Portalis vient de
les indiquer, et nous les avons reconnus précédemment
(*suprà*, n° 8). Ils peuvent se résumer à ceci : le bail à rente
a permis les grands défrichements, et l'accès à la propriété des cultivateurs pauvres. Quant aux avantages autrefois considérables, qui provenaient de la prohibition du prêt
à intérêt, et du désir de conserver les propres dans les
familles, il n'en fallait plus parler depuis longtemps. Aussi le
plus ardent défenseur des rentes foncières, Malleville, n'insista que sur les deux premiers arguments. Il conclut en disant :
« N'y a-t-il donc plus en France de terrains en friche ? Le
nombre des propriétaires est-il trop grand pour sa surface,
et n'est-il pas au contraire, du plus grand intérêt de l'État de

____

(1) Dans Locré, t. I, p. 309.

multiplier ce nombre ? Sa tranquilité, son immutabilité, sa puissance ne dépendent-elles pas essentiellement du meilleur emploi de son terrain et de l'attachement des citoyens pour le sol qui les a vus naître ? Un homme qui n'a que ses bras est citoyen du monde, et par cela même, ne l'est d'aucun pays en particulier (1). » — Tronchet, adversaire des rentes foncières, fit observer avec beaucoup de raison qu'un bail n'a pas besoin d'être perpétuel pour donner au preneur la sécurité qui lui est nécessaire ; un bail de 27 ans et à plus forte raison de cinquante ans est bien suffisant pour assurer le défrichement des terres. Defermon ajouta que la vente à rente rachetable permettait d'arriver au même résultat que le bail à rente foncière, avec cet avantage d'exciter le colon à redoubler d'activité et d'efforts, pour arriver à racheter la redevance qui lui pèse (2).

Cambacérès fit dévier la discussion sur le terrain politique. Il essaya de discréditer le décret du 18 décembre 1790 sur le rachat des rentes, en prétendant que l'Assemblée Constituante ne l'avait voté, avec beaucoup d'autres lois, que « pour attaquer la classe des privilégiés, qui était en même temps celle des grands propriétaires ; elle l'a attaquée en attaquant la propriété d'où cette classe tirait sa force ; et par ce même moyen, elle s'est attaché le tiers-état qu'elle voulait opposer aux privilégiés... Une telle loi n'est donc pas fondée sur des principes de législation, elle est toute politique, toute de circonstance ; et l'effet en est tellement passé que peut-être ceux qui s'en sont servis pour racheter donneraient aujourd'hui leurs propriétés à rente foncière, si la législation les y autorisait (3). »

Crétet répliqua qu'il ignorait si le défrichement des terres était dû au bail à rente, mais qu'il savait que ce contrat avait toujours entraîné des inégalités énormes entre les citoyens, et que les rentes produisaient des effets désastreux dans le partage des biens grevés à cause de leur indivisibilité. Pelet essaya d'atténuer la portée de ce dernier argument ; mais

(1) Dans Locré. t. VIII, p. 80 et suiv.
(2) *Ibid.*, pp. 83 et 84.
(3) *Ibid.*, p. 87.

Bigot-Préameneu en avoua la force, et proposa de renvoyer
la question à la section de législation pour examiner « les
moyens de corriger les inconvénients des rentes foncières et
d'empêcher qu'elles ne deviennent la cause d'une multitude
de procès (1). » Le Premier Consul observa qu'avant de traiter la question de règlementation, il fallait d'abord vider la
question de fond, c'est-à-dire celle de l'utilité même de la
rente. Or, continua-t-il, « dans l'ancienne organisation politique, le bail à rente pouvait être utile : alors la féodalité avait
placé la propriété des terres dans un petit nombre de mains,
et il était dans ses principes de les y maintenir. C'était donc
adoucir le sort du peuple que de lui donner sur les terres un
droit plus fort que celui de simple fermier. Mais cette considération devient maintenant impuissante (2). » Il signala ensuite les inconvénients qui résulteraient de l'absentéisme des
propriétaires que ne pouvait manquer de provoquer le bail à
rente, où le crédirentier est dégagé de toute sollicitude, et
que ne produisait pas le bail à ferme, où le propriétaire est
toujours intéressé à surveiller le fermier (3).

Après le Premier Consul, Regnaud de Saint-Jean-d'Angély
exprima avec une grande force les mauvais résultats, qu'en
l'état actuel des choses pouvait avoir au point de vue social le
renouvellement des rentes foncières : « Il est évident que le
propriétaire pour se soustraire aux variations qu'éprouve
l'intérêt de l'argent, ne constituerait la rente qu'en nature,
en la fixant soit à une quotité déterminée, soit à une quotité
proportionnelle du produit de l'héritage. Il se créerait donc
une nouvelle sorte de suprématie dans le village dont le fonds
lui appartiendrait. Ainsi, si les rentes foncières ne rétablis-
saient pas divers ordres, elles formeraient du moins plusieurs
classes de citoyens. On verrait reparaître aussi une partie des
inconvénients de la féodalité : si le colon avait mis quelque
négligence dans la culture des terres, le propriétaire ferait
aujourd'hui comme faisait autrefois le seigneur, il l'obligerait

(1) *Ibid.*, pp. 88-90.
(2) *Ibid.*, p. 90.
(3) *Ibid.*, p. 92.

à lui payer une indemnité d'après l'estimation du produit que
la tenure aurait dû donner. C'est ainsi qu'une loi, en apparence toute civile, produirait de grands effets politiques, et
des effets très étendus, car tous les citoyens que leurs fonctions obligent de vivre loin de leurs propriétés les donneraient
à rente foncière (1). »

Cette menace était décisive ; la rente foncière fut condamnée. Portalis, qui n'avait su se résoudre ni dans un sens
ni dans l'autre (2), fut chargé du rapport. Il indiqua sous une
forme un peu vague les quatre motifs suivants : inutilité de
la rente foncière, charge trop lourde qu'elle fait peser sur la
propriété, gêne et complication qu'elle introduit dans les
rapports entre citoyens (3), opposition qu'elle rencontrerait
dans l'esprit général de la nation (4). C'est sur ce rapport que
fut voté l'art. 530 du Code civil, qui consacrait le progrès
accompli depuis l'an VII, en ne reconnaissant plus à la rente
foncière que le caractère d'une créance mobilière. Il marquait
ainsi un dernier pas dans la voie de l'affranchissement de la
propriété.

————

Section V. — Démembrements de la propriété reconnus par le Code civil

50. — *Généralités sur les démembrements de la propriété énu-
mérés par l'art. 543.* — Au moment où le Code Napoléon va
être promulgué, si l'on reprend un à un les démembrements
de la propriété foncière reconnus dans l'ancien droit, et qu'on
recherche ce qu'ils sont devenus dans le droit intermédiaire,

(1) *Ibid.*, p. 92.
(2) « Il n'est pas évident que le rétablissement des rentes foncières fût
un bien, quoiqu'il ne soit pas également certain qu'il fût un mal. »
(*Ibid.*, p. 93.)
(3) Not. à cause de la théorie si complexe des diverses actions données
au bailleur (*Suprà* n° 23), et des procès incessants qu'elles suscitaient.
(4) Dans Locré, *ibid.*, pp. 98 et 99.

voici les résultats qu'on obtient : — 1° la Révolution n'a pas touché aux servitudes personnelles et prédiales d'origine romaine ; — 2° le domaine direct au contraire n'existe plus. Parmi les contrats qui l'engendraient, les uns, comme l'inféodation, l'accensement, le bail à rente ou à champart seigneurial, et l'emphytéose perpétuelle, sont prohibés ; d'autres, comme le bail à vie ou à longues années, ne démembrent plus la propriété. L'emphytéose temporaire confère au preneur un droit de jouissance analogue à l'usufruit. Le contrat de superficie transmet au preneur la propriété des superfices ; — 3° la rente foncière est transformée. Elle est supprimée en tant que droit réel, et toujours rachetable. Le bail à rente et à champart ne démembre plus la propriété ; s'il est inférieur à 99 ans, il la laisse au bailleur ; au delà, il la transfère au preneur ; — 4° parmi les tenures locales, la plupart sont devenues des propriétés libres dont les possesseurs doivent tout au plus une redevance toujours rachetable ; tel est le bourgage normand, l'échevinage flamand, la colonge alsacienne (1), l'albergement de la Savoie, du Dauphiné, de la Provence et du Languedoc (2), la locatairie perpétuelle, aussi bien en Provence qu'en Langudoc (3), et la tenure en casement. D'autres ont été abolies, comme la quevaise, le bordelage, et les tailles réelles. D'autres ne démembrent plus la propriété ; l'albergement du Bugey, le bail à complant encore usité dans les provinces de l'Ouest, et à fortiori la métairie perpétuelle de la Marche et du Limousin sont dans ce cas. Quant au bail à domaine congéable, qui devient plus rare chaque jour, il se décompose en un contrat de superficie et un contrat de louage. Enfin le bail héréditaire d'Alsace suit les règles de l'emphytéose. — En résumé, en l'an 1804, il ne subsistait de l'ancien

---

(1) Merlin a fait décider par le tribunal de cassation (arrêt du 3 pluviôse an X) que la rente colongère n'était qu'une rente foncière, maintenue en principe ; cfr. Merlin, *Quest. de droit*, V° Rentes foncières, § 10.

(2) L'albergue était essentiellement seigneuriale ; elle a été comme telle supprimée par le décret du 17 juillet 1793 (Cass., 2 messidor an XII) ; quelquefois cependant elle était seulement foncière ; elle est alors maintenue (Cass., 27 mai 1833).

(3) Le décret du 18 décembre 1790 ne distinguait pas (*suprà* n° 37).

régime que deux sortes de démembrements de la propriété foncière : les droits réels de jouissance, et les servitudes prédiales.

Est-ce là ce que nous retrouverons dans le Code civil ? L'art.
543 répond : « On peut avoir sur les biens, ou un droit de
propriété, ou un simple droit de jouissance, ou seulement des
services fonciers à prétendre. » En d'autres termes l'art. 543
reconnaît comme démembrements de la propriété précisément ceux qui ont échappé et qui devaient échapper
à l'abrogation de l'ancien droit, parce qu'ils n'étaient pas le
produit de l'état social particulier au moyen âge. Ils lui
préexistaient ; c'est pour cela qu'ils lui ont survécu. Aussi
l'art. 543 n'exprime pas seulement un fait historique, mais
encore un « fait » juridique, en énumérant comme démembrements de la propriété, les seuls qui dérivent vraiment de
la nature des choses, puisqu'à toutes les époques on les voit
consacrés.

Une différence toutefois paraît exister entre le droit romain
et le droit français. Le droit romain rangeait tous les démembrements de la propriété qu'il reconnaissait, sous une même
dénomination, celle de *servitudes*. Le jurisconsulte Marcien
disait expressément : « Les servitudes sont, ou relatives aux
personnes, comme l'usage et l'usufruit ; ou relatives aux
choses, comme les servitudes prédiales rustiques et urbaines (1). » De même Pothier dans les divers passages où il
énumère les droits réels reconnus de son temps, ajoute toujours : « les servitudes tant personnelles que réelles... » (2).
Le Code Napoléon au contraire ne qualifie de servitudes que
les services fonciers, et semble ainsi ne plus reconnaître à l'u-
sufruit son caractère traditionnel ; mais ce n'est là qu'une apparence. Les rédacteurs du Code ont évité avec grand soin les
mots de « servitude personnelle », craignant qu'on ne se mé-

(1) Dig., VIII, 1, loi 1 : « Servitutes aut personarum sunt, ut usus, et
ususfructus ; aut rerum ut servitutes rusticorum prædiorum, et urba-
norum. »

(2) Pothier, *Du droit du domaine de propr.*, n° 2 ; *Cout. d'Orléans*, introd.
au tit. XIII, n° 2.

prît sur leur sens et qu'on ne crût y voir nn retour aux idées féodales ; mais il n'ont pas entendu changer la nature du droit de l'usufruitier. La nue propriété reste la propriété ; l'usufruit n'en est que le démembrement (art. 578). Il n'y a donc rien de commun entre l'usufruit et le domaine utile, entre la nue propriété et la directe. Il y a même antithèse; car c'est l'usufruit qui grève la propriété, tandis qu'au siècle dernier c'était la directe qui grevait le domaine utile (1). — Outre ce caractère commun d'être des servitudes pesant sur la chose d'autrui, les droits réels de jouissance et les services fonciers en ont un autre, c'est qu'ils n'obligent jamais le propriétaire qui les subit à faire quoi que ce soit pour en assurer ou en faciliter l'exercice ; il n'est tenu que de ne pas l'empêcher (2). C'est là une conséquence naturelle de la notion philosophique du droit réel : le droit romain l'avait consacrée, l'ancien droit français l'avait méconnue (*suprà*, n° 7).

Après les ressenblances, il faut signaler les différences. La principale (3), c'est que les servitudes personnellés, étant, comme leur nom l'indique, constituées au profit d'une personne, sont essentiellement temporaires et prennent fin en général àla mort de la personne qui en jouit (art. 617, 625). Les servitudes prédiales au contraire sont constituées dans l'intérêt des fonds de terre (*prædia*), et perpétuelles de leur nature (art. 637, 703).

(1) Cfr. Aubry et Rau, *op. cit.*, t. II, p.'462-463 ; — Demolombe, *op. cit.*, t. X, n° 211 ; — Laurent, *op. cit.*. t. VI, n° 323. — Quelques auteurs appellent servitudes *mixtes* l'usufruit, l'usage, et l'habitation (Merlin, *Répert.*, V° servit., § 4). Ils font observer, pour justifier cette dénomination contraire à la tradition romaine et à la tradition coutumière, que les servitudes peuvent être dues : 1° par la personne à la personne, c'est l'esclavage, servitude *personnelle*; 2° par la personne à la chose, ou par la chose à la personne, ce sont les servitudes *mixtes*; la première est le servage, la seconde l'usufruit ; 3° par la chose à la chose, ce sont les servitudes *réelles*, ou services fonciers. Cette classification est toute de mots.

(2) Cfr. Laurent, *op. cit.*, n° 325.

(3) Cfr. Demolombe, o   ' ., t. X, n° 210.

§ I : DES DROITS DE JOUISSANCE.

51. — *De l'Usufruit ; droits et obligations de l'usufruitier.* — Parmi les droits réels de jouissance, le Code civil comprend l'usufruit, l'usage et l'habitation, Il réglemente avec détail l'usufruit, auquel il consacre plus de quarante articles, s'occupant successivement des droits et des obligations de l'usufruitier, et de la manière dont l'usufruit prend fin, c'est-à-dire dont le nu-propriétaire recouvre le fonds . Nous suivrons le même ordre, en ne retenant des dispositions du Code que ce qui concerne le droit réel d'usufruit en lui-même. — « L'usufruit, dit l'art. 578, est le droit de jouir des choses dont un autre a la propriété comme le propriétaire lui-même, mais à la charge d'en conserver la substance. » C'est la reproduction à peu près textuelle de la définition des Institutes de Justinien : « *Jus alienis rebus utendi fruendi, salvà rerum substantià.* » Cette définition contient en germe tous les droits de l'usufruitier, et aussi toutes ses obligations.

En premier lieu, il a le droit de *jouir*, et sous ce mot générique le Code comprend le droit d'user de l'immeuble et d'en percevoir les fruits de toute espèce, naturels ou civils (art. 582). Les fruits *naturels* sont les produits de la terre, soit spontanés, soit obtenus par la culture (1) ; les fruits *civils* consistent dans le prix des baux à ferme (2) et les loyers des maisons (art. 583-584). Il est important de distinguer ces deux sortes de fruits, parce que l'usufruitier ne les acquiert pas de la même façon : il acquiert les derniers jour par

(1) L'art. 583 distingue les fruits spontanés qu'il appelle *naturels*, et les fruits obtenus qu'il appelle *industriels*. Mais cette distinction n'a absolument aucun intérêt dans le code civil, qui applique à ces deux espèces de fruits les mêmes règles. Elle n'avait donc aucune raison d'être en pratique ; elle n'en a pas non plus en théorie. Cfr. Demolombe, *op. cit.*, t. X, n° 272.

(2) Dans l'ancien droit le prix des baux à ferme était au contraire rangé dans la classe des fruits naturels (Denizart, *op. cit.*, V° Fruits, t. IX. § 3, n° 3.)

jour, à proportion de la durée de son usufruit (art. 586) ; il acquiert au contraire les premiers par la perception. Il résulte de là que ceux qui sont encore sur pied ou sur branches au moment où s'ouvre son droit lui appartiendront , mais qu'il n'aura rien à prétendre sur ceux qui ne sont pas encore récoltés le jour de la cessation de l'usufruit (art. 585, 590). Il n'est pas nécessaire d'ailleurs qu'il fasse la perception lui-même ; les fruits abattus par un passant, par le vent même sont à lui. Le fait seul de la séparation vaut perception.

On doit comprendre sous le mot *fruits* tout ce que l'immeuble produit périodiquement et conformément à sa destination ; ce sera par exemple les matériaux d'une carrière, le minerai d'une mine, les arbres compris dans les coupes de bois taillis ou de hautes futaies aménagées (1), etc. Au contraire, toute production [accidentelle étrangère à la destination de l'immeuble, constituera ce que la doctrine appelle un *produit* par opposition aux fruits, et appartiendra au nu-propriétaire. C'est ainsi que l'usufruitier n'a aucun droit au trésor qui pourrait être découvert pendant la durée de l'usufruit (art. 598). Une autre règle restrictive est énoncée par l'art. 600 : « L'usufruitier prend les choses en l'état où elles sont. » La conséquence qu'en tire la loi elle-même, c'est que les augmentations qui peuvent survenir appartiendront au nu-propriétaire ; telles sont les mines, carrières et tourbières dont l'exploitation n'était pas encore commencée au jour de l'ouverture de l'usufruit (art. 598), ou encore les îles qui peuvent naître dans le fleuve qui borde l'héritage. Par la force des choses, la loi fait échec à ce principe en matière d'alluvion (art. 596).

L'usufruitier, ayant le droit de jouir du fonds, doit par cela même en avoir les moyens. Aussi peut-il se prévaloir des droits de servitude et de passage, et généralement de tous les droits dont le propriétaire pourrait se prévaloir lui-même (art. 597). Il peut exploiter l'immeuble en personne, ou l'af-

---

(1) Les art. 590-594, déterminent avec détail les droits de l'usufruitier dans ces diverses hypothèses.

fermer, à la condition toutefois que les baux qu'il consentira
ne dépassent pas une période maximum de neuf ans, et conservent ainsi les caractères d'un acte d'administration. S'il con-
sent un bail d'une durée plus longue, ce bail produira bien
ses effets pendant toute la durée de l'usufruit; mais au-delà
il ne sera opposable au nu-propriétaire que pour le temps
qui reste à courir de la première, de la seconde et de
la troisième période de neuf ans, en cours d'exécution
au moment de la cessation de l'usufruit (1). Comme il est
d'une bonne administration de ne pas attendre les derniers
jours d'un bail pour le renouveler ou se procurer de nouveaux preneurs, la loi devait permettre et a permis en effet à
l'usufruitier de renouveler les baux non encore expirés, mais
non pas à toute époque et quand bon lui semblerait; sans
cela la règle des neuf ans eût été facilement éludée. L'usufruitier ne doit pas renouveler un premier bail « plus de trois
ans avant sa cessation, s'il s'agit de biens ruraux, et plus de
deux ans avant la même époque, s'il s'agit de maisons
(art. 596, 1430). » Les baux irrégulièrement renouvelés n'ont
d'effet que si leur exécution a commencé avant la cessation
de l'usufruit; on leur applique alors la règle des neuf ans. —
Enfin l'usufruitier peut encore céder à titre onéreux ou gra-
tuit son droit même d'usufruit; mais bien entendu, comme il
ne peut pas transmettre plus qu'il n'a, l'usufruit cédé sera
toujours limité quant à sa durée par l'existence du cédant, et
non par celle du cessionnaire.

Après les droits, les obligations. L'usufruitier ne jouit de
la chose, « qu'à la charge, dit l'art. 578, d'en conserver la
substance. » C'est là le principe de la plupart de ses obligations. La signification du mot *substance* a été controversée;
mais on s'accorde aujourd'hui à en donner la définition suivante : la substance d'une chose est l'ensemble des qualités
utiles qui la distinguent de toute autre chose, et qui fait
qu'elle a un certain nom qui n'appartient qu'à elle, en sorte
que si ces qualités disparaissaient, il faudrait pour la désigner

____

(1) Cbn. art. 595 et 1429. — A propos de la durée de *neuf* ans, cfr.
suprà n° 20.

un autre nom ou *substantif* (1). L'usufruitier ne peut donc jamais dénaturer l'objet de son usufruit, au point de lui faire perdre son caractère et son nom ; ainsi il ne peut pas démolir une maison pour en faire un jardin, ni transformer une vigne en terre de labour. L'usufruitier en un mot doit jouir de la chose conformément à sa destination. Il faut aller plus loin. Plusieurs articles du Code disent que l'usufruitier jouit « de la même manière que le propriétaire » (art. 578, 597, 598). C'est assurément un droit qu'ils lui donnent, c'est aussi un devoir qu'ils lui imposent. L'usufruitier doit en conséquence jouir en bon père de famille (art. 601), suivre la coutume du pays ou l'usage des anciens propriétaires (art. 590, 591, 593), ne pas commettre de dégradations (art. 614) ou s'il en a commises les réparer, veiller à la garde et à la conservation de la chose en dénonçant au nu-propriétaire les usurpations des tiers (art. 614), et enfin faire les réparations d'entretien (art. 605).

Cette dernière obligation peut se fonder encore sur une autre idée, idée d'économie domestique bien entendue, à savoir que les réparations d'entretien sont charges des fruits et se payent sur les revenus. C'est donc à celui qui a les revenus, c'est-à-dire à l'usufruitier, à les subir. Les grosses réparations (2) demeurent au contraire à la charge du propriétaire (art. 605-2º). Mais s'il ne lui convient pas de les faire, l'usufruitier ne peut pas l'y forcer ; car le propriétaire n'est pas obligé d'assurer sa jouissance, mais seulement de la respecter (3). Tout ce que l'art. 605 a voulu dire, c'est que l'usufruitier n'était pas tenu des grosses réparations. Il le serait cependant dans un cas, le cas où ces réparations deviendraient nécessaires par le défaut de réparations d'entretien. — De l'idée que les revenus doivent servir à acquitter certaines charges de la propriété, le Code civil tire encore d'autres conséquences. L'art. 608 dispose que l'usufruitier est

---

(1) Cfr. Demolombe, *op, cit.*, t. X, nº 223.

(1) L'art. 606 les énumère limitativement.

(3) *En ce sens* : Demolombe, *op. cit.*, t. X, nº 584 ; etc.., *Contrà* : Delvincourt, *Cours de code civil*, éd. de 1819, t. I, p. 150, note 8.

tenu des contributions annuelles qui dans l'usage sont cen-
sées charges des fruits. L'art. 609 prévoyant le cas d'im-
positions extraordinaires, les répartit entre le nu-propriétaire et l'usufruitier, de telle sorte que le premier fournisse
le capital nécessaire à les acquitter, et le second les intérêts
de ce capital pendant la durée de sa jouissance. L'art. 612
établit le même règlement pour le paiement des dettes du
de cujus, dans le cas où l'usufruit constitué par legs, porte
sur l'ensemble ou une quote-part des biens héréditaires.

52. — *Suite ; droits du nu-propriétaire.* — Les droits et les
obligations de l'usufruitier peuvent se résumer en disant que
des trois attributs essentiels de la propriété, un seul lui
manque : le *jus abutendi*, ou droit de disposer de la chose,
lequel reste aux mains du nu-propriétaire. Mais séparé du *jus
utendi* et du *jus fruendi*, le droit de disposer se réduit à bien peu
de chose. Le nu-propriétaire en effet ne peut pas l'exercer
sous toutes ses formes. Obligé de respecter les droits de
l'usufruitier, il est par là même forcé de s'abstenir de tout
acte, qui en modifiant, transformant, ou détruisant l'immeuble,
aurait pour effet de modifier ou de détruire l'usufruit auquel
il est soumis. Le seul moyen pour lui de retirer un profit
immédiat de son droit, c'est de l'aliéner ; mais les nues propriétés se vendent difficilement, le caractère aléatoire de ce
genre de contrat n'étant pas fait pour le multiplier. Le nu-
propriétaire, il est vrai, a droit à ceux des produits de l'immeuble qui n'offrent pas le caractère de fruits ; mais ces produits sont rares. A peine peut-on citer les extraits des carrières et des mines qui n'étaient pas encore en exploitation,
et les arbres coupés dans les bois qui n'étaient pas encore
en coupe réglée, au moment où s'ouvre l'usufruit. Il y faut
joindre cette hypothèse du trésor, qui tient tant de place
dans le droit et si peu dans le fait.

On voit combien serait restreinte l'utilité de la propriété,
si elle était à perpétuité séparée de l'usufruit. Sans valeur
dans la plupart des cas pour celui qui en serait nanti, elle
n'aurait guère qu'un effet : gêner l'usufruitier dans ses pro-
jets d'amélioration. Aussi la loi désireuse de faire cesser

cet état de choses, a-t-elle soumis l'usufruit à de nombreuses causes d'extinction. Quand ces causes se produisent, l'usufruit se réunit alors à la propriété qui redevient pleine et libre. Cette expectative de rentrer un jour ou l'autre dans la jouissance de son fonds, est le seul droit important du nu-propriétaire, le seul qui manifeste vraiment la persistance entre ses mains du droit de propriété. La rentrée en jouissance a lieu, en général, au décès de l'usufruitier, dont le droit, essentiellement personnel et intransmissible à ses héritiers, s'éteint avec lui. La loi ne défend pas toutefois de constituer un usufruit sur plusieurs têtes; mais il faut toujours que les usufruitiers qui doivent se succéder, soient au moins conçus au jour de leur désignation, de telle sorte que jamais la propriété ne restera dépouillée de son plus précieux attribut pour une durée plus longue qu'une vie humaine, c'est-à-dire, en mettant les choses au pire, un siècle. S'il s'agit d'une personne morale, qui ne meurt point, l'usufruit est limité par la loi à trente ans (art. 619). S'il n'a été accordé par le constituant que pour un certain temps, il cesse naturellement à l'expiration du terme fixé. Il cesse aussi par le non-usage pendant trente ans, cause d'extinction qui s'explique surtout par la défaveur très justifiée de la loi pour les démembrements de la propriété. La résolution du droit du constituant, la perte totale de la chose, la renonciation de l'usufruitier à son droit, et l'abus de jouissance sont encore des causes d'extinction de l'usufruit. — A la différence des autres causes, l'abus de jouissance n'entraîne pas de plein droit la cessation de l'usufruit. Les tribunaux ont un pouvoir discrétionnaire pour apprécier si les dégradations commises ou le défaut d'entretien sont suffisants pour faire prononcer la déchéance de l'usufruitier. Ils peuvent, suivant les circonstances, au lieu de le déclarer déchu d'une façon absolue, se contenter de lui imposer l'obligation de réparer l'immeuble et de donner des garanties pour l'avenir. Ils peuvent encore ordonner la rentrée en jouissance du propriétaire, à la charge par ce dernier de payer une rente annuelle à l'usufruitier jusqu'au moment où l'usufruit eût dû normalement cesser (art. 618).

53. *De l'Usage et de l'Habitation*. — Le Code civil mentionne ensuite dans un même chapitre l'*usage et l'habitation*. Le droit d'habitation, en effet, n'est autre chose que l'usage appliqué aux maisons. En droit romain, l'usager avait droit à tous les services de la chose, mais à l'origine n'avait aucun droit aux fruits. Aussi strictement entendu, l'usage n'était dans bien des cas qu'un droit à peu près illusoire. On le comprit bientôt, et l'on se relâcha de la rigueur des principes. Il fut permis à l'usager de prendre les fruits dont il avait besoin jour par jour. Cette attribution était fondée, non sur la nature du droit d'usage qui au contraire y résistait, mais sur l'intention probable du constituant. Aujourd'hui, l'évolution s'est accentuée ; l'usager peut, à défaut de conventions réglant son droit, prendre sur les fruits du fonds autant qu'il lui en faut pour les besoins de sa famille et les siens. Il peut même en exiger pour les besoins des enfants qui lui sont survenus depuis la concession de l'usage (art. 633). Il peut également demeurer avec sa famille dans la maison sur laquelle il a un droit d'habitation, quand même il n'aurait pas été marié à l'époque où ce droit lui a été donné (art. 632). En sens inverse, l'usager n'a plus droit à tous les services de la chose ; il n'en peut user que dans les limites de ses besoins ; et comme cette limite est évidemment variable, suivant les individus, il est interdit à l'usager de louer ou de céder son droit, le propriétaire qui le subit ne devant pas être exposé à le voir s'aggraver (art. 631 et 634). Si l'usager absorbe tous les fruits du fonds, ou s'il occupe la totalité de la maison, il est assujetti aux frais de culture, aux réparations d'entretien, et au paiement des contributions comme l'usufruitier. S'il ne prend qu'une partie des fruits ou n'occupe qu'une partie de la maison, il contribue au prorata de ce dont il jouit (art. 635). Enfin, l'usage s'éteint par les mêmes causes que l'usufruit (art. 625).

§ II : DES SERVICES FONCIERS.

54. — *Des servitudes légales : d'eaux, d'aqueduc, de barrage, d'enclave, etc...* — Si l'usage n'est au fond qu'un usufruit restreint, on n'en saurait dire autant des servitudes prédialés. Elles ne sont pas, comme les droits réels de jouissance, attachées à une personne déterminée, mais à des fonds de terre, dits fonds *dominants*, pour leur utilité ou leur agrément. Toutes sont en principe établies à perpétuité, et constituent des qualités, actives ou passives selon le point de vue auquel on se place, qui suivent en quelques mains qu'ils passent les héritages qui en profitent ou en souffrent. Ces sortes de servitudes sont très variées. Les unes dérivent de la situation naturelle des lieux ou de la loi, les autres du fait de l'homme. Le Code Napoléon distingue les servitudes naturelles et les servitudes légales; mais cette distinction est toute théorique. Au point de vue de l'application des règles du droit, elle n'a aucun intérêt.

Les plus importantes de ces servitudes naturelles ou légales sont relatives au régime des eaux vives. Les fonds inférieurs sont assujettis envers ceux qui sont plus élevés à recevoir les eaux qui en découlent naturellement, *sans que la main de l'homme y ait contribué*. Le propriétaire inférieur ne peut point élever de digues qui empêchent cet écoulement. De son côté le propriétaire supérieur ne peut rien faire qui aggrave la servitude du fonds inférieur (art. 640). Si donc il se sert de l'eau qui borde ou qui traverse son héritage pour irriguer sa propriété, il doit à la sortie de ses fonds la rendre à son cours ordinaire (art. 644). Cette hypothèse d'irrigation, dans les quarante années qui suivirent la promulgation du Code civil, se présentait moins fréquemment qu'aujourd'hui. Le Code en effet exigeait que le propriétaire qui voulait irriguer fût riverain, au moins d'un côté, du cours d'eau, non navigable et non flottable, qu'il prétendait employer. Les propriétaires non riverains qui avaient acquis, à prix d'argent ou autrement, un droit sur des eaux, ne pouvaient s'en servir pour irriguer, faute de pouvoir les faire passer sur les fonds intermédiaires. Le développement des irrigations réclamait donc l'établissement sur ces fonds d'une servitude légale d'aqueduc. Lors de la rédaction du Code civil, les cours d'Aix et de Montpellier l'avaient demandée. Mais ce n'est qu'en 1845 que la loi du 29 avril l'a créée. La même loi s'est occupée du cas inverse où des terrains sont submergés; et dans le double but de rendre ces terrains à l'agriculture et d'assainir le sol, en facilitant l'écoulement des eaux nuisibles, elle impose aux fonds intermédiaires une servitude analogue à la précédente, pour mener ces eaux nuisibles à une rivière ou à toute autre voie d'écoulement. Cette dernière mesure, applicable aussi aux terrains qui viennent d'être irrigués, a été complétée et développée par la loi du 10 juin 1854 sur le drainage. — Ces servitudes légales d'aqueduc ne peuvent pas être imposées à tous les fonds intermédiaires indistinctement. Les maisons, cours, jardins, parcs et enclos attenant aux habitations, sont formellement exceptés par la loi, et n'y peuvent être soumis. En outre elles n'existent pas de plein droit. Si les propriétaires des fonds intermédiaires se refusent à leur établissement, il faut les demander au tribunal qui devra apprécier si les avantages qu'elles peuvent procurer sont suffisants pour compenser leurs inconvénients, et s'efforcer, comme le dit l'article 645, « de concilier l'intérêt de l'agriculture avec le respect dû à la propriété. » Si le tribunal accorde la servitude, les propriétaires des fonds grevés ont droit à une juste et préalable indemnité pour le préjudice qu'elle leur cause (1).

La loi de 1845 n'avait pas tout prévu. Pour irriguer, il est souvent indispensable d'appuyer le barrage construit dans la rivière sur la rive opposée. Quand cette rive appartient à un autre propriétaire, il faut lui demander son consentement. S'il le refuse, l'irrigation devient impossible. C'est à cet état de choses qu'a remédié la loi du 11 juillet 1847. D'après cette loi, quiconque jouit d'un droit de prise sur des eaux naturelles et artificielles, peut obtenir la faculté d'appuyer sur la propriété des riverains opposés, les ouvrages d'art nécessaires à la prise d'eau. C'est encore là une servitude légale, mais elle ne peut être réclamée que pour les besoins de l'irrigation; et les bâtiments, cours et jardins attenant aux habitations en sont toujours affranchis (2).

(1) Cfr. Glasson, *op. cit.*, t. I, p. 293-295.
(2) Cfr. Glasson, *ibid.*

Une autre servitude légale, établie comme les précédentes dans l'intérêt de l'agriculture, consiste dans le droit de passage qu'un propriétaire peut toujours réclamer sur les fonds de ses voisins, quand les siens se trouvent enclavés, sans aucune issue sur la voie publique (art. 682). Ce passage doit régulièrement être pris du côté où le trajet est le plus court, ou mieux encore dans l'endroit le moins dommageable pour les fonds servants (art. 683-684). Dans tous les cas le passage n'est accordé qu'à la charge d'une indemnité proportionnée au préjudice qu'il peut causer (art. 682). — A la servitude d'enclave, il faut ajouter les servitudes de marchepied et de chemin de halage, qui imposent aux riverains l'obligation de laisser libre le long des rivières navigables et flottables, une bande de terre, destinée à faciliter le service de la navigation. Ces servitudes font l'objet de règlements particuliers (1).

En même temps qu'il consacre diverses servitudes, le Code, par son silence ou par des dispositions incompatibles, en supprime d'autres usitées dans l'ancien droit, notamment celle de *vaine pâture* et de *parcours*. La vaine pâture est le droit réciproque des habitants d'une commune d'envoyer leurs bestiaux paître sur les fonds les uns des autres aux époques déterminées par l'usage, et pendant lesquelles les terres sont sans semences et sans fruits. Le droit de parcours est le même droit, mais exercé de commune à commune, et non plus seulement entre les habitants d'une même commune. Dans les pays de droit écrit et dans certains pays de coutume, le parcours et la vaine pâture n'étaient exercés qu'à titre de simple tolérance, et tout propriétaire pouvait s'y soustraire en établissant une clôture. Mais ailleurs c'était de véritables servitudes légales

---

(1) Le Code civil range encore parmi les servitudes légales le droit pour chaque propriétaire de contraindre son voisin au bornage, de l'empêcher de planter des arbres, faire certaines constructions, et pratiquer des vues à des distances trop rapprochées, enfin la faculté d'acquérir la mitoyenneté d'un mur (art. 646, 653-680). Mais ces diverses restrictions au droit de propriété ne sont pas des servitudes. Elles sont en effet réciproques; elles existent à la fois au profit et à la charge de chaque propriété, de telle sorte qu'il n'y a à proprement parler ni fonds dominant, ni fonds servant.

emportant interdiction du droit de se clore, droit qui est cependant un des plus incontestables attributs de la propriété.
Une loi des 28 sept.-6 oct. 1791 avait supprimé tous les droits
de vaine pâture et de parcours qui n'étaient pas fondés, soit
sur un titre particulier, soit sur une possession autorisée par
la loi ou par les coutumes. De plus elle a proclamé le droit de
tout propriétaire de se clore, et de se soustraire ainsi à la
vaine pâture et au parcours dans les cas où ces droits étaient
maintenus (1). Le Code civil a reproduit les mêmes principes.
Seulement le propriétaire qui se clôt perd par réciprocité son
droit au parcours et à la vaine pâture en proportion du
terrain qu'il y soustrait (art. 647-648) (2).

55.— *Des servitudes du fait de l'homme ; notions générales.*— Le
Code civil consacre, en matière de servitudes réelles, le principe de la liberté des conventions, en permettant aux propriétaires « d'établir sur leurs propriétés telles servitudes que
bon leur semble » (art. 686) ; mais il y met deux conditions :
l'une, qui allait de soi, c'est que les services établis n'auront
rien de contraire à l'ordre public ; et l'autre, « qu'ils ne
seront imposés ni à la personne, ni en faveur de la personne
mais seulement à un fonds et pour un fonds. » Sans cette
dernière restriction, les servitudes consenties perdraient
leur caractère de services fonciers, pour ressembler purement et simplement aux anciennes corvées dues aux seigneurs.
Elles créeraient entre les propriétaires des inégalités absolument contraires à l'esprit du droit moderne. Mais ce qu'il est
défendu d'établir à titre de servitude réelle, on peut bien
entendu le créer à titre d'obligation personnelle (3).

La liberté des conventions et les deux restrictions de
l'art. 686, tels sont les principes qui dominent la matière des
servitudes du fait de l'homme. L'étendue des droits attribués
au propriétaire du fonds dominant, l'étendue des obligations
imposées au propriétaire du fonds servant se règlent par le

(1) *Code interméd.*, t. I, pp. 248-250.
(2) Cfr. Glasson, *op. cit.*, t. I, p. 285.
(3) Cfr. Glasson, *ibid.*, p. 288.

titre constitutif de la servitude (art. 686-2°). A défaut de ce
titre, la loi indique quelques règles à suivre. Ainsi le propriétaire du fonds dominant auquel est due la servitude, a le
droit de faire tous les ouvrages nécessaires pour en user et
la conserver (art. 698). Ces ouvrages sont en principe à ses
frais ; toutefois la loi permet d'en charger par convention
expresse le propriétaire du fonds servant. Cette convention,
il faut l'avouer, est contraire à la nature des servitudes qui
n'obligent jamais *ad faciendum* ; aussi la loi eût-elle mieux
fait de la prohiber. Il est vrai que si cette charge devient
trop lourde, le propriétaire du fonds servant peut toujours
s'en affranchir en déguerpissant ; il n'est tenu que *propter rem*
(art. 699). — Les servitudes sont indivisibles, activement et
passivement. Si l'héritage auquel elles profitent vient à être
partagé, elles restent dues pour chaque portion, à la condition toutefois que les charges du fonds servant n'en soient
pas aggravées ; ainsi par exemple, s'il s'agit d'un droit de
passage, tous les copropriétaires seront obligés de l'exercer
par le même endroit (art. 700). C'est un principe général
en effet que celui qui a un droit de servitude n'en peut user
que suivant son titre, sans pouvoir faire, ni dans le fonds
qui doit la servitude, ni dans le fonds à qui elle est due, de
changements qui augmentent l'assujettissement du premier
(art. 702). A l'inverse, le propriétaire du fonds soumis à la
servitude ne peut rien faire qui tende à en diminuer l'usage
ou à le rendre plus incommode. Ainsi, il ne peut changer
l'état des lieux, ni transporter l'exercice de la servitude
dans un endroit différent de celui où elle a été primitivement
assignée. Cependant si cette assignation primitive était devenue plus onéreuse au propriétaire du fonds assujetti, ou si
elle l'empêchait d'y faire des réparations avantageuses, il
pourrait offrir au propriétaire de l'autre fonds, qui ne pourrait le refuser, un endroit aussi commode pour l'exercice de
ses droits (art. 701).

Bien qu'en principe les servitudes soient perpétuelles, elles
sont cependant soumises à certaines causes d'extinction. Ainsi
elles s'éteignent par cas de force majeure, quand les choses
se trouvent en tel état qu'on ne peut plus en user ; c'est par

exemple un droit de puisage qui cesse d'exister parce que la source est tarie. Mais si la source vient à renaître, ou d'une façon plus générale, si les choses sont rétablies dans leur premier état, la servitude revivra à moins que trente ans ne se soient écoulés ; car alors la servitude se serait éteinte par non-usage, et cette cause d'extinction est absolue. La loi a présumé qu'une servitude dont on n'use pas pendant trente ans n'était vraiment pas utile au fonds dominant, et elle a saisi cette occasion d'en dégrever le fonds servant. Les trente ans commencent à courir, dit l'art 707, « du jour où l'on a cessé de jouir, lorsqu'il s'agit d'une servitude discontinue, et du jour où il a été fait un acte contraire à la servitude, lorsqu'il s'agit d'une servitude continue. » Dans le premier cas, il y a simplement non-usage , dans le second cas on peut dire que le fonds servant usucape sa liberté. Mais qu'entend-on par servitudes continues ou discontinues? L'art. 688 répond à cette question : « Les servitudes continues sont celles dont l'usage est ou peut être continuel sans avoir besoin du fait actuel de l'homme : tels sont les conduites d'eau, les égoûts, les vues, etc... Les servitudes discontinues au contraire sont celles qui ont besoin du fait actuel de l'homme pour être exercées : tels sont les droits de passage, puisage, pacage, et autres semblables. »

§ III. — CARACTÈRE LIMITATIF DE L'ARTICLE 543.

56. — *De la superficie, et de la possession; caractères qu'on doit leur attribuer.* — En dehors des droits réels de jouissance (usufruit, usage et habitation) et des servitudes prédiales, le Code civil, consacrant ainsi les résultats obtenus par la Révolution, ne reconnaît aucun autre démembrement de la propriété. On a cependant soutenu le contraire. On a même l'habitude de citer dans des énumérations qui veulent être complètes, et qui n'aboutissent qu'à être inexactes, plusieurs démembrements qui, dit-on, diffèrent de ceux qu'indique l'art. 543. Ces prétendus démembrements sont : le droit de superficie, la possession et l'emphytéose (1).

(1) Quelques auteurs ajoutent le droit du preneur à bail, qu'ils qua-

Le droit de *superficie* est en effet implicitement reconnu par le Code civil dans les art 553 et 664. L'art. 553 suppose qu'un tiers, non propriétaire du sol, peut acquérir la *propriété* d'une partie du bâtiment d'autrui ; et l'art. 664 règle les droits des divers propriétaires des différents étages d'une maison. Ce sont les seules traces dans le Code de l'ancien droit de superficie. Or comment est-il qualifié ? A plusieurs reprises, de *propriété*. Le superficiaire n'a donc plus seulement comme jadis le domaine utile ; l'évolution qu'on a constatée précédemment (*suprà*, n° 10), s'est accomplie : le domaine utile est devenu propriété. Le droit de superficie rentre donc tout naturellement dans l'énumération de l'art. 543 ; et l'on peut dire aujourd'hui que le contrat qui l'engendre divise la propriété, mais ne la démembre plus (1). — Les mêmes principes doivent être appliqués à la propriété souterraine, dont il est également parlé dans l'art. 553.

Quant à la *possession*, il importe de distinguer. Elle peut n'être accompagnée d'aucune prétention à la propriété, ou au contraire, impliquer cette prétention. Dans le premier cas, elle n'est qu'un fait, fait de possession *naturelle*, qui n'apporte aucun droit au possesseur. Dans le second cas, au contraire, elle donne lieu à des effets juridiques ; et en premier lieu elle fait présumer l'existence du droit possédé, propriété ou servitudes. Cela suffit-il pour faire de cette possession *civile* un droit *sui generis* ? On l'a prétendu, en considérant la possession comme la cause génératrice des effets qui lui sont attachés. Mais c'est là croyons-nous, fausser la pensée de la loi. « Ce qu'elle protège et garantit, c'est bien moins la possession en

---

lifient de droit réel, mais sans parvenir à en définir la nature ; car il n'est pas l'accessoire d'une créance, et on n'ose pas le déclarer démembrement de la propriété ! Cfr. sur ce point *suprà*, p. 133, note 2.

(1) Cfr. Demolombe, *op. cit.*, t. IX, n° 483 *ter* et *quatuor* ; — Lefort, *op. cit.*, p. 333-334. — Un exemple remarquable de cette division de la propriété est fourni par les usages de la Bresse. Les étangs y sont alternativement empoissonnés pendant deux ans et cultivés la troisième année. Il n'est pas rare de voir la propriété de l'étang mis en eau (*droit d'évolage*), séparée de la propriété de l'étang mis à sec (*droit d'assec.*) Cfr. Aubry et Rau, *op. cit.*, p. 442.

elle-même que le droit probable de propriété ou de servitude, dont celle-ci fait supposer l'existence. On ne pourrait attribuer à la possession le caractère d'un droit qu'en la rattachant à la personnalité de l'homme, dont elle est une manifestation. Mais à ce point de vue même, elle ne serait toujours qu'un droit dérivant de cette personnalité et non un droit subsistant par lui-même, comme la propriété et les servitudes (1).» De deux choses l'une par conséquent : ou la présomption n'est pas fondée, alors la possession civile n'est qu'un fait, qui ne peut pas constituer un démembrement de la propriété ; ou la présomption est fondée, alors la possession civile se confond avec le droit possédé lui-même, dont elle n'est en quelque sorte que la traduction extérieure (2).

57. — *De l'emphytéose ; le Code civil ne la reconnaît pas comme droit réel sui generis.* — Reste l'*emphytéose* ; et ici nous abordons une question ardemment controversée, et devenue fort confuse, faute par les auteurs de s'être contentés d'arguments précis, et d'avoir toujours su au juste ce qu'ils voulaient démontrer ou combattre. Pour mettre un peu d'ordre dans cette matière, nous croyons qu'il faut distinguer deux questions fort différentes : 1° le Code a-t-il reconnu à l'emphytéose le caractère de droit réel et de démembrement de la propriété ; 2° si non, au moins a-t-il permis de consentir des baux emphytéotiques entraînant ce démembrement (3).

A la première question, la jurisprudence et plusieurs auteurs répondent affirmativement. L'emphytéose, disent-ils, a été admise jusqu'à la fin par le droit intermédiaire. Elle n'aurait pu être abrogée que par le Code civil, or le Code n'en parle nulle part. Il la laisse donc sous l'empire des lois existantes, et par là même la reconnaît. — Mais alors si l'on demande aux partisans de cette doctrine quel est le carac-

(1) Aubry et Rau, *op. cit.*, t. II, p. 79.

(2) *En ce sens* : Aubry et Rau, *loc. cit.* ; — Laurent, *op. cit.*, t. VI, n° 82 ; — *contrà* : Demolombe, *op. cit.*, t. IX, n° 482.

(3) Il n'est question, bien entendu, que de l'emphytéose temporaire, c'est-à-dire inférieure à 99 ans ; l'emphytéose perpétuelle est abolie depuis 1790 (*suprà*, n° 37).

tère de cette emphytéose reconnue par le Code civil, on assiste à de singulières dissidences. La Cour de cassation ne sait à quoi à se résoudre. En 1832, elle déclare « que les règles concernant l'emphytéose n'ont été ni changées, ni modifiées par le Code Napoléon ». En 1840, elle décide au contraire que « dans l'état actuel et depuis la promulgation du Code Napoléon, l'effet propre et particulier du bail emphytéotique est d'opérer la transmission ou l'aliénation à temps de la propriété de l'immeuble donné en emphytéose... » ; et cependant, en 1851, elle reconnaît dans un de ses arrêts que « le droit de propriété ne saurait être borné par le temps ! » (1) Parmi les auteurs, trois opinions sont en présence. Merlin prétend que l'emphytéote jouit comme autrefois du domaine utile, c'est-à-dire de la propriété temporaire, et fait ainsi revivre *in parte quâ* cette théorie de la directe qu'avait anéantie la Révolution (2). D'autres auteurs, comme M. Lefort (3), n'accordent à l'emphytéote qu'un *quasi domaine*, mot vague qu'ils ne définissent pas et qui n'a jamais rien signifié, ni dans le droit coutumier, ni dans le droit intermédiaire. D'autres enfin, plus logiques, déclarent que le Code n'ayant pas parlé de l'emphytéose n'a pu en modifier les règles. Si donc il la reconnaît, c'est avec les caractères qu'elle possédait au moment de sa promulgation. Or d'après les lois du 9 messidor an III et du 11 brumaire an VII, le droit de l'emphytéote était purement et simplement un droit réel de jouissance analogue à l'usufruit. Il convient donc de le ranger parmi les droits de jouissance mentionnés par l'art. 543 (4).

Ce dernier système réfute péremptoirement les deux premiers. En présence des précédents législatifs, il est impossible en effet d'admettre que l'emphytéose puisse démembrer la propriété en domaine direct et en domaine utile, ou même

(1) Arrêts des 19 juillet 1832, 1ᵉʳ avril 1840 et 8 juillet 1851. — Cfr. Demolombe, *op. cit.*, t. IX, p. 410.

(2) Cfr. Merlin, *Quest. de droit.* Vᵒ Emphytéose, § V, nᵒ 8 ; — Favard, *Répert.*, Vᵒ Hypothèque, I, 2 ; — etc.

(3) Cfr. Lefort, *op. cit.*, p. 346-347.

(4) Cfr. Duranton, *Cours de droit fr.*. Paris, Gobelet, 1828, 2ᵉ éd., t. IV, nᵒ 80 ; Troplong, *op. cit.*, nᵒ 50.

en quasi-domaine. La seule question qui soit sujette à discussion est celle de savoir si véritablement le Code civil a voulu conserver le système de la loi de brumaire an VII, et comprendre l'emphytéose dans les termes de l'art. 543. Or la négative est facile à démontrer. Qu'on rapproche en effet l'art. 2118 de l'art. 6 de la loi de brumaire. Ces deux articles ont le même objet : déterminer les droits susceptibles d'hypothèque ; et ils sont rédigés dans la même forme, et presque avec les mêmes termes. Seulement l'art. 6 de la loi de brumaire dit : « ... 2° l'usufruit, *ainsi que la jouissance à titre d'emphytéose*, des mêmes biens, pour le temps de leur durée ; » et l'art. 2118 du Code civil qui le copie ne mentionne plus que « l'usufruit des mêmes biens et accessoires, pendant le temps de sa durée. » Tronchet, interpellé au Conseil d'Etat, sur cette omission de l'emphytéose, répondit que « maintenant elle n'aurait plus d'objet, et qu'il était inutile de s'en occuper (1). » Le silence du Code n'est donc pas fortuit ; c'est volontairement que ses rédacteurs n'ont pas parlé de l'emphytéose, comme droit susceptible d'hypothèque. Et s'ils ont ainsi agi, c'est évidemment parce qu'ils n'ont pas voulu reconnaître à l'emphytéose le caractère d'un droit réel *sui generis*. Sans cela, il eût été illogique de permettre d'hypothéquer l'usufruit, qui est nécessairement une mauvaise base de crédit à cause de sa durée incertaine, et de ne pas permettre d'hypothéquer la jouissance emphytéotique, qui est plus longue et plus assurée. Le décret du 9 messidor an III admettait l'hypothèque de l'emphytéose, et excluait l'hypothèque de l'usufruit : une telle loi se comprend à merveille. On comprend encore la loi du 11 brumaire an VII, qui permettait d'hypothéquer les deux droits. Mais on ne peut aller plus loin. Sous peine de contradiction, il faut reconnaître qu'en l'écartant des biens susceptibles d'hypothèque et aussi des biens susceptibles d'expropriation (art. 2204), et en outre en ne la comprenant pas dans son énumération des immeubles par l'objet auquel ils s'appliquent (art. 526), le Code a virtuellement enlevé à l'emphytéose le

____

(1) Dans Fenet, t. XV, p. 360.

caractère de droit réel immobilier qu'elle avait conservé jusqu'à sa promulgation (1).

M. Colmet de Santerre cependant donne une autre explication. L'interdiction tacite de l'hypothèque lui paraît être « la conséquence des craintes politiques et économiques qu'inspirait au législateur le contrat d'emphytéose. » Ces craintes n'ont pas paru suffisantes pour le faire prohiber ; mais « on a pensé avec raison, dit M. Colmet de Santerre, qu'il serait moins fréquent, d'abord si la loi ne le règlementait pas, ne le proposait pas en quelque sorte aux parties, comme la vente, le louage, et les autres contrats traités par le Code ; ensuite, si en ne permettant pas d'hypothéquer la jouissance emphytéotique, on privait les emphytéotes de la faculté de faire de leurs droits un instrument de crédit (2). » Ceci revient à dire qu'en écrivant l'art. 2118, les rédacteurs du Code ont *espéré* la suppression de l'emphytéose. Pour nous, ils ont fait plus : ils l'ont *opérée*.

Il faut d'autant moins hésiter, croyons-nous, à conclure dans ce dernier sens, que dans le silence du Code, on ne saurait comment régler les intérêts des parties. Quand on parle de bail à ferme, d'usufruit, de superficie même, on sait de quoi il s'agit. La loi contient des dispositions ; on n'a qu'à les appliquer. Sur l'emphytéose au contraire, dont la nature avait toujours soulevé des discussions, et pour laquelle il était plus indispensable par conséquent que pour tout autre droit, d'édicter des règles précises, la loi est muette !

Enfin, comme dernier argument, et pour clore cette discussion, nous nous référons à un passage de Portalis précédemment cité (*suprà*, n° 48), où il dit en propres termes que, pour effacer jusqu'aux moindres traces de la féodalité, on avait *proscrit le bail emphytéotique* et le bail à rente (3) ; mais

----

(1) Cfr. Aubry et Rau, *op. cit.*, t. II, p. 455.

(2) Colmet de Santerre, *Cours analyt. de Code civil*, Paris, Plon, in-8°, t. IX (1880), p. 144-145.

(3) « Les auteurs du Code civil, a dit Rossi (*Mém. de l'Acad. des sciences morales*, 2ᵉ série, t. II, p. 272), craignant peut-être d'être accusés d'un retour indirect à des idées de féodalité, n'ont *su* ni proscrire ni régler l'emphytéose temporaire. » Les partisans de la doctrine de M. Colmet

comme ces contrats n'avaient au fond rien de féodal et pouvaient rendre des services, on abandonnait à la sagesse du gouvernement la question de savoir s'il était convenable d'en provoquer le *rétablissement*. Nous avons vu qu'en effet le rétablissement des rentes foncières avait été proposé et rejeté. Or de deux choses l'une : ou les mots *rente foncière* comprenaient la rente emphytéotique, comme certains passages de la discussion peuvent le faire croire, et alors le rétablissement de l'emphytéose a été repoussé ; ou il ne s'agissait que du bail à rente proprement dit, et alors le rétablissement de l'emphytéose n'a même pas été proposé. Dans tous les cas, le fait certain, c'est que l'emphytéose n'est pas reconnue par le Code civil comme démembrement de la propriété *sui generis* (1).

Mais de ce qu'elle n'est pas reconnue, en résulte-t-il qu'elle soit prohibée ? Cette seconde question nous amène à nous demander d'une façon plus générale, si les particuliers peuvent par des conventions expresses démembrer à leur gré leurs propriétés, en créant des droits réels autres que ceux qu'énumère l'art. 543.

58. — *Les particuliers ne peuvent pas créer des démembrements de la propriété autres que ceux de l'article* 543. — Avant de répondre directement à la question, limitons-la. Il est évident, et tout le monde en convient, que les particuliers ne peuvent pas, sous peine d'une seconde Révolution, rétablir les anciens droits supprimés, et non seulement la directe féodale ou censuelle, « dont notre Code, a dit Treilhard, abolit jusqu'au moindre vestige », mais encore toutes les redevances perpétuelles irrachetables, proscrites par l'art.

de Santerre pourraient dire de même avec une nuance : « Les rédacteurs n'ont *voulu* ni proscrire ni régler l'emphytéose. » — Mais on voit par le discours de Portalis que ces formules ne sont pas tout à fait exactes.

(1) *En ce sens* : Grenier, *Traité des hypoth.*, t. I, n° 143 ; — Delvincourt, *op. cit.*, t. III, n° 185, note 1 ; — Valette, *Des privil. et hyp.*, t. I, p. 191 et suiv. ; — Aubry et Rau, *op. cit.*, t. II, p. 453-455 ; Demolombe, *op. cit.*, t. IX, n° 491.

530 (1). — Mais à part cette réserve, plusieurs auteurs et la jurisprudence accordent aux particuliers le droit de *cisailler* leur propriété, suivant toutes les combinaisons qu'il leur plaît d'adopter, toutes les fois que ces combinaisons n'ont rien de contraire à l'ordre public. On invoque à cet effet la grande règle qu'en matière de droit tout ce qui n'est pas défendu est permis, et qu'aux termes de l'art. 544 tout propriétaire a le droit de disposer de sa chose de la manière la plus absolue (2). Dans cette doctrine, on admet sans discussion que les parties peuvent rétablir les droits réels d'emphytéose et de locatairie temporaire, ou même se réserver à perpétuité certains droits sur les terres qu'elles aliènent, et notamment le droit de chasse (3).

Il nous est impossible d'accepter ce système. Pour nous l'art. 543 a un caractère essentiellement limitatif. Dès là qu'il indique les droits qu'on peut avoir sur les biens, il exclut tous les autres. En vain a-t-on prétendu qu'il n'était qu'un article de transition, simplement énonciatif, et dont il n'y avait pas à tenir compte : il suffit de se reporter aux travaux préparatoires pour être convaincu du contraire. L'art. 543 a été médité, et écrit pour être, on peut le dire, la pierre angulaire du nouveau régime foncier édifié par le Code. Voici en effet en quels termes formels Treilhard indiquait au Corps législatif les motifs qui avaient inspiré toutes les dispositions du livre II du Code Napoléon : « Ce livre renferme quatre titres : de la distinction des biens, de la propriété, de l'usufruit et de l'habitation, des servitudes ou services fonciers. Voilà en effet les *seules* modifications dont les propriétés soient susceptibles dans notre organisation politique ou sociale. Il ne peut exister sur les biens *aucune autre espèce de droits :* ou l'on a une propriété pleine et entière qui renferme également et le droit de jouir, et le droit de disposer ; ou l'on n'a qu'un simple droit de jouissance sans pouvoir disposer du fonds ; ou enfin

---

(1) Cfr. Demolombe, *op. cit.*, t. IX, n° 512.

(2) Cfr. Toullier, *Droit civil français*, t. III, n° 96 ; — Laurent, *op. cit.*, t. VI, n° 84 ; — Colmet de Santerre, *loc. cit.*

(4) Cour d'Amiens, 2 décembre 1835 ; dans Sirey, 1836, 2°, p. 198.

on n'a que des services fonciers à prétendre sur la propriété d'un tiers, services qui ne peuvent être établis que pour l'usage et l'utilité d'un héritage, services qui n'entraînent aucun assujettissement de la personne, services enfin qui n'ont rien de commun avec les dépendances féodales brisées pour toujours (1). » En terminant son exposé des motifs, Treilhard répète encore : « Le dernier article de la loi (l'art. 543) nous ramène à ce que nous vous annoncions en commençant : on ne peut avoir sur les biens que trois sortes de droits ; ou un droit de propriété, ou une simple jouissance, on seulement des services fonciers ; ainsi notre Code abolit jusqu'au moindre vestige de ce domaine de supériorité jadis connu sous les noms de seigneurie féodale ou censuelle (2). »

Ainsi l'art. 543 établit avec une grande simplicité le régime de la propriété foncière à l'heure actuelle. Autant pour éviter le retour d'anciens droits abolis que pour soustraire la propriété à des charges trop nombreuses, il n'admet et ne permet que deux sortes de démembrements, l'un au profit des personnes, l'autre au profit des fonds de terre. « Il faut convenir en effet, dit M. Demolombe, que la multiplicité des droits réels et surtout le concours simultané, et si j'osais dire ainsi, l'enlacement et l'enchevêtrement de ces droits sur les mêmes biens sont une source féconde de complications et de procès, et peuvent ainsi nuire à la bonne exploitation et à la libre circulation des propriétés (3). » Un article fondé sur de tels motifs est évidemment d'ordre public, comme d'ailleurs toutes les lois relatives au régime de la propriété. L'histoire de la Révolution nous a montré à quels désordres pouvait conduire une mauvaise organisation de la propriété foncière (4) ; l'absence d'organisation ne serait pas moins dangereuse. Il faut donc faire respecter avec soin en cette matière les dispositions du Code civil, et refuser aux particuliers la

(1) Exposé des motifs présenté par Treilhard au Corps législatif, à la séance du 25 nivôse an XII (16 janvier 1804) ; dans Locré, t. VIII, p. 51.

(2) *Ibid.*, p. 60.

(3) Cfr. Demolombe, *op. cit.*, n° 515.

(4) L'exemple contemporain de l'Irlande en est une seconde preuve, d'une force probante irrécusable.

faculté d'établir des droits réels qu'il ne reconnaît pas (1). — Mais dans les limites de l'art. 543, la liberté des conventions peut se mouvoir ; et ces limites sont assez larges pour n'apporter d'obstacles qu'à l'abus et non à l'usage légitime du droit de disposer. C'est aux tribunaux qu'il appartient d'apprécier les caractères des démembrements de la propriété dont ils ont lieu de s'occuper, et de décider s'ils rentrent ou non dans les catégories légales. Mais ils doivent bien entendu tenir compte des règles juridiques et du caractère essentiel qui distinguent chacune de ces catégories. Ainsi le droit de propriété est absolu et perpétuel ; le droit de jouissance est attaché à la personne, et toujours temporaire ; le droit de service foncier ne peut exister qu'entre deux fonds, au profit de l'un, à la charge de l'autre (2). Tous ces caractères étant légaux, les tribunaux ne sauraient les méconnaître sans contrevenir à la loi, et leur appréciation par conséquent tombe directement sous le contrôle de la Cour de cassation.

Conformément à ces principes, il faut décider qu'en dépit de toute stipulation contraire, un bail emphytéotique ne peut conférer au preneur qu'une créance de jouissance et non un droit réel, à moins qu'il ne résulte des termes de l'acte ou des faits de la cause que les parties ont voulu créer sous le nom inexact d'emphytéose un droit de superficie temporaire, ou une servitude personnelle (3) différant de l'emphytéose par leur intransmissibilité aux héritiers. Les parties peuvent même se rapprocher davantage du type de l'emphytéose proprement dite en créant un usufruit *répété* sur la tête du preneur et de ses héritiers jusqu'à l'expiration du terme convenu, et sans décroissement pour le cas de mort de l'un d'eux. Mais il subsistera toujours entre cet usufruit répété et l'emphytéose une grande différence : c'est que les héritiers du preneur, en devenant usufruitiers à sa place, acquièrent un droit tout à fait nouveau et non pas celui de leur auteur, et ils l'acquièrent *jure suo* et non pas du chef de ce dernier.

(1) Cfr. Demolombe, *loc. cit.*, — et Glasson, *op. cit.*, t. I, p. 271.
(2) Cfr. Demolombe, *op. cit.*, n° 519-521.
(3) Cfr. Aubry et Rau, *op. cit.*, p. 455.

Ils ne succèdent par conséquent ni à ses droits ni à ses obligations. Il a paru en pratique que c'était un inconvénient ; et comme dans quelques cas donnés, lorsqu'il s'agit des biens des communes, des sociétés, et autres personnes morales, l'emphytéose héréditaire peut rendre quelques services , la jurisprudence ne s'est pas arrêtée à cette distinction que commandait cependant la stricte interprétation des dispositions de la loi, et elle a validé comme démembrements de la propriété *sui generis* de véritables emphytéoses (1). Aujourd'hui donc ce contrat subsiste encore ; mais jusqu'à ce qu'il ait été consacré par une loi spéciale, ce sera de fait, et non de droit (2).

Quant au droit de chasse, qui forme aujourd'hui un des attributs de la propriété foncière, il est impossible de l'en séparer à perpétuité. Ce serait placer l'héritage sur lequel il s'exercerait dans un état de dépendance et d'infériorité, qui offrirait avec les droits du régime féodal une évidente analogie. Il y a plus ; un droit de chasse perpétuel ne pourrait être validé que comme servitude réelle. Or, l'art. 686, qui permet aux propriétaires d'établir sur leurs propriétés telles servitudes que bon leur semble, impose comme condition formelle que ces servitudes soient constituées au profit d'un fonds, et non au profit de la personne : un droit de chasse est évidemment constitué au profit de la personne. Tout ce qu'on peut faire par conséquent, c'est de l'établir à titre de créance ou de droit d'usage ; dans les deux cas, il est temporaire (3).

Telle est en matière de démembrements de la propriété foncière le système du droit français moderne. Si maintenant, parvenu au terme de notre étude, nous jetons un regard en arrière, il nous sera donné de constater ce résultat remarquable : c'est que nous sommes revenus presque purement et simplement au droit romain. Le même point de vue restrictif,

(1) Cfr. Demolombe, *op. cit.*, n° 529.

(2) Le projet de Code rural, que les événements de 1870-1871 ont empêché d'aboutir, met un terme à toute controverse, en reconnaissant l'emphytéose, limitée à 99 ans.

(3) Cfr. Demolombe, *op. cit.*, n° 526.

les mêmes démembrements peu nombreux (*suprà*, n° 6) se re-
trouvent à treize siècles de distance dans les Institutes de
Justinien et dans le Code de Napoléon. Dans ce long intervalle de temps qui les sépare, un système tout différent a prévalu. La simplicité au début, la complication au milieu, et la
simplicité encore à la fin. Le régime foncier, après une
longue déviation, s'est en quelque sorte replié sur lui-même.
Serait-il donc vrai que le progrès est une spirale ?

INDEX

DES AUTEURS ET DES OUVRAGES LE PLUS SOUVENT CITÉS

———

ARGOU, *Instit. au droit français*, 11ᵉ éd., par Boucher d'Argis, Paris, Bailly, 1787, in-12, t. I, pp. 112-188.

AUBRY et RAU, *Cours de droit civil français*. 4ᵉ éd., Paris, Marchal et Billard, 1869, in-8°, t. II, *passim*.

DALLOZ, *Répert. de législat., de doctrine et de jurisprud.*, t. XXX (1853), *Verbis:* Louage à colonage perpétuel ou métairie perpét., Louage à complant ou à champart, Louage à domaine congéable, Louage à locatairie perpétuelle ; — et t. XXXVIII (1857), V° Propriété féodale, pp. 325 à 440.

DEMOLOMBE, *Traité de la distinc. des biens*, 2ᵉ éd., Paris, Durand, 1861, in-8°, t. I (IXᵉ du *Cours de Code Napoléon*), nᵒˢ 462-532.

DONIOL, *La Révolution française et la féodalité*, 2ᵉ éd., Paris, Guillaumin, 1876, in-8°, pp. 1 à 170.

GARSONNET, *Hist. des local. perpét.*, Paris, Larose, 1879, in-8°, pp. 297-427, 535-557.

GLASSON, *Élém. du droit français*, Paris, Durand, 1875, in-12, t. I, pp. 276-295.

LAFERRIÈRE, *Essai sur l'hist. du droit français*, 2ᵉ éd., Paris, Guillaumin, 1859, in-12, t. II.

LAURENT, *Principes de droit civil*, Bruxelles, Bruylant-Christophe, in-8°, t. VI, (1871).

LAURIERE, *Glossaire du droit françois*, Paris, Guignard, 1704, in-4°, *passim*.

LEFORT (JOSEPH), *Hist. des contrats de locat. perpét.*, Paris, Thorin, 1875, in-8°, pp. 160-353.

Lois civiles ou Code civil interméd., par J.-B.-S. et G.-S.-L., 2ᵉ éd., Paris, Clament, 1810, 4 vol. in-8°, *passim*.

MERLIN, *Répert. de jurisprud.* 5ᵉ édit., Bruxelles, Tarlier, 1825-1828, in-8°, *passim*.

— *Questions de droit*, 4ᵉ édit., Bruxelles, Tarlier, 1828-1830, in-8°, *passim*.

Moniteur universel, années 1789, 1790, 1792.

Pepin le Halleur, *Hist. de l'emphytéose*, Paris, Joubert, 1843, in-8°.

Pothier, *Traité du contrat de bail à rente*, dans l'édit. Bugnet (Paris, Videcoq, in-8°), t. IV, pp. 171-240.

— *Traité des fiefs, ibid,,* t. IX, pp. 493-750.

— *Traité des cens, ibid.,* pp. 751-784.

— *Traité des champarts, ibid.,* p. 785-791.

Tocqueville, *L'ancien régime et la Révolution*, 8ᵉ édit., Paris, Calmann-Lévy. 1877, in-8°, *passim*.

Troplong, *De l'échange et du louage,* Paris, Hingray, 1840, in-8°, t. I, n°ˢ 30-62.

TABLE DES MATIÈRES

INTRODUCTION

Notions générales sur les droits réels

Chapitre premier. — Droit ancien.

Section I. — Multiplicité des démembrements de la propriété avant 1789.

Section II. — Théorie générale du domaine direct, et du domaine utile.

Section II. — Commencement des réformes : l'Assemblée Constituante.

Section III. — Suite des réformes ; l'Assemblée législative et la Convention.

Section IV. — Transition au Code civil ; le Directoire et le Consulat.

Section V. — Démembrements de la propriété reconnus par le Code civil.

POSITIONS

DROIT ROMAIN

I. — Les Centumvirs n'ont été institués, ni par Servius Tullius, ni par la loi des Douze Tables, ni par la loi Æbutia (n°s 2, 3, 4, 5, 6).

II. — Les sections établies sous l'empire au sein du Tribunal jugeaient tantôt seules, tantôt toutes quatre réunies (n°s 15, 16, 17).

III. — Les Centumvirs n'avaient pas de compétence en matière criminelle (n°s 27, 28, 29).

IV. — Il est inexact de dire que la compétence des Centumvirs s'étendait et se limitait aux questions d'ordre public (n°s 31, 32).

V. — Cette compétence s'étendait et se limitait aux *vindicationes* du vieux droit civil (n° 33).

VI. — On pouvait appeler à l'empereur des sentences centumvirales (n° 39).

DROIT COUTUMIER

I. — Dans le dernier état du droit, le titulaire du domaine utile est considéré comme le véritable propriétaire (n° 10).

II. — L'emphytéose temporaire et les baux à longues années ou à vie transféraient aux preneurs le domaine utile (n° 20).

DROIT CIVIL

I. — L'hypothèque n'est pas un démembrement de la propriété (n° 5).

II. — Le Code civil ne reconnaît pas à l'emphytéote un droit réel *sui generis* (n° 57).

III. — Le propriétaire a le droit de garder les constructions que l'usufruitier a faites, mais à la charge de l'indemniser ; s'il s'y refuse, l'usufruitier a le droit de les enlever, mais à la charge de rétablir les lieux dans leur premier état (art. 599).

IV. — L'usufruitier ne peut forcer le nu-propriétaire à faire les grosses réparations (art. 605, 607).

V. — Les servitudes continues et apparentes s'acquièrent, selon le droit commun, par la prescription de 10 à 20 ans (art. 690).

VI. — Les art. 692, 694 s'occupent tous les deux de la destination du père de famille ; néanmoins, il n'y a pas contradiction entre eux.

DROIT CRIMINEL

I. — Le Procureur de la République qui reçoit une plainte n'est tenu de la communiquer au juge d'instruction, que lorsqu'il y a constitution de partie civile.

II. — Si, dans le pays où il a été commis, la poursuite d'un délit se trouve prescrite selon la loi de ce pays, aucune poursuite ne peut avoir lieu en France.

DROIT CONSTITUTIONNEL.

I. — L'inviolabilité parlementaire ne cesse que par l'invalidation.

II. — Les traités relatifs à la propriété littéraire, artistique, et industrielle doivent être soumis aux Chambres.

Vu par le Président de la Thèse :
ALBERT DESJARDINS.

Vu par le Doyen :
BEUDANT.

Vu et permis d'imprimer,
Le Vice-Recteur de l'Académie de Paris :
GRÉARD.

742. — Tours, Imp. Bouille-Ladevèze, rue Chaude, 6.

LIBRAIRIE L. LAROSE ET FORCEL

22, RUE SOUFFLOT, PARIS

OUVRAGES DE DROIT

SCIENCES, ARTS, LITTÉRATURE, ETC.

NEUFS ET D'OCCASION

TOURS. — IMPRIMERIE ROUILLÉ-LADEVÈZE.